上 海 市 重 点 图 书

普通高等教育"十二五"规划教材
国家教学改革与质量工程项目

会计学特色专业系列教材

总主编 薛小荣

成 本 会 计

（第二版）

贾宗武　刘总理／主编

张变琴　贾　茜／副主编

立信会计出版社
LIXIN ACCOUNTING PUBLISHING HOUSE

图书在版编目(CIP)数据

成本会计 / 贾宗武,刘总理主编. —2版. —上海:
立信会计出版社,2015.1(2021.1重印)
会计学特色专业系列教材
ISBN 978-7-5429-4510-5

Ⅰ.①成… Ⅱ.①贾… ②刘… Ⅲ.①成本会计—教
材 Ⅳ.①F234.2

中国版本图书馆 CIP 数据核字(2014)第 313026 号

策划编辑　　　张巧玲
责任编辑　　　陈　旻
封面设计　　　周崇文

成本会计(第二版)

Chengben Kuaiji

出版发行	立信会计出版社		
地　　址	上海市中山西路 2230 号	邮政编码	200235
电　　话	(021)64411389	传　　真	(021)64411325
网　　址	www.lixinaph.com	电子邮箱	lixinaph2019@126.com
网上书店	http://lixin.jd.com		http://lxkjcbs.tmall.com
经　　销	各地新华书店		

印　　刷	江苏凤凰数码印务有限公司		
开　　本	787 毫米×960 毫米	1/16	
印　　张	18.5	插　　页	1
字　　数	312 千字		
版　　次	2015 年 1 月第 2 版		
印　　次	2021 年 1 月第 5 次		
书　　号	ISBN 978-7-5429-4510-5/F		
定　　价	36.00 元		

国家教学改革与质量工程项目
会计学特色专业系列教材

总　序

　　西安财经学院会计学专业创建于 20 世纪 50 年代初,在半个多世纪的会计学专业教学中,由具有丰富实践经验和中外会计学专业知识背景的中青年会计学人才组成的专业教学团队,以"重基础、重实践、重规范"为教学理念,自编适合培养对象特点的讲义与教材,形成了自己的教学特色,为新中国,尤其是为西部建设培养了一大批急需的应用型会计专门人才,奠定了会计学专业人才培养的基本教学模式,得到了用人单位和会计教育界的肯定。

　　进入 21 世纪以来,我校会计学专业秉承并充实传统的教学理念,按照"宽口径、厚基础、强能力、高素质"的人才培养要求,以及培养"信得过、用得上、干得好"且具有创新精神的高级应用型会计专门人才的特色定位,大力进行教学改革,提高教学质量,取得了一系列优秀的教学成果。会计学专业的毕业生就业率一直稳居各相关专业前列,对学生的吸引力进一步增强。2008 年会计学专业被立项为"省级特色专业建设点",2010 年被立项为"国家级特色专业建设点",为提高会计学专业教学质量,以及加快教学改革步伐增添了新的动力。

　　教材是体现教学内容和课程体系的知识载体,是进行教学的基本工具,也是全面推进素质教育、培养应用型创新人才的重要保证。为了系统总结西安财经学院会计学专业多年来的教学改革成果,整合会计学专业已有的教材、讲义资源,体现会计学专业最新的教学理念和特色，依托国家级和省级教学改革与质量工程项目，西安财经学院组织编写了"会计学特色专业系列教材"。

本系列教材主要包括：《基础会计学》、《中级财务会计》、《高级财务会计》、《成本会计》、《审计学》、《金融企业会计学》、《税务会计》、《财务管理》、《企业财务分析》、《管理会计学》、《会计信息系统实践教程》、《会计模拟实践教材》等。本系列教材的特点是重点突出、难点易化；重视系统性、讲求实用性、避免重复性；重基础、重实践、重规范、重应用、重能力培养；便于学习、便于掌握、便于应用和实践。编写本系列教材的目的是为了使学者能提高学习效率，使教者能提高教学质量。

需要说明的是，本系列教材既是省级、国家级教学改革与质量工程项目的重点资助内容，又是会计学专业教学改革成果的系统总结；反映了前辈们的探索和当今会计学人的研究成果；还有同行们的关心和相关单位、部门的支持，在此一并表示谢意。希望我们的努力能够为我国的会计教育和人才培养做出更多的有益贡献。

期望读者和同行对本系列教材提出宝贵意见和建议。

2014 年 12 月

前　言

为了满足高等院校会计学专业、财务管理专业及相关专业的教学需要,西安财经学院会计学专业教学与科研团队在院教材编审委员会的统一领导下编写了这本《成本会计》教材。本书是西安财经学院"十二五"规划重点教材之一。本书在编写过程中突出了以下特点:

1. 根据国家财政部新颁布的《企业会计准则》,以工业企业为例,详尽地阐述了成本核算的基本理论和主要方法,同时考虑到各行业在成本核算上的差别,对商品流通企业、交通运输企业、施工企业、房地产开发企业、金融保险企业和旅游饮食服务企业的成本核算特点,也作了概括介绍。

2. 根据现行会计制度,对产品制造成本的核算方法进行了较为全面、系统的阐述,特别是对工业企业产品成本计算的品种法、分批法、分步法、分类法和定额法等主要方法,从其基本特点、计算程序、计算方法和适用范围等方面,均作了较为详细的阐述。

3. 根据企业的生产特点和管理要求,对成本报表的体系、编制方法、编制要求等均作了较为详细的阐述。同时,为了满足成本管理的需求,本书对成本控制和成本分析的基本原理、具体方法也作了较为全面的介绍。

4. 为了及时将近年来成本会计改革的主要成果介绍给广大读者,本书还阐述了"物流成本"、"质量成本"、"人力资源成本"和"环境成本"

等内容。

5. 为了便于师生的教与学,每章课后均编排了必要的复习思考题及练习题。对于练习题,我们还给出了简明的参考答案,以便教师批改作业和学生自测之用。

本书编写组主要由西安财经学院长期从事成本会计课程教学的专家、学者和骨干教师组成。其中:贾宗武和刘总理任主编,负责全书的总体设计,拟定全书的编写大纲并进行写作分工;张变琴、王惠珍担任副主编,协助主编工作。各章编写的分工是:第一、第二、第十五章由刘总理执笔;第三、第四章由贾宗武执笔;第五、第六和第七章由西安外国语大学的贾茜执笔;第八、第九章由王惠珍执笔;第十章由李艳执笔;第十一章由张变琴执笔;第十二章由罗云庵执笔;第十三章由段敏生执笔;第十四章由弓锋伟执笔。最后由贾宗武、刘总理对全书进行总纂定稿。

本书的编写得到了国家教育部、陕西教育厅"质量工程——会计学特色专业"建设项目的大力资助。同时,本书在编写过程中参阅了大量国内外相关著作和教材,在此,我们一并表示衷心的感谢!

尽管我们想努力做好本书的编写工作,但由于水平有限,时间仓促,书中难免存在不妥之处,恳请广大读者批评指正!

编　者
2015 年 1 月

目　录

第一章 总 论

内容提要

  本章概括地阐述了成本会计的一些基本理论问题,如成本的经济实质,成本会计的产生、发展及定义,成本会计的对象、职能和任务,以及成本会计的工作组织等。理解并掌握这些基本理论问题,对学习成本会计具有重要意义。

第一节 成本的概念和作用

  成本会计是会计学科体系中的一个重要分支,主要是应用于生产企业的一种专业会计。研究成本会计,首先要对成本的概念有一个明确的认识。

一、成本的概念

  成本作为一个价值范畴,在社会主义市场经济中是客观存在的。加强成本管理,努力降低成本,无论对提高企业经济效益,还是对提高整个国民经济的宏观经济效益,都是极为重要的。因此,从理论上充分认识成本的经济实质是十分必要的。

  成本是指企业为生产产品、提供劳务而发生的各种耗费。它是按一定对象所归集的费用,是对象化了的费用。而费用是指企业在日常活动发生的、会导致所有者权益减少的、与向所有者分配利润无关的经济利益的总流出。两者的主要区别在于:费用是资产的耗费,它与一定的会计期间相联系,而与生产哪一种产品无关;成本与一定种类和数量的产品或商品相联系,而不论其发生在哪一个会计期间。马克思曾指出:"按照资本主义方式生产的每一个商品 W 的价值,用公式来表示是 W=c+v+m。如果从这个产品价值中减去剩余价值 m,那么,在商品中剩下的,只是一个在生产要素上耗费去的资本价值 c+v 的等价物或补偿价值。"①"只是补偿商品使资本家自身耗费的东西,所以对资本家来说,这就是商品的成本价格。"②马克思在这里称为商品的"成本价格"的那部分商品价值,指的就是产品成本。

在社会主义市场经济条件下,产品的价值仍然决定于它在生产上所耗费的必要劳动,具体包括三个部分:① 已耗费的生产资料转移的价值(c);② 劳动者为自己劳动所创造的价值(v);③ 劳动者为社会劳动所创造的价值(m)。从理论上讲,上述的前两部分,即 c+v,是商品价值中的补偿部分,它构成产品的理论成本。

综上所述,成本的经济实质可以概括为:企业在生产经营过程中所耗费的生产资料的转移价值和劳动者为自己劳动所创造的价值的货币表现,也就是企业在生产经营中所耗费的资金的总和。

应当指出的是:以上只是在理论上说明了成本的经济实质和它应包括的客观内容。在实际工作中,成本的开支范围是由国家通过有关法规制度来加以界定的。实际工作中的成本开支范围与理论成本包括的内容是有一定差别的。例如,废品损失、停工损失等非生产性支出,从实质上看,它们并不形成产品价值,它不是产品的生产性耗费,而是纯粹的损耗,按其性质来看,并不属于成本的范围。但是考虑到经济核算的要求,将其计入成本,使之得到必要的补偿。当然,对于成本实际开支范围与成本经济实质的背离,必须严格限制,否则,成本的计算就失去了理论依据。

二、成本的作用

成本的经济实质和客观内容决定了成本在生产经营管理中的重要作用。具体表现为以下几个方面。

(一)成本是补偿生产耗费的尺度

为了保证企业再生产的不断进行,必须对生产耗费,即资金耗费进行补偿。企业是自负盈亏的商品生产者和经营者,其生产耗费是用自身的生产成果,即销

---

① ② 马克思恩格斯全集.第25卷.30

售收入来补偿的。而成本就是衡量这一补偿份额大小的尺度。企业在取得销售收入后,必须把相当于成本的数额划分出来,用以补偿生产经营中的资金耗费。这样,才能维持资金周转按原有规模进行;如果企业不能按照成本来补偿生产耗费,企业资金就会短缺,再生产就不能按原有规模进行。成本也是划分生产经营耗费和企业纯收入的依据,在一定的销售收入中,成本越低,企业纯收入就越多。可见,成本起着补偿生产耗费尺度的作用,对经济发展有着重要的影响。

（二）成本是制定产品价格的重要因素

在商品经济中,产品价格是产品价值的货币表现。产品价格应大体上符合其价值。无论是国家还是企业,在制定产品价格时都应遵循价值规律的基本要求。但在现阶段,人们还不能直接计算产品的价值,而只能计算成本,通过成本间接地、相对地掌握产品的价值。因此,成本就成了制定产品价格的重要因素。

当然,产品的定价是一项复杂的工作,应考虑的因素很多,如国家的价格政策及其他经济政策,各种产品的比价关系,产品在市场上的供求关系及市场竞争的态势等。所以,产品成本只是制定产品价格的一项重要因素。

（三）成本是企业进行经营决策的重要依据

努力提高在市场上的竞争能力和经济效益,是社会主义市场经济条件下对企业的客观要求。而要做到这一点,企业首先必须进行正确的生产经营决策。进行生产经营决策,需要考虑的因素很多,成本是其中应考虑的主要因素之一。这是因为,在价格等因素一定的前提下,成本的高低直接影响着企业盈利的多少;而较低的成本,可以使企业在市场竞争中处于有利地位。

（四）成本是综合考核企业工作质量的重要指标

成本是一项综合性的经济指标,企业经营管理中各方面工作的业绩,都可以直接或间接地在成本上反映出来。例如,产品设计的好坏,生产工艺的合理程度,固定资产的利用情况,原材料消耗的节约与浪费,劳动生产率的高低,产品质量的高低,费用开支的大小,产品产量的增减以及供、产、销各环节的工作是否衔接协调等等,都可以通过成本直接或间接地反映出来。

成本是综合反映企业工作质量的指标,因而可以通过对成本的计划、控制、监督、考核和分析等来促使企业以及企业内各单位加强经济核算,努力改进管理,降低成本,提高经济效益。例如,通过正确确定和认真执行企业以及企业内部各单位的成本计划指标,可以事先控制成本水平和监督各项费用的日常开支,促使企业及企业内部各单位努力降低各种耗费;又如,通过成本的对比和分析,可以及时发现在物化劳动和活劳动消耗上的节约或浪费情况,总结经验,找出工作中的薄弱环节,采取措施挖掘潜力,合理地使用人力、物力和财力,从而降低成本,提高经济效益。

第二节　成本会计的产生和发展

成本会计是为了适应经济发展的要求而产生的,并随着经济发展的需要在不断地发展和完善。成本会计先后经历了早期成本会计、近代成本会计和现代成本会计三个阶段。

一、早期成本会计阶段(1880～1920 年)

如果说中世纪城市的兴起、商业和银行业的发展是产生复式记账的温床,那么中世纪发展起来的工场手工业则是产生成本会计的摇篮。随着英国产业革命完成,机器代替了手工劳动,工厂制代替了手工工场,会计人员为了满足企业管理上的需要,起初是在会计账簿之外,用统计的方法来计算成本。此时,成本会计出现了萌芽。随着企业规模逐渐扩大,企业之间出现了竞争,生产成本得到了普遍重视。为了满足有关方面对成本信息资料的需要和企业管理上的需要,提高成本计算的准确性,成本计算由统计核算逐步纳入复式账簿系统。将成本计算与会计核算结合起来,使成本记录与会计账簿一体化,从而形成了真正的成本会计。可见,成本会计体系产生的直接动因,实际上是产业革命及随之而来的大生产方式和工厂制度。

早期研究成本会计的专家劳伦斯(W. B. Lawrence)对成本会计作过如下的定义:"成本会计就是应用普通会计的原理、原则,系统地记录某一工厂生产和销售成品时所发生的一切费用,并确定各种产品或服务的单位成本和总成本,以供工厂管理当局决定经济的、有效的和有利的产销政策时参考。"从成本会计的方式来看,在早期成本会计阶段,主要是采用分批法或分步法的成本会计制度;从成本会计的目的来看,计算产品成本以确定存货成本及销售成本。所以,初创阶段的成本会计也称为记录型成本会计。

二、近代成本会计阶段(1921～1945 年)

随着科学技术的飞速发展,企业生存的外部环境日趋复杂,对企业管理提出了越来越高的要求,从而促使成本会计不断发展。19 世纪末、20 世纪初,在制造业中发展起来的以泰勒为代表的科学管理,对成本会计的发展产生了深刻的影响。此时,美国会计学家提出的标准成本制度脱离实验阶段而进入实施阶段,为生产过程成本控制提供了条件。在此之前,企业不重视有效的成本控制,对于生产中的实际耗费情况,只有事后通过计算实际成本以后才知道。标准成本法的出现使成本管理方法和成本计算方法发生了巨大的变化,成本会计进入了一个新的发展阶段。实施标准成本制度后,成本会计不只要事后计算产品的生产成本和销售成本,还要事前制定标准成本,并据以控制日常的生产耗费与定期分析成本。这样,成本会计的职能扩大了,发展成为管理成本和降低成本的手段,从而成本会计的理论和方法有了进一步的完善和发展,形成管理成本会计的雏形。它标志着成本会计已进入了一个新的阶段——近代成本会计阶段。

在这一时期,成本会计的应用范围也从原来的工业企业扩大到各种行业,并深入应用到一个企业内部的各个主要部门,特别是应用到企业经营的销售方面。它不仅将会计核算与成本相结合,而且还包含了成本预算、成本控制、成本差异分析和考核。美国尼科尔森(J. L. Nicholson)和罗尔巴克(F. D. Rohrback)合著的《成本会计》,及陀尔(J. L. Dohr)著的《成本会计原理和实务》等,使成本会计理论和方法进一步完善和发展,形成了独立的学科。

这一时期的成本会计的定义,可引用英国会计学家杰·贝蒂(J. Batty)的表述:"成本会计是用来详细地描述企业在预算和控制它的资源(指资产、设备、人员及所耗的各种材料和劳动)利用情况方面的原理、惯例、技术和制度的一种综合术语。"因此,近代成本会计主要采用标准成本制度和成本预测,为生产过程的成本控制提供条件。以标准成本系统为基础的责任成本控制系统的形成和发展,是成本会计的第二次革命。

三、现代成本会计阶段(1945 年至今)

20 世纪 50 年代起,西方国家的社会经济进入了新的发展时期。一方面,社会资本高度集中,跨国公司大量出现,企业规模日益扩大,生产经营日趋多元化;另一方面,在战争中发展起来的军用科学技术向民用工业转移,新产品开发日新月异,市场竞争日趋激烈。在激烈的市场竞争面前,企业为了适应社会化大生产的客观要求,管理也要现代化。随着管理现代化的推进,运筹学、系统工程和电子计算机等各种科学技术成就在成本会计中得到广泛应用,从而使成本会计发展到一个新的阶段,即成本会计发展重点已由如何对成本进行事中控制、事后计算和分析转移到如何预测、决策和规划成本,形成了新型的以管理为主的现代成本会计,这是成本会计的一个重大变革。其发展重点是趋向预测、规划和决策,实现最优化控制。

与传统的成本会计相比,现代成本会计更重视成本发生的前因后果,通过作业成本计算和有效控制,使成本计算与成本控制有机地结合起来。成本控制与责任会计相辅相成,它随着责任会计系统的产生而产生,又随着作业会计系统的形成而发展。因此,由传统的成本计算系统到现代的以作业为基础的成本计算,是成本会计发展的必然趋势。现代成本会计系统的形成和发展,是成本会计的第三次革命,是一场真正的成本会计革命。

综上所述,现代成本会计是成本会计与管理的直接结合,它根据成本核算和其他资料,采用现代数学和数理统计的原理及方法,建立起数量化的管理技术,用来帮助人们按照成本最优化的要求,对企业的生产经营活动进行预测、决策、控制、分析、考核,促使企业生产经营实现最优化运转,以提高企业的市场适应和竞争能力。因此,现代成本会计是广义的成本会计,实际上也就是成本管理。

第三节　成本会计的对象

成本会计的对象是指成本会计反映和监督的内容。明确成本会计的对象,对于确定成本会计的任务,研究和运用成本会计的方法,更好地发挥成本会计在经济管理中的作用,有着重要的意义。

概括地讲,成本会计的对象是指企业在生产经营过程中发生的各项费用以及产品生产成本的形成。由于不同的行业,如交通运输企业、施工企业、工业企业和农业企业的经营特点不同,成本会计所要反映和监督的具体内容也各不相同。为了具体了解成本会计的对象,下面以工业企业为例,说明成本会计所要反映和监督的主要内容。

工业企业的基本生产经营活动是生产和销售工业产品。在产品的直接生产过程中,即从原材料投入生产到产成品制成的产品制造过程中,一方面,制造出产品来;另一方面,要发生各种各样的生产耗费。这一过程中的生产耗费,概括地讲,包括劳动资料与劳动对象等物化劳动耗费和活劳动耗费两大部分。其中,房屋、机器设备等作为固定资产的劳动资料,在生产过程中长期发挥作用,直至报废而不改变其实物形态,但其价值则随着固定资产的磨损,通过计提折旧的方式,逐渐地、部分地转移到所制造的产品中去,构成产品生产成本的一部分;原材料等劳动对象,在生产过程中或者被消耗掉,或者改变其实物形态,其价值也随之一次全部地转移到新产品中去,构成产品生产成本的一部分;生产过程是劳动者借助于劳动工具对劳动对象进行加工、制造产品的过程,通过劳动者对劳动对象的加工,才能改变原有劳动对象的使用价值,并且创造出新的价值来。其中,劳动者为自己劳动所创造的那部分价值,则以工资形式支付给劳动者,用于个人消费,因此,这部分工资也构成产品生产成本的一部分。具体来说,在产品的制造过程中发生的各种生产耗费,主要包括原料及主要材料、辅助材料、燃料等的支出,生产单位(如分厂、车间)固定资产的折旧,直接生产人员及生产单位管理人员的工资以及其他一些货币支出等。所有这些支出,就构成了企业在产品制造过程中的全部生产费用,而为生产一定种类、一定数量产品而发生的各种生产费用支出的总和就构成了产品的生产成本。上述产品制造过程中各种生产费用的支出和产品生产成本的形成,是成本会计反映和监督的主要内容。

在产品的销售过程中,企业为销售产品也会发生各种各样的费用支出。例如,应由企业负担的运输费、装卸费、包装费、保险费、展览费、差旅费、广告费,以及专设销售机构的人员工资和其他经费等。所有这些为销售本企业产品而发生的费用,构成了企业的销售费用。销售费用也是企业在生产经营过程中所发生的一项重要费用,它的支出及归集过程,也应该成为成本会计所反映和监督的内容。

企业的行政管理部门为组织和管理生产经营活动,会发生各种各样的费用。例如,企业行政管理部门人员的工资、固定资产折旧、工会经费、业务招待费和坏账损失等。这些费用可统称为管理费用。企业的管理费用也是企业在生产经营过程中所发生的一项重要费用,其支出及归集过程,也应该成为成本会计所反映和监督的内容。

此外,企业为筹集生产经营所需资金等也会发生一些费用。例如,利息净支出、汇兑净损失、金融机构的手续费等。这些费用可统称为财务费用。财务费用亦是企业在生产经营过程中发生的费用,它的支出及归集过程也应该属于成本会计反映和监督的内容。

上述销售费用、管理费用和财务费用,与产品生产没有直接联系,而是按发生的期间归集,直接计入当期损益的,因此,它们构成了企业的期间费用。

综上所述,可以把工业企业成本会计的对象概括为:工业企业生产经营过程中发生的产品生产成本和期间费用。

商品流通企业、交通运输企业、施工企业和金融企业等其他行业企业的生产经营过程虽然各有其特点,但按照现行企业会计制度的有关规定,从总体上看,它们在生产经营过程中所发生的各种费用,同样是部分形成企业的生产经营业务成本,部分作为期间费用直接计入当期损益。因此,从现行企业会计制度的有关规定出发,可以把成本会计的对象概括为:企业生产经营过程中发生的生产经营业务成本和期间费用。

以上按照现行企业会计制度的有关规定,对成本会计的对象进行了概括性的阐述。但成本会计不仅应该按照现行企业会计制度的有关规定,为企业正确确定利润和进行成本管理提供可靠的生产经营业务成本和期间费用信息,而且应该从企业内部经营管理的需要出发,提供多方面的成本信息。例如,为了进行短期的生产经营的预测和决策,应计算变动成本、固定成本、机会成本和差别成本等;为了加强企业内部的成本控制和考核,应计算可控成本和不可控成本;为了进一步提高成本信息的决策相关性,还可以计算作业成本,等等。上述按照现行企业会计制度的有关规定所计算的成本(包括生产经营业务成本和期间费用),可称为财务成本;为企业内部经营管理的需要所计算的成本,可称为管理成本。因此,成本会计的对象,总括地说,应该包括各行业企业的财务成本和管理成本。

第四节　成本会计的职能

成本会计的职能,是指成本会计在经济管理中所具有的功能。会计的基本职能是反映和监督,成本会计作为会计的一个重要分支,同样具有反映和监督两大基本职能。

一、反映职能

反映职能是成本会计的首要职能。成本会计的反映职能,就是从价值补偿的角度出发,反映生产经营过程中各种费用的支出,以及产品生产成本和期间费用的形成情况,为经营管理提供成本信息的功能。就成本会计反映职能的最基本方面来说,是以已经发生的各种费用为依据,为经营管理提供真实的、可以验证的成本信息,从而使成本分析、考核等工作建立在有客观依据的基础上。随着社会生产的不断发展,经营规模的不断扩大,经济活动情况的日趋复杂,在成本管理上就需要加强计划性和预见性。因此,对成本会计提出了更高要求,需要通过成本会计为经营管理提供更多的信息,即除了要提供能反映成本现状的核算资料外,还要提供有关预测未来经济活动的成本信息资料,以便于正确地作出决策和采取措施,达到预期的目的。由此可见,成本会计的反映职能,从事后反映发展到了分析预测未来。只有这样,才能满足经营管理的需要,才能更好地发挥其在经营管理中的作用。

应当指出的是,反映过去同预测未来是密切联系的。要进行成本预测,首先必须了解能够反映成本水平现状和历史的各项指标以及它们之间的内在联系,才能据以分析未来的成本状况,以及为实现预期的成本管理目标应具备的条件和应采取的措施。因此,对实际发生的生产经营耗费的反映,提供实际的成本信息资料,是成本会计提供成本信息资料的基础。

二、监督职能

成本会计的监督职能,是指按照一定的目的和要求,通过控制、调节、指导和考核等,监督各项生产经营耗费的合理性、合法性和有效性,以达到预期的成本管理目标的功能。

在社会主义市场经济条件下,任何企业为了达到自己预期的经营目标,不仅要制订计划、分配资源和组织计划的实施,而且必须进行有效的监督,以使各项经济活动符合有关规定的要求。成本会计的监督是会计监督的重要组成内容,是对经济活动进行监督的一个重要方面。

成本会计的监督,包括事前、事中和事后监督。首先,成本会计应从经济管理对降低成本、提高经济效益的要求出发,对企业未来经济活动的计划或方案进行审查,并提出合理化建议,从而发挥对经济活动的指导作用;在反映各种生产经营耗费的同时,进行事前的监督,即以国家的有关政策、制度和企业的计划、预算及规定等为依据,对有关经济活动的合理性、合法性和有效性进行审查,限制或制止违反政策、制度和计划、预算等的经济活动,支持和促进增产节约、增收节支的经济活动,以实现提高经济效益的目的。其次,成本会计要通过成本信息的反馈,进行事中、事后的监督,也就是通过对所提供的成本信息资料的检查分析,控制和考核有关经济活动,从中及时总结经验,发现问题，提出建议，促使有关方面采取措施，调整经济活动，使其按照规定的要求和预期的目标进行。

成本会计的反映和监督两大职能是辩证统一、相辅相成的。没有正确、及时的反映，监督就失去了存在的基础，就无法在成本管理中发挥制约、控制、指导和考核等作用；而只有进行有效的监督，才能使成本会计为管理提供真实可靠的信息资料，使反映的职能得以充分发挥。可见，只有把反映和监督两大职能有机地结合起来，才能更为有效地发挥成本会计在管理中的作用。

成本会计除了上述反映和监督两大基本职能外，随着生产过程的日趋复杂，人们对经营过程管理要求的不断提高，成本会计还具有进行成本预测、实施成本控制、分析考核成本因素和参与成本决策等职能。它们和反映、监督职能共同构成成本会计的职能体系，在成本管理中发挥着各自的重要作用。

第五节　成本会计的任务

成本会计的任务是成本会计职能的具体化，它决定于成本会计的对象及管理的要求。具体包括以下几个方面。

一、进行成本预测和决策，编制成本计划，为企业进行成本管理提供依据

社会主义企业是依法自主经营、自负盈亏、自我发展、自我约束的商品生产和经营单位，应当具有市场观念、竞争观念、生存观念和效益观念。效益的关键在成本。产品和产品成本水平是否适合市场需要，决定着企业的命运和兴衰。因此，企业生产什么产品，首先要以市场为导向进行成本预测和决策，通过市场调查等方式，根据市场需要量、顾客能够接受的价格，确定目标利润和目标成本。进而根据确定的目标成本和成本预测等资料，编制年度、季度、月度成本计划和费用预算，实行成本事前控制，以便为企业适应市场需要生产物美价廉的产品，为大幅度降低成本、提高经济效益创造良好的先决条件。

二、正确、及时地核算生产费用和产品成本，实行责任成本核算

社会主义企业作为相对独立的商品生产者，在生产经营过程中必须严格按照经济核算和经济责任制的原则办事，要求用自身产品的销售收入抵偿全部成

本开支而有盈余。为此，必须严格遵守国家规定的成本开支范围和费用标准，严格执行国家有关财经方针、政策和财经纪律，按照成本核算规程核算产品和劳务的实际成本，反映成本、费用的发生以及成本形成、成本结构和成本补偿，进行成本考核，并实行会计监督检查。为了适应经济责任制的需要，除要如实计算商品产品的总成本和单位成本外，还应推行责任成本会计核算，进行生产过程成本控制。为此，应划小核算单位，对各项目标成本指标进行纵横分解，分级分口进行核算，据以控制各项消耗定额（或标准）的执行情况；揭示脱离定额（或标准）的偏差，并查明原因和确定责任人员，进行奖惩。切实贯彻经营责任制，加强企业内部经营管理。

三、进行成本分析，考核企业的经营成果

企业为了及时了解经营成果，应在成本会计提供的实际成本资料的基础上定期进行成本分析。通过成本分析考核企业的经营成果，评价各成本责任中心的业绩，与计划比较，揭示影响成本的诸因素和程度，分析完成计划的情况和原因；与历史成本比较，分析成本降低的趋势和原因；与同行业先进水平比较，分析企业成本水平的差距和原因等，制订相应的措施，并付诸实施。产品成本分析既是对前一个成本计算期的事后控制和经验总结，又是对下一个成本计算期成本预测的重要成本信息反馈。应当指出，企业不仅要做好产品成本定期分析，还应根据企业经营决策的特殊需要，及时进行专项成本调查分析。比如，对新厂址的选择、新设备的投资、老产品的更新换代、产品制造方法和工艺的改进、订货或合同的估价和投标作出决策时，应由成本会计进行调查、预测、计算、对比、分析研究，尽可能提供可供选择的优化方案，参与经营决策，充分发挥成本会计工作在指导企业未来经济活动中的重要作用。

四、反映在产品的增减变动情况，使产品成本和利润真实准确

企业要正确核算产品成本，从成本核算程序上讲，其中一个关键的问题就是要将生产费用在完工产品与月末在产品之间进行划分。由于在一个会计期间内，工业企业特别是装配式或连续式的复杂生产的企业常常有未完工产品停留在各个生产阶段。这些未完工产品与产成品是同一生产过程的产物，对它们投入的生产费用是共同的。因此，在计算产品成本时，就必须先将生产费用在各种产品之间进行分配和归集，然后再采用特定的方法将各种产品的生产费用在该完工产成品和在产品之间进行分配，从而计算出产成品的实际总成本和单位成

本,以及期末在产品成本,达到产品成本核算最具体的目标,进而才能确定企业损益,并合理足额地补偿成本。显然,在产品成本计算影响着产品成本和利润的正确计算。同时,在产品具有多样性和流动性强的特点,它随着生产过程的进展而不断增加其价值,是流动资产的重要组成部分,这就要对在产品及材料、产成品或其他各种形态物资进行盘存计价,管好、算好其价值及其实物动态,防止积压、短缺和损失,保护社会主义财产的安全完整,并保证成本核算和损益计算信息的正确性。

五、实行全员、全过程的成本控制和管理,促进企业努力节约消耗,降低成本

成本会计的作用不只是计算产品成本,更重要的是对成本进行控制,为企业的成本管理服务。因此,应该实行全员、全过程的成本控制和管理。所谓全员的成本控制和管理,是指产品成本与每个生产工人和每个职工的工作密切相关,降低产品成本人人有责,上至厂长、经理,下到工人,从科室到班组,都要有成本意识,参加成本控制和管理。为了便于群众参加管理,就要建立"成本责任中心",权、责、利结合,实行指标分级分口管理。把群众管理与专业管理结合起来,形成一个从上到下的成本控制和管理的网络,使成本管理工作渗透到企业的每个角落,责任落实到每个人身上。所谓实行全过程的成本控制和管理,是指从目标成本的制订、产品设计、产品试制、工艺制订、计划安排、产品制造、产品销售一直到用户使用都包括在内,对产品成本形成过程的各阶段和所耗费的费用要素所进行的全过程,多方位的事前、事中、事后控制和管理。技术与经济相结合,实行目标管理,责任控制,进行可行性研究,运用价值工程等现代管理方法,不断降低人力、物力消耗,降低产品成本,取得更大盈利。

第六节 成本会计的工作组织

成本会计工作的组织包括成本会计机构的设置、成本会计人员的配备以及成本会计制度的制定与执行三个方面的内容。由于成本会计工作只是会计工作的一个组成部分,会计人员的配备、会计机构的设置以及会计制度的制定与执行等内容已在基础会计等教材中详细述及,此处不再赘述。下面仅就成本会计工作组织应遵循的主要原则作简要介绍。

一、有利于技术与经济的结合

成本是一项综合性的经济指标,它受多种因素的影响。其中,产品的设计、加工工艺等技术是否先进、在经济上是否合理,对产品成本的高低有着决定性的影响。在传统的成本会计工作中,会计部门多注重产品加工中的耗费,而对产品的设计、加工工艺、质量和性能等与产品成本之间的联系则考虑较少,甚至有的成本会计人员不懂基本的技术问题;相反,工程技术人员考虑产品技术方面的问题多,而对产品的成本则考虑较少。这种技术与经济的脱节,使得企业在降低产品成本方面受到很大限制,成本会计工作也往往仅限于事后算账,起到提供核算成本资料的作用。因此,为了在提高产品质量的同时不断降低成本,提高企业经济效益,在成本会计工作的组织上应贯彻技术与经济相结合的原则。不仅要求工程技术人员要懂得相关的成本知识,树立成本意识,还要求成本会计人员必须改变传统的知识结构,具备与正确进行成本预测、参与经营决策相适应的生产技术方面的知识。只有这样,才能在成本管理上实现技术与经济的结合,才能使成本会计工作真正发挥其应有的作用。

二、有利于成本管理经济责任制的落实

为了降低成本,实行成本管理上的经济责任制是一条重要的途径。由于成本会计工作是一项综合性的价值管理工作,涉及面广、信息灵,因此,企业应摆脱传统上只注重成本会计事后核算作用的片面性,充分发挥成本会计的优势,将其与成本管理上的经济责任制有机地结合起来,这样可以使成本管理工作收到更好的效果。例如,在实行成本分级分口管理的情况下,应使成本会计工作处于中心地位,由其具体负责组织成本指标的制定、分解落实,日常的监督检查,成本信息的反馈、调节以及成本责任的考核、分析、奖惩等工作。又如,为了配合成本分级分口管理,不仅要搞好厂一级的成本会计工作,而且应该完善各车间的成本会计工作,使之能进行车间成本的核算和分析等工作,并指导和监督班组的日常成本管理工作,从而使成本会计工作渗透到企业生产经营过程的各个环节,更好地发挥其在成本管理经济责任制中的作用。

三、要把成本会计工作建立在广泛的群众基础之上

不断挖掘潜力、努力降低成本,是成本会计的根本性目标。但各种耗费是

在生产经营的各个环节中发生的,成本的高低取决于各部门、车间、班组和职工的工作质量。同时,各级、各部门的职工群众最熟悉生产经营情况,最了解哪里有浪费的现象,哪里有节约的潜力。因此,要加强成本管理,实现降低成本的目标,就不能仅靠几个专业人员,而必须充分调动广大群众在成本管理上的积极性和创造性。为此,成本会计人员还必须做好成本管理方面的宣传工作,经常深入实际了解生产经营过程中的具体情况,与广大职工群众建立起经常性的联系;吸收广大群众参加成本管理工作,增强广大职工群众的成本意识和参与意识,以便互通信息,掌握第一手资料,从而把成本会计工作建立在广泛的群众基础之上。

本 章 小 结

1. 成本是指企业为生产产品、提供劳务而发生的各项耗费。费用是指企业在日常活动中发生的、会导致所有者权益减少的、与向所有者分配利润无关的经济利益的总流出。

2. 成本会计是会计学科体系中的一个重要分支,主要是应用于生产企业的一种专业会计。

3. 产品的理论成本包括已耗费的生产资料转移的价值(c)和劳动者为自己劳动所创造的价值(v)两部分内容。

4. 成本会计的对象可以概括为:企业生产经营过程中发生的生产经营业务成本和期间费用,具体包括各行业企业的财务成本和管理成本。

5. 成本会计的基本职能是反映和监督,另外,进行成本预测、控制、考核、分析和决策等,也是成本会计的重要职能。

6. 成本会计工作的组织包括成本会计机构的设置、成本会计人员的配备及成本会计制度的制定和执行三个方面的内容。

关 键 术 语

成本 产品成本 费用 生产费用 期间费用 销售费用 管理费用 财务费用 产品的理论成本 产品的实际成本

思 考 题

1. 试说明产品理论成本与实际成本的主要区别。
2. 试说明成本与费用的关系。
3. 结合工业企业的生产特点,说明成本会计的对象是什么。
4. 成本会计的反映职能和监督职能具体表现在哪些方面?
5. 成本会计工作组织应遵循哪些原则?

第二章　成本核算的要求和程序

内容提要

　　本章主要阐述企业进行成本核算时应如何划分各种费用界限、确定财产物资的计价和价值转移方法以及进行成本核算应做好的基础工作等。在此基础上，概括说明了企业成本核算的一般程序、应设置的账户和账务处理程序。了解这些问题对于企业正确组织成本核算，发挥成本核算的作用，具有十分重要的意义。

第一节　成本核算的要求

　　工业企业是以生产产品为目的的产业部门，其基本业务活动是以生产为核心的，包括供应和销售的全部经营过程。生产行为的本身就它的一切要素来说也是消费行为。生产过程中制造产品的同时，又是原材料、燃料、动力、机器设备和人工等的耗费过程。既是通过产品的生产和销售，取得经营收入的过程，又是将企业的资产（各种生产要素）转换为费用，导致资产的减少或负债增加的过程。费用按其是否构成产品制造成本，可以分为产品制造成本费用和期间费用两大类。

　　成本核算是按照国家有关成本费用开支范围的规定，核算企业在生产经营过程中所支出的物质消耗、劳动报酬以及有关费用支出的数额、构成和水平。成本是综合反映一个企业生产经营成果的一项重要指标，原材料和能源消耗的节约及浪费、生产工艺及设备利用是否合理以及劳动生产率的高低，都会综合反映在产品成本的水平上。为了充分发挥成本核算的作用,对成本核算有以下要求。

一、坚持成本核算与成本管理相结合的原则

成本核算是加强企业管理,特别是加强成本管理的重要手段,成本核算应该从满足加强企业管理的要求出发,做到成本核算与加强企业管理相结合,为企业管理和企业决策所用。因此,成本核算不仅要对企业生产费用进行事后的记录和计算,还要在生产费用发生之前进行审核和控制,审核费用支出是否符合财经政策和财经制度,是否符合计划定额,做好费用的审核工作。进行成本核算,计算产品成本,为提供成本管理所需要的成本资料,成本计算必须正确、及时。只有成本资料正确,才能据以考核和分析成本计划的完成情况,才能保证国家的财政收入和企业再生产资金得到合理的补偿。同时,成本计算的正确与否,衡量的标准首先要看提供的核算资料能否满足管理的需要。在成本计算中,既要防止片面的简单化,不能满足成本管理要求的做法,又要防止脱离成本管理要求,为算而算,搞繁琐哲学的倾向。因此,必须从管理要求出发,在满足管理需要的前提下,按照重要性原则分清主次,区别对待;主要从细,次要从简;细而有用,简而有理。成本核算要做到算为管用,算管结合。

二、正确划分各种费用界限

为了加强各种费用的控制,正确计算成本,应当严格划清以下费用的界限。

(一)正确划分资本性支出和收益性支出的界限

凡支出的效益涉及多个会计年度的,应作为资本性支出,如固定资产的购置和无形资产的购入均属于资本性支出;凡支出的效益只涉及本年度的应作为收益性支出,如生产过程中原材料的消耗、直接人工、制造费用及期间费用均属于收益性支出。

构成企业资产的资本性支出,要在以后的使用过程中逐渐转入成本费用。收益性支出应计入产品成本,或者作为期间费用单独核算。收益性支出全部由当期销售收入来抵偿。区分资本性支出和收益性支出的目的,是为了正确计算资产的价值和正确计算各期的产品成本、期间费用及损益。如果把资本性支出列作收益性支出,其结果必是少计了资产的价值,多计了当期费用;反之,则多计了资产的价值,少计了当期的费用。无论哪种情况都不利于正确计算产品成本。

（二）正确划分应计入产品成本费用和不应计入产品成本费用的界限

工业企业生产过程中的耗费是多种多样的，其用途也是多方面的，要正确核算成本费用，计算产品成本，必须按费用的用途确定哪些应由产品成本负担，哪些不应由产品成本负担。要严格遵守成本费用开支范围的规定，坚决抵制乱摊成本和擅自扩大产品成本费用开支范围的非法行为，以保证产品成本计算的真实性。

（三）正确划分各个会计期间的费用界限

根据我国会计准则的规定，企业应按月进行成本计算，以便分析考核生产经营费用计划和产品成本计划的执行情况和结果。因而必须划分各个月份的费用界限。本月份实际发生的费用应当全部入账，而不能由以后月份负担。本月份发生（支付）而应由本月及以后各月共同负担的费用，应当记作待摊费用，在各月间合理分配计入成本费用。本月虽未支付，但应当由本月负担的费用，应当通过预提的方法，记作预提费用，预先分配计入本月成本费用，待到期支付时，再冲减预提费用。正确划分各个月份的费用界限，实质上是从时间上确定各个成本计算期的费用和产品成本，是保证成本核算正确性的重要环节。

（四）正确划分各种产品应负担的费用界限

为了保证每个成本计算对象正确地归集应负担的费用，必须将发生的应由本期产品负担的生产费用，在各种产品之间进行分配。凡是能直接认定某种产品应负担的费用，应直接归入该种产品成本；不能直接确认而需要分配计入的费用，要选择合理的分配方法进行分配，计入各种产品成本。特别应注意防止在可比产品和不可比产品之间，在盈利产品和亏损产品之间转移生产费用，借以掩盖成本超支或以盈补亏。

（五）正确划分完工产品成本和在产品成本的界限

在企业月末有完工产品和在产品的情况下，要正确计算本月未完工的在产品成本和已完工的产成品成本，这就需要将该种产品的累计全部成本，采用适当的方法在完工产品和在产品之间进行分配与划分。所采用的方法要准确、合理而又简便，要有利于成本管理。

三、正确确定财产物资的计价和价值结转方法

工业企业的财产物资是生产资料，包括固定资产及生产经营过程中所要耗

费的各种存货，其价值是要转移到产品成本、费用中去的。这些财产物资可以认为是尚未转移为成本、费用的价值储存。因而，财产物资计价和价值结转的方法，也是影响成本费用正确性的重要因素。

《企业会计准则》规定："各项财产物资应当按取得时的实际成本计价。物价变动时，除国家另有规定者外，不得调整其账面价值。"固定资产的正确计价和价值结转，应包括其原值的计算方法、折旧方法、折旧率的高低以及固定资产与低值易耗品的划分标准。低值易耗品和包装物，在按其取得时的实际成本计价的同时，还要合理制定其摊销方法。各种原材料应按实际采购成本计价，其价值的结转，在材料按实际成本进行日常核算时，企业可以根据情况，对发出材料选用先进先出法、加权平均法、移动平均法和个别计价法等，确定其实际成本；在材料按计划成本或者定额成本方法进行日常核算时，应当按期结转其成本差异，将计划成本或者定额成本调整为实际成本。这时，材料成本差异率的计算、合理规定材料成本差异率的种类（个别差异率、分类差异率、综合差异率、上月差异率或本月差异率）以及采用分类差异率的类距大小等，就显得十分重要。

为了正确计算成本费用，对于各种财产物资的计价和价值的结转，以及各种费用的分配，都要制定比较合理、简便的方法。同时，为了使各企业和各时期的产品成本可比，有的要在全国范围内规定统一的方法，有的应在同行业同类型企业范围内规定统一的方法。而方法一经确定，必须保持相对稳定，不应任意改变。要注意防止任意改变财产物资计价和价值结转的方法，如任意改变固定资产折旧率及不按规定方法和期限计算、调整材料成本差异等，其结果都必然造成成本费用失去真实性，给企业和国家造成严重危害。

四、做好成本核算的各项基础工作

要正确、及时地计算产品成本，进行成本审核与控制，还必须做好成本核算的各项基础工作。

（一）做好各项消耗定额的制订和修订工作

生产过程中的原材料、燃料、动力和工时等项消耗定额，与产品成本计算的关系十分密切。制订先进而又可行的各项消耗定额，既是编制成本计划的依据，又是审核控制生产费用的重要依据。而在计算产品成本时，也常需要按照产品的定额消耗量比例，进行费用的分配计算。因此，为了加强生产管理和成本管理，工业企业必须建立、健全定额管理制度，凡是能够制订定额的各种消耗，都应制订定额,并随着生产的发展、技术的进步、劳动生产率的提高,还要不断地修订定额,以充分发挥定额管理的作用。

（二）建立原材料、在产品、产成品等各项财产物资的收发、领退、转移、报废、清查盘点制度

成本费用以价值形式核算产品生产经营中的各项支出,但是价值形式的核算都是以实物计量为基础的。因而为了正确计算成本费用,必须建立和健全各种实物收进和发出的计量制度及实物盘点制度,这样才能使成本核算的结果如实反映生产经营过程中的各种消耗和支出,做到账实相符。

（三）建立和健全各项原始记录

原始记录是反映生产经营活动的原始资料,是进行成本预测、编制成本计划、进行成本核算、分析消耗定额和成本计划执行情况的依据。因此,工业企业对生产过程中材料的领用、动力与工时的耗费、费用的开支、废品的发生、在产品及半成品的内部转移、产品质量检验及产成品入库等,都要有真实的原始记录。成本核算人员要会同企业内计划统计、生产技术、劳动工资和产品物资供销等有关部门,认真制定既符合成本核算需要,又符合各方面管理需要,既科学又简便易行,讲求实效的原始记录制度;还要组织有关职工认真做好各种原始记录的登记、传递、审核和保管工作,以便正确、及时地为成本核算和其他有关方面提供资料和信息。

（四）严格计量制度,完善各种计量检测设施

成本核算必须以实物计量为基础,只有严格执行对各种财产物资的计量制度,才能准确计算产品成本。而要准确地进行实物计量,就必须具备一定的计量手段和检测设施,以保证各项实物计量的准确性。因而应当按照生产管理和成本管理的需要,不断完善计量和检测设施。

（五）制订和修订厂内计划价格

在规模较大、管理基础较好的企业中,应对原材料、半成品、厂内各车间相互提供的劳务（如修理、运输、动力等）制订厂内计划价格,作为企业内部结算和考核的依据,以便分清内部各单位的经济责任,考核和分析内部各单位成本计划的执行情况,并简化和加速核算工作,如前述材料按计划成本进行日常核算就是如

此。厂内计划价格要尽可能符合实际,保持相对稳定,一般在年度内不变。在制订了厂内计划价格的企业中,各项原材料的耗用、半成品的转移,以及各车间与部门之间相互提供劳务等,都首先要按计划价格计算。这种按实际生产耗用量和计划价格计算的成本,称为计划价格成本。月末计算产品实际成本时,再在计划价格成本的基础上,采用适当的方法计算各产品应负担的价格差异(如材料成本差异),将产品的计划价格成本调整为实际成本。企业不得用计划成本代替实际成本。

五、根据企业的生产特点和管理要求,采用适当的方法计算产品成本

产品成本是在生产过程中形成的。产品的生产工艺过程和生产组织不同,所采用的产品成本计算方法也应该有所不同。计算产品成本是为了加强成本管理,因而,还应该根据管理要求的不同,采用不同的产品成本计算方法。工业企业应该按照本身的生产特点和管理要求,选用适当的成本计算方法,才能正确、及时地计算产品成本。

第二节 费用的分类

工业企业生产经营过程中的耗费是多种多样的,为了便于归集各项费用,正确计算产品成本和期间费用,进行成本管理,需要对种类繁多的费用进行合理分类。费用可以按不同的标准分类,在日常核算中,主要有以下几种划分方法。

一、费用按经济性质分类

费用按经济性质(经济内容)划分的类别称为费用要素。由于企业的生产经营过程是劳动对象、劳动手段和活劳动的耗费过程,因此,费用要素主要包括劳动对象方面的费用、劳动手段方面的费用和活劳动方面的费用三大类。前两类属于物质消耗,后一类属于非物质消耗。为了具体反映费用的构成和水平,还应将费用进一步划分为以下费用要素:

(1)外购材料。外购材料是指企业为进行生产经营而消耗的一切从外部购进的原料及主要材料、辅助材料、半成品、包装物、低值易耗品和修理用备件等。

（2）外购燃料。外购燃料是指企业为进行生产经营而消耗的一切从外部购进的各种燃料，包括固体燃料（如煤炭）、液体燃料（如石油液化气）和气体燃料（如天然气）。

（3）外购动力。外购动力是指企业为进行生产经营而耗用的从外部购进的各种动力，如水、电、气等。

（4）职工薪酬。职工薪酬是指企业支付的应计入生产经营费用的所有职工的各种薪酬。

（5）折旧费。折旧费是指按照规定计算提取的固定资产折旧费。

（6）利息净支出。利息净支出是指应计入财务费用的借款利息支出减利息收入后的净额。

（7）税金。税金是指应计入企业管理费用的各种税金，如房产税、车船税、土地使用税、印花税等。

（8）其他支出。其他支出是指不属于以上各项要素的费用支出，如差旅费、办公费、保险费、邮电费、租赁费、咨询费、广告费和业务招待费等。

费用按经济性质分类，可为分析该企业在一定时期内费用的结构和水平，考核费用预算提供资料；可为核定资金定额、编制采购资金计划和劳动工资计划提供资料；也可为计算工业净产值和国民收入提供资料。

二、费用按经济用途分类

费用按经济用途，可以分为计入产品成本的生产费用和不计入产品成本的期间费用。应计入产品成本的生产费用，有的直接用于产品生产，有的则用于管理和组织生产。按照计入产品成本的生产费用的各种用途，可进一步划分为若干项目，即产品成本项目，简称成本项目。一般可分为以下四项：

（1）直接材料。直接材料是指直接用于产品生产、构成产品实体的原料、主要材料、外购半成品以及有助于产品形成的辅助材料。

（2）直接人工。直接人工是指直接参加产品生产的工人工资及以其他形式发放的职工薪酬。

（3）燃料和动力。燃料和动力是指直接用于产品生产的外购和自制的燃料和动力。

（4）制造费用。制造费用是指直接用于产品生产，但不便于直接计入产品成本以及间接用于产品生产的各项费用。

需要说明的是，以上四个成本项目只是一般企业应该设置的主要成本项目，由于各个企业的生产特点和管理要求各不相同,所以设置的成本项目也不尽相同。例如,有的企业外购半成品、自制半成品在成本中所占比重较大,就可增设"外购半成品"、"自制半成品"成本项目;有的企业需要单独考核废品损失、停工损失,则可以增设"废品损失"、"停工损失"成本项目。

以上成本项目之和构成产品的生产成本。现行制度规定,在制造成本法下,产品成本即产品生产成本或制造成本,主要包括以上四项内容,而不包括期间费用,即用于产品销售的销售费用,用于组织和管理生产活动的行政管理费用以及筹集资金而发生的财务费用。因为期间费用与产品的生产没有直接联系,这些费用容易确定其发生的期间,而难以判别其所应归属的产品,因而在发生的当期便从当期的损益中扣除。这样做既易于保证费用分配的合理性,又有助于考核企业生产经营单位的成本管理责任及进行成本预测和决策。

费用按经济用途分类,可以正确反映产品成本的构成情况,有助于考核各项费用消耗定额和计划的执行情况,分析成本计划升降原因,以便积极采取措施,寻求降低成本的途径。

三、生产费用按计入产品成本的方法分类

按照计入产品成本的方法不同,生产费用可分为直接计入费用(简称直接费用)和间接计入费用(简称间接费用)。直接费用是为生产某种产品耗用,并能根据原始凭证直接计入某种产品成本的费用,如直接材料和直接人工,一般能分清是为生产哪种产品所耗用,在发生时即可直接记入核算该种产品成本的账户。间接费用是指为生产几种产品共同耗用,不能根据原始凭证直接计入,需要按适当标准分配计入产品成本的费用,如间接材料、间接人工以及其他制造费用。按照这一标准划分生产费用,有助于掌握生产费用与产品成本形成的关系,正确组织成本核算。

四、生产费用按其与生产工艺的关系分类

按照与生产工艺的关系不同,可将生产费用分为基本费用和一般费用。基本费用是指直接发生于工艺技术过程的费用,如原材料、辅助材料、燃料、动力以及生产工人工资和以其他形式发放的职工薪酬。一般费用是指与生产工艺过程无关的用于管理和组织生产而发生的费用,如车间管理人员工资、差旅费、办公费和租赁费等。一般来讲,基本费用大多是直接费用,一般费用大多是间接费

用。但并不绝对,如在只生产一种产品的企业,基本费用和一般费用都可直接计入该种产品成本,都是直接费用;但在用同一种原材料、同时生产几种产品的联产品生产企业中,基本费用和一般费用都是间接费用,必须通过分配才能计入某种产品成本。这种分类,有助于分析企业在不同时期的成本管理水平,以便改变构成产品成本的费用结构,降低一般费用在单位产品成本中的比重。

五、生产费用按其与产品产量的关系分类

按与产品产量的关系,可将生产费用划分为变动费用和固定费用。变动费用是指随着产品产量的增减变动而成比例地增减变动的费用。产量增加,变动费用总额也增加,相反则减少,但单位产品中所包含的变动费用却基本稳定不变,如直接材料费用、生产工人的计件工资以及某些间接材料。固定费用是指与产品产量无直接关系、相对固定的费用。即产品产量在一定相关范围内增加或减少时,固定费用总额都基本稳定不变,但单位产品中所包含的固定费用则会随之降低或升高。这种分类有助于企业依据产品产量的变动控制各项费用的水平,促使企业在不增加固定费用的前提下,增加产品产量,提高生产能力的利用水平。

第三节 成本核算的一般程序和
运用的主要账户

一、产品成本核算的一般程序

工业企业为了及时、正确地核算产品成本,在生产费用的发生和产品成本的形成过程中,应当按照一定的顺序进行。产品成本核算的一般程序如下。

（一）对费用进行审核和控制

在费用发生时,企业就应以国家规定的成本费用开支范围和费用开支标准以及有关财务、会计制度和有关法令为据,严格控制和审核每一项费用支出,并确定费用是否计入产品成本。在审核时,关键是要划清产品费用与期间费用的界限。前者是指计入产品成本的费用,如直接材料、直接人工以及各项制造费用;而期间费用,如销售费用、财务费用和管理费用,则不能计入产品成本,应在

发生时直接作为当期费用入账,从当期收入中补偿。

（二）在各种产品之间归集和分配生产费用

在划清应计入产品成本和应计入期间费用的界限后,企业就应以产品作为成本核算对象,设置各成本核算账户,分别归集各种应计入产品成本的生产费用。有些费用,如直接材料、直接工资,可直接计入有关成本核算对象;而有些费用,如制造费用,通常都不能直接计入,应当采用适当的分配方法在各种产品之间进行分配。分配标准应与被分配的费用有一定的依存关系。如有些产品耗用材料的多少,与产品的重量有关;有些产品耗用材料的多少,却与产品产量有关,因而可分别采用各产品重量比例或产量比例分配这些材料费用。通过在各种产品之间归集和分配生产费用,最终可反映各种产品的生产成本总水平。

（三）在完工产品与月末在产品之间归集和分配生产费用

对于既有完工产品又有在产品的产品,在月末已将该产品发生的全部生产费用归集在某一成本核算账户后,还应按照一定的方法将其在完工产品与月末在产品之间进行分配,计算出完工产品成本和月末在产品成本。

二、成本核算应设置和运用的账户

为了按照一定的用途归集各项生产费用,正确地计算产品成本,工业企业应设置和运用以下账户。

（一）"基本生产成本"账户

基本生产是企业为完成主要生产目的而进行的商品生产。该账户是一个成本类账户,用以归集进行基本生产所发生的各种要素费用和计算基本生产的产品成本。企业为进行基本生产所发生的各项费用,可直接或分配记入该账户借方;月末完工入库的产品成本,记入该账户的贷方。该账户的借方余额表示月末在产品的成本。月末没有在产品的企业,该账户不应保留余额。该账户应按照产品品种分设基本生产明细账,亦称产品成本明细账或产品成本计算单。明细账中按成本项目分设专栏,登记各产品、各成本项目的月初在产品成本、本月发生的生产费用,本月完工产品成本和月末在产品成本。基本生产成本明细账,如表2-1所示。

表 2 - 1　基本生产成本明细账

产品名称：　　　　　　　　　（产品成本计算单）

20××年		凭　证		摘　　要	成 本 项 目				成本合计
月	日	种类	号数		直接材料	直接人工	燃料和动力	制造费用	
				月初在产品成本 本月生产费用 生产费用合计 结转完工产品成本 月末在产品成本					

（二）"辅助生产成本"账户

辅助生产是指为基本生产和管理部门服务而进行的产品生产和劳务供应活动，如工具、模具、修理用备件的生产和修理、运输等劳务的供应。"辅助生产成本"是一个成本类账户。企业进行辅助生产所发生的费用，应记入"辅助生产成本"账户的借方，完工入库产品的成本或分配转出的劳务费用，记入该账户的贷方。月末，该账户借方余额表示辅助生产在产品的成本。在辅助生产全部为提供劳务、不生产产品情况下，月末，归集在"辅助生产成本"账户的生产费用要全部转入各受益对象的成本费用账户，该账户不保留余额。该账户应按辅助生产车间和生产的产品、劳务分设明细账，明细账中按辅助生产的成本项目或费用项目分设专栏进行登记。辅助生产成本明细账，如表 2 - 2 所示。

表 2 - 2　辅助生产成本明细账

车间名称：

20××年		凭　证		摘　　要	直接材料	直接人工	燃料和动力	制 造 费 用								合计
月	日	种类	号数					折旧费	修理费	办公费	水电费	运输费	保险费	消耗材料	其他	小计	

（三）"制造费用"账户

该账户是一个成本类账户，主要用来核算企业为生产产品和提供劳务而发生的各项间接费用,包括职工薪酬、折旧费、修理费、办公费、水电费、机物料消耗、劳动保护费、季节性修理期间的停工损失等,不包括企业行政管理部门为组织和管理生产所发生的管理费用。企业发生的各项制造费用,记入该账户的借方,将本月制造费用分配计入有关成本计算对象时,记入该账户的贷方。除季节性生产企业外,该账户月末应无余额。该账户应按不同的车间、部门设置明细账,明细账内按制造费用项目设置专栏。制造费用明细账,如表2-3所示。

表 2-3 制造费用明细账

车间名称:

20××年		凭证号数	摘　要	职工薪酬	折旧费	修理费	办公费	水电费	保险费	劳动保护费	消耗材料	其他	合计	转出
月	日													

（四）"销售费用"账户

该账户用来核算企业在产品销售过程中发生的费用,包括运输费、装卸费、包装费、保险费、展览费、广告费以及为销售本企业产品而专设的销售机构的职工薪酬、业务费等经常费用。发生以上费用时,记入该账户借方,月末从其贷方转入"本年利润"账户借方,结转后无余额。

（五）"财务费用"账户

该账户用来核算企业为筹集生产经营所需资金而发生的费用,包括利息净支出、汇兑净损失、支付银行及金融机构的手续费等。发生各项筹资费用时,记入该账户借方,月末从其贷方转入"本年利润"账户借方,结转后无余额。

（六）"管理费用"账户

该账户用来核算企业行政管理部门为组织和管理生产经营活动而发生的各种费用,包括职工薪酬、折旧费、工会经费、职工教育经费、业务招待费、技术转让费、劳动保险费、研究开发费、房产税、车船税、土地使用税、印花税、无形资产摊销、开办费摊销、坏账损失、咨询费和诉讼费等。发生各项费用时,记入该账户借方,月末从其贷方转入"本年利润"账户借方,结转后无余额。

以上介绍了工业企业进行成本核算应设置的主要账户。如果企业需要单独核算废品损失和停工损失,可以增设"废品损失"、"停工损失"账户;如果管理上要求计算自制半成品成本,也可以增设"自制半成品"账户;如果企业有开办费,租入固定资产改良支出等摊销期在 1 年以上的费用,还可以增设"长期待摊费用"账户。

本 章 小 结

1. 对成本核算的一般要求是:① 成本核算与成本管理要相互结合;② 正确划分各种费用界限;③ 正确确定财产物资的计价和价值转移方法;④ 做好成本核算的各项基础工作;⑤ 根据企业的生产特点和管理要求,选用适当的成本计算方法。

2. 费用按经济性质划分,一般可分为外购材料、外购燃料、外购动力、职工薪酬、折旧费、利息净支出、税金和其他支出八类。

3. 费用按经济用途划分,首先应分为计入产品成本的生产费用和不计入产品成本的期间费用两类。计入产品成本的生产费用按其用途划分,还可分为直接材料、直接人工、燃料和动力、制造费用等成本项目。

4. 生产费用按其计入产品成本的方法不同,可以分为直接费用和间接费用;按其与生产工艺的关系不同,可以分为基本费用和一般费用;按其与产品产量的关系不同,可以分为固定费用和变动费用。

5. 工业企业产品成本核算的一般程序为:首先,对费用进行审核与控制;其次,应在各种产品之间归集和分配生产费用;最后,应将费用在完工产品与在产品之间进行分配,从而计算出完工产品总成本及单位成本。

6. 工业企业核算产品成本一般应设置"基本生产成本"、"辅助生产成本"、"制造费用"等主要成本类账户。

关 键 术 语

费用要素　成本项目　直接费用　间接费用　基本费用　一般费用　固定费用　变动费用　基本生产　辅助生产

思 考 题

1. 企业的成本核算一般有哪些要求?
2. 在成本核算中,一般应划清哪些费用界限?
3. 正确计算产品成本应做好哪些基础工作?
4. 费用按经济性质划分,一般可分为哪几类? 有何作用?
5. 费用按经济用途划分,一般可分为哪几类? 有何作用?
6. 什么是产品成本项目? 一般应如何设置?
7. 简述成本核算的一般程序。

第三章 费用归集与分配的程序和方法

内容提要

本章主要阐述企业生产经营过程中发生的各项生产费用的归集和分配。重点说明了各项要素费用、待摊和预提费用、辅助生产费用、制造费用以及生产损失的核算方法。本章内容是成本会计的基本理论和基础知识。

第一节 材料费用的分配

材料属于企业生产过程中的劳动对象,是企业生产经营过程中不可缺少的物质要素。它们在生产过程中,有的构成产品实体,有的虽不构成产品实体,但有助于产品的形成或生产的正常进行,并且经过一个生产周期就要被消耗掉,改变其原有的实物形态,其价值也随着实物的消耗一次、全部转移到所生产的产品中去,构成产品成本的主要内容。因此,为了正确核算产品成本,必须加强对材料的管理,及时反映材料收、发、领、退及保管情况,核算和监督生产过程中材料消耗定额的执行情况,促使企业合理地节约使用材料,努力降低产品成本。

一、材料的分类

由于工业企业材料品种繁多,规格复杂,收发频繁,存放地点不同,性质不一,因此,为了便于进行管理和正确组织核算,应根据材料特点进行合理分类。

一般来说,按材料在生产过程中作用不同,可分为以下几类。

（一）原料及主要材料

原料及主要材料是指经过加工后能够构成产品主要实体的各种原料和材料。例如,钢铁厂用的硫铁矿就是原料、织布厂用的棉纱就是材料。

（二）辅助材料

辅助材料是指直接用于生产,虽不构成产品主要实体,但有助于产品形成或便于生产进行的各种材料。例如,印染厂用的染料、塑料制品厂用的增塑剂等。

（三）修理用备件（备品备件）

修理用备件是指为修理本企业机器设备和运输工具所专用的各种备品备件。例如,电动机用皮带盘、卡车上的专用备件等。

（四）外购半成品

外购半成品是指从外部购入需要本企业进一步加工或装配的已完工的半成品。例如,汽车制造厂外购的轮胎、电冰箱厂外购的压缩机等。

（五）燃料

燃料是指在生产过程中用来产生热能的各种材料,包括为生产工艺过程使用的、为创造正常劳动条件使用的燃料。

（六）包装材料

包装材料是指用来包装本企业产品的材料。例如,包装用的纸、绳、铁丝、铁皮等材料。在生产中产生的废料、设备报废时所产生的废料,如果回收后能再利用的,则分别按其用途列入原料及主要材料、辅助材料或备品备件等。如果本企业已无利用价值,准备出售的,则可列作辅助材料,为数较多的也可单设"废料"类。

在实际工作中除按材料作用分为上述六大类以外,在每大类中还可按其用途、物理属性和技术特征等,作进一步分类。

二、材料费用的归集和分配

企业在生产过程中耗用的各种材料,根据审核无误的领料、退料凭证,按照材料的不同类别和不同用途进行归类、整理,并遵循谁受益谁负担的原则分配材料费用。凡属基本生产车间生产产品消耗的材料费应由产品成本负担,记入"基本生产成本"账户;凡属辅助生产车间生产产品或提供劳务等消耗的材料费应由该产品或劳务负担,记入"辅助生产成本"账户;凡属基本生产车间一般的机物料消耗应属产品成本内容,记入"制造费用"账户。至于企业管理部门、销售机构等消耗的材料费,不属于产品成本的费用内容,应分别记入"管理费用"、"销售费用"等账户。

对于记入"基本生产成本"账户的材料费,凡能确定某种产品耗用的,应直接记入"基本生产成本"账户及其明细账"直接材料"成本项目;凡由几种产品共同耗用的,应选用适当的标准分配记入各种产品"直接材料"成本项目。常用的分配标准有定额消耗量、产品重量、标准产量和体积等。企业应在保证材料费用分配结果准确的前提下,视自身的实际情况选用以下方法。

(一)定额消耗量比例分配法

这种方法是以消耗同种材料的各种产品的材料定额消耗量之和,与材料实际消耗总量的比例进行分配的。该分配方法适用于材料消耗定额比较准确的产品。其计算公式如下:

某种产品的定额消耗量=该种产品的实际产量×单位产品材料消耗定额

$$材料消耗量分配率 = \frac{材料实际消耗总量}{各种产品的材料定额消耗数量之和}$$

某种产品应分配的材料数量=该种产品的材料定额消耗量
×材料消耗量分配率

某种产品应分摊的材料费=该种产品分配的材料数量×材料单价

亦可用下列公式计算:

材料费用分配率=材料实际消耗总量×材料单价
÷各种产品的材料定额消耗量之和

某种产品应分摊的材料费=该种产品的材料定额消耗量
×材料费用分配率

【例 3 - 1】　某企业某月份生产甲产品 400 件,生产乙产品 200 件,共同消耗 A 材料 8 000 千克,每千克 30 元。甲产品单位产品 A 材料消耗定额为 10 千克;乙产品单位产品 A 材料消耗定额为 30 千克。

(1)计算每种产品的材料定额消耗量:

$$甲产品材料定额消耗量=400×10=4\ 000(千克)$$
$$乙产品材料定额消耗量=200×30=6\ 000(千克)$$

(2)材料消耗量分配率$=\dfrac{8\ 000}{4\ 000+6\ 000}=0.8$

(3)每种产品应分配的材料数量:

$$甲产品应分配的材料数量=4\ 000×0.8=3\ 200(千克)$$
$$乙产品应分配的材料数量=6\ 000×0.8=4\ 800(千克)$$

(4)每种产品应分配的材料费用:

$$甲产品应分配的材料费用=3\ 200×30=96\ 000(元)$$
$$乙产品应分配的材料费用=4\ 800×30=144\ 000(元)$$

(二)产品重量比例分配法

这种方法是按照消耗同种材料的各种产品的重量之和,与材料费用总额的比例进行分配的。它适用于耗用材料费用的多少与产品重量有直接关系的各种产品。其计算公式如下:

$$材料费用分配率=\dfrac{共同耗用的材料费用总额}{各种产品重量之和}$$

$$某种产品应分配的材料费用=该种产品的重量×材料费用分配率$$

【例 3 - 2】　某铸造企业某月份铸造 $1^{\#}$ 铁铸件和 $2^{\#}$ 铁铸件,共同耗用生铁 11 000 元。$1^{\#}$ 铁铸件重 3 000 千克,$2^{\#}$ 铁铸件重 2 000 千克。

(1)计算材料费用分配率:

$$材料费用分配率=\dfrac{11\ 000}{3\ 000+2\ 000}=2.2$$

(2)计算每种产品应分配的材料费用:

$$1^{\#}铁铸件应负担的材料费用=3\ 000×2.2=6\ 600(元)$$
$$2^{\#}铁铸件应负担的材料费用=2\ 000×2.2=4\ 400(元)$$

（三）标准产量比例分配法

这种方法是将消耗同种材料的各种产品折合的标准产量之和,与材料费用总额的比例进行分配的。它适用于生产工艺、生产技术相似,产品的规格、性能相仿,用途一致的同类产品。该方法的举例参见第九章分类法的应用,此处不再赘述。

为了全面反映耗用材料的情况,通常根据领料凭证按部门和用途归类汇总,按月编制"材料费用分配汇总表",据以进行总分类核算。发生退料或废料回收情况,应根据有关凭证冲减原领用的材料费用。"材料费用分配汇总表",如表 3-1 所示。

表 3-1 材料费用分配汇总表

20××年×月

单位:元

应 借 账 户			原材料	包装物①	低值易耗品②	合 计
总 账	明细账	成本或费用项目				
基本生产成本	甲产品	直接材料	96 000			96 000
	乙产品	直接材料	144 000	1 000		145 000
	小 计		240 000	1 000		241 000
辅助生产成本	修理车间	直接材料	5 000			5 000
	动力车间	直接材料	1 000			1 000
	小 计		6 000			6 000
制造费用		机物料消耗	1 400			1 400
		劳动保护费			3 000	3 000
		其他	113			113
	小计		1 513		3 000	4 513
管理费用		办公费			500	500
合 计			247 513	1 000	3 500	252 013

① 指包装本单位产品的各种容器。包括生产过程中领用作为产品组成部分的包装物、随产品一并出售的包装物,以及在销售过程中出租、出借给购货单位使用的各种包装物,如箱、桶、瓶、袋等,亦作为材料的一种进行管理和核算。此处是生产过程中领用作为乙产品成本组成部分的包装物。

② 指单位价值较低,使用期限较短,不能作为固定资产的各种用具物品,如劳动保护用品、工具、管理用具等,可作为材料的一种进行管理和核算,此处假定低值易耗品采用一次摊销方法。

根据表 3 - 1 编制会计分录如下：

借：基本生产成本——甲产品　　　　　　　　　　　　　96 000

　　　　　　　　——乙产品　　　　　　　　　　　　144 000

　　辅助生产成本——修理车间　　　　　　　　　　　　5 000

　　　　　　　　——动力车间　　　　　　　　　　　　1 000

　　制造费用　　　　　　　　　　　　　　　　　　　　1 513

　贷：原材料　　　　　　　　　　　　　　　　　　　247 513

借：基本生产成本——乙产品　　　　　　　　　　　　　1 000

　贷：周转材料——包装物　　　　　　　　　　　　　　1 000

借：制造费用　　　　　　　　　　　　　　　　　　　　3 000

　　管理费用　　　　　　　　　　　　　　　　　　　　　500

　贷：周转材料——低值易耗品　　　　　　　　　　　　3 500

如果材料按计划成本计价，还应根据发出材料的计划成本和材料成本差异率，分配发出材料应负担的材料成本差异。其会计分录为：

借：基本生产成本——甲产品　　　　　　　　　　　　×××

　　　　　　　　——乙产品　　　　　　　　　　　　×××

　　辅助生产成本——修理车间　　　　　　　　　　　×××

　　　　　　　　——动力车间　　　　　　　　　　　×××

　　制造费用　　　　　　　　　　　　　　　　　　　×××

　　管理费用　　　　　　　　　　　　　　　　　　　×××

　贷：材料成本差异　　　　　　　　　　　　　　　　×××

（实际成本小于计划成本的差异做相反的会计分录）

另外，对于企业所耗用的燃料和外购动力费用分配也可以比照材料费用进行分配。

企业在生产经营过程中耗用的燃料费用，与上述原材料费用的归集与分配核算方法相同，只是分配记入"基本生产成本"账户成本项目与材料费不同，是作为"燃料和动力"项目核算的。

企业在生产经营过程中所耗用的动力，有的从企业外部购入，有的由企业辅助生产车间提供，对于由企业辅助生产车间提供的动力，其费用的归集与分配属于辅助生产费用的核算，将在本章第四节介绍。而对于从企业外部购入的动力，如果有仪表记录能直接分清某产品直接耗用的，可直接记入"基本生产成本"账户及其明细账，如属几种产品共同耗用的，应采用一定标准分配后再计入各产品成本；对于基本生产车间一般耗用的，应记入"制造费用"账户；对于辅助生产车间耗用的，应记入"辅助生产成本"账户；企业行政管理部门、专设销售机构所耗用的，应分别记入"管理费用"、"销售费用"账户及其明细账。

对于外购动力一般以生产工时比例、定额消耗量比例等进行分配。

第二节　职工薪酬的分配

职工薪酬是指企业因获得职工提供服务而给予职工的各种形式的报酬。职工薪酬是企业必须付出的人力成本，是吸引和激励职工的重要手段，也就是说，职工薪酬既是职工对企业投入劳动获得的报酬，又是企业的成本费用。因此，应加强对职工薪酬的管理，正确、及时地进行职工薪酬的核算。

一、职工薪酬的内容

（一）职工工资、奖金、津贴和补贴

职工工资、奖金、津贴和补贴，是指按照国家统计局《关于职工工资总额组成的规定》，构成工资总额的计时工资、计件工资、支付给职工的超额劳动报酬和增收节支的劳动报酬、为了补偿职工特殊或额外的劳动消耗和因其他特殊原因支付给职工的津贴，以及为了保证职工工资水平不受物价影响支付给职工的物价补贴等。企业按规定支付给职工的加班加点工资，以及根据国家法律、法规和政策规定，企业在职工因病、工伤、产假、计划生育假、婚丧假、探亲假、执行国家或社会义务等特殊情况下，按照计时工资或计件工资标准的一定比例支付的工资，也属于职工工资范畴。

（二）职工福利费

职工福利费是指企业为职工提供的福利，如为补助职工食堂、补助生活困难职工等从成本费用中提取的金额。

（三）社会保险费

社会保险费是指企业按照国家规定的基准和比例计算，向社会保险经办机构缴纳的医疗保险费、养老保险费、失业保险费、工伤保险费和生育保险费,以及根据企业年金计划向企业年金基金账户管理人缴纳的补充养老保险费。此外,企业以购买商业保险形式提供给职工的各种保险待遇,也属于职工薪酬。

(四)住房公积金

住房公积金是指企业按照国家《住房公积金管理条例》规定的基准和比例计算,向住房公积金管理机构缴存的住房公积金。

(五)工会经费和职工教育经费

工会经费和职工教育经费是指企业为了改善职工文化生活、提高职工业务素质用于开展工会活动和职工教育及技能培训,根据国家规定的基准和比例,从成本费用中提取的金额。

(六)非货币性福利

非货币性福利是指企业以自产产品或外购商品发放给职工作为福利,将企业拥有的资产无偿提供给职工使用,为职工无偿提供医疗保健服务等。

二、职工薪酬的归集和分配

(一)职工工资等职工薪酬的分配

企业应根据上述工资内容,按照考勤记录、产量记录和工时记录等原始凭证计算确定应付职工的工资数额。并于月末按其发生的部门和用途进行分配:基本生产车间生产工人工资,应记入"基本生产成本"账户;基本生产车间管理人员工资,应记入"制造费用"账户;辅助生产车间人员工资,应记入"辅助生产成本"账户。至于企业管理部门、销售机构等部门人员的工资,不应作为产品成本的核算内容,应分别记入"管理费用"、"销售费用"等账户。

对于记入"基本生产成本"账户的工资费用,在实行计件工资或虽实行计时工资但只生产一种产品时,还应将生产工人的工资直接记入"基本生产成本"账户及其明细账的"直接人工"成本项目。如果采用计时工资形式生产多种产品的企业,生产工人的工资应采用生产工时(实际或定额)比例进行分配。其计算公式如下:

$$工资费用分配率 = \frac{生产工人工资总额}{各种产品生产工时(实际或定额)之和}$$

$$\frac{\text{某产品应分配的}}{\text{工资费用}} = \frac{\text{该产品生产工时}}{\text{（实际或定额）}} \times \text{工资费用分配率}$$

【例3-3】 某企业采用计时工资形式计算工资,某月份甲、乙两种产品生产工人工资为83 000元,甲产品产量400件,乙产品产量200件。甲产品单位产品工时定额为15小时,乙产品单位产品工时定额为20小时。

（1）计算各种产品的定额工时：

$$\text{甲产品定额工时} = 400 \times 15 = 6\,000\text{（小时）}$$
$$\text{乙产品定额工时} = 200 \times 20 = 4\,000\text{（小时）}$$

（2）计算工资费用分配率 $= \dfrac{83\,000}{6\,000 + 4\,000} = 8.30$

（3）计算各种产品应分配的工资费用：

$$\text{甲产品应分配工资费用} = 6\,000 \times 8.30 = 49\,800\text{（元）}$$
$$\text{乙产品应分配工资费用} = 4\,000 \times 8.30 = 33\,200\text{（元）}$$

工资费用的分配一般是通过编制"工资费用分配表"进行的。工资费用分配表,如表3-2所示。

表3-2 工资费用分配表

20××年×月　　　　　　　　　　　　　　　　单位:元

应 借 账 户			金 额
总 账	明 细 账	成本或费用项目	
基本 生产 成本	甲产品 乙产品	直接人工 直接人工	49 800 33 200
	小 计		83 000
辅助 生产 成本	修理车间 动力车间	直接人工 直接人工	12 300 14 100
	小 计		26 400
制造费用		工资及福利费	8 300
管理费用		工资及福利费	19 870
合 计			137 570

根据表3-2编制会计分录如下:

借：基本生产成本——甲产品 49 800

      ——乙产品 33 200

  辅助生产成本——修理车间 12 300

      ——动力车间 14 100

  制造费用 8 300

  管理费用 19 870

  贷：应付职工薪酬 137 570

（二）职工福利费等职工薪酬的分配

企业除了核算工资费用外，还应当根据历史经验数据和实际情况，合理预计当期职工福利。

企业提取职工福利费，应按照职工提供服务的受益对象分别列支于各成本费用中，其列支方法同工资费用分配。

为了全面反映职工福利费的计提，企业也可以编制"职工福利费分配表"（见表3-3）。

【例3-4】 某企业下设一所职工食堂，每月根据在职职工数量及岗位分布情况、相关历史经验数据等计算需要补贴食堂的金额，从而确定每期因职工食堂而需要承担的福利费金额。20××年×月，企业在职职工共计1 300人，其中生产车间1 000人，管理部门300人。企业的历史经验数据表明，对于每个职工，企业每月需补贴食堂100元，根据每个部门人数及每人每月补贴的福利费金额，编制"职工福利费分配表"，如表3-3所示。

表3-3 职工福利费分配表

20××年×月 单位：元

应借账户		人 数	每人补贴金额	计提的职工福利费
总 账	明 细 账			
基本生产成本	甲产品	435	100	43 500
	乙产品	390	100	39 000
	小 计	825		82 500
辅助生产成本	修理车间	86	100	8 600
	动力车间	61	100	6 100
	小 计	147		14 700

（续表）

应借账户		人　　数	每人补贴金额	计提的职工福利费
总　　账	明细账			
制造费用		28	100	2 800
管理费用		300	100	30 000
合　　计		1 300		130 000

根据表3-3编制会计分录如下：

借：基本生产成本——甲产品 　　　　　　　　　　43 500

　　　　　　　——乙产品 　　　　　　　　　　39 000

　　辅助生产成本——修理车间 　　　　　　　　　8 600

　　　　　　　——动力车间 　　　　　　　　　　6 100

　　制造费用 　　　　　　　　　　　　　　　　　2 800

　　管理费用 　　　　　　　　　　　　　　　　30 000

　　贷：应付职工薪酬 　　　　　　　　　　　　130 000

另外，除了上述工资、福利费以外，社会保险费、住房公积金、工会经费和职工教育经费等职工薪酬的分配方法与工资费用基本相同，此处不再赘述。

第三节　其他费用和摊提费用的分配

一、其他费用的归集和分配

企业在生产经营过程中除发生上述材料、燃料、职工薪酬外，还会发生折旧费、修理费、办公费、差旅费和利息费等。这些费用发生时，应根据有关凭证，按其性质和发生地点分别记入"辅助生产成本"、"制造费用"、"管理费用"和"财务费用"等账户。

（一）固定资产折旧费用和修理费用的归集与分配

1. 固定资产折旧费用的归集与分配

企业固定资产折旧费，应根据规定方法计提。应由生产成本负担的折旧费，要区别基本生产车间和辅助生产车间，分别记入"制造费用"和"辅助生产成本"

账户。行政管理部门、销售部门的折旧费则应列入当期损益,分别记入"管理费用"和"销售费用"账户。通常折旧费的核算是通过编制"固定资产折旧分配表"进行的。固定资产折旧分配表,如表3-4所示。

表3-4　固定资产折旧分配表

20××年×月　　　　　　　　　　　　　　　　　　单位:元

应借账户			折旧数额				合计
总账	明细账	费用项目	房屋建筑物	机器设备	电子设备	运输设备	
制造费用	第一车间	折旧费	3 840	1 500			5 340
	第二车间	折旧费	3 160	2 200	100		5 460
	小计		7 000	3 700	100		10 800
辅助生产成本	修理车间	折旧费	1 850	2 120			3 970
	动车车间	折旧费	2 000	1 780			3 780
	小计		3 850	3 900			7 750
管理费用		折旧费	1 750			750	2 500
销售费用		折旧费	1 450			800	2 250
合计			14 050	7 600	100	1 550	23 300

根据表3-4编制会计分录如下:

借:制造费用　　　　　　　　　　　　　　　　　　　　　　10 800

　　辅助生产成本——修理车间　　　　　　　　　　　　　　3 970

　　　　　　　　——动力车间　　　　　　　　　　　　　　3 780

　　管理费用　　　　　　　　　　　　　　　　　　　　　　2 500

　　销售费用　　　　　　　　　　　　　　　　　　　　　　2 250

　　贷:累计折旧　　　　　　　　　　　　　　　　　　　　23 300

2. 固定资产修理费用的归集与分配

企业固定资产修理费用可比照折旧费用的核算,记入有关成本费用账户及其明细账的"修理费"项目。对于修理费用数额较小的,可直接列入当期成本费用;数额较大的,可以采用待摊和预提的方法。

【例3-5】　某企业某月份对基本生产车间的设备进行小修理,领用材料及配件共1 200元,修理工人的职工薪酬600元,用银行存款外购修理用料200元,作会计分录如下:

借：制造费用   2 000

   贷：原材料   1 200

        应付职工薪酬   600

        银行存款   200

【例 3 - 6】 某企业某月份将辅助生产动力车间的设备交予外单位修理,并支付修理费用 15 000 元,作会计分录如下:

借：辅助生产成本——动力车间   15 000

   贷：银行存款   15 000

(二)利息费用的核算

企业为筹集生产经营资金所发生的利息费用,不能列入生产成本,应由"财务费用"负担,作为当期损益核算。企业与银行结算和利息支付,一般是按季在季末进行,为了划清各个月份费用界限,应采用预提的方法处理。如果企业借款数额不大,利息费用不多时,可以在支付时全部记入当月"财务费用"账户。

(三)其他费用支出的核算

企业在生产经营过程中,还会发生除上述费用以外的其他生产费用,如办公费、差旅费等等。这些费用发生时,应根据有关凭证,区别费用的发生地点和用途,记入相应的成本费用账户。

【例 3 - 7】 某企业某月根据各种付款凭证汇总零星支付的办公费共 2 351元,作会计分录如下:

借：制造费用(办公费)   841

     辅助生产成本——修理车间(办公费)   300

                ——动力车间(办公费)   200

     管理费用(办公费)   800

     销售费用(办公费)   210

   贷：银行存款   2 351

二、摊提费用的核算

凡是受益期和支付期不一致的费用,为了划清各个月份生产费用的界限,则应按权责发生制原则分别采用待摊和预提的方法来处理。因此,摊提费用的核算包括待摊费用和预提费用两部分内容。

（一）待摊费用的核算

待摊费用是企业已经支付或发生但应由本期和以后各期分别负担的各项费用，如预付保险费、预付租金、预付报刊订阅费及其他待摊费用等。待摊费用应根据费用受益期限分摊，如预付保险费一般是按年度支付，因此，它应在年度内分摊完；预付固定资产租金是按租入固定资产使用月数计算，它应在租赁期内分摊完。凡不能够明确受益期限的，可根据具体情况对受益期限加以估计，分月摊销计入成本费用。

待摊费用的归集和分配可通过"待摊费用"账户进行核算。发生待摊费用时，根据有关凭证，将费用记入该账户的借方；按月摊销时，根据费用的用途和使用部门从该账户的贷方转入"制造费用"、"管理费用"等账户的借方。为了详细反映各种待摊费用的发生和摊销情况，该账户可按费用项目设置明细账，进行明细核算。

【例 3 - 8】　某企业年初以银行存款支付全年的财产保险费 9 600 元，作会计分录如下：

借：待摊费用（或其他应付款）　　　　　　　　　　9 600

　　贷：银行存款　　　　　　　　　　　　　　　　　　9 600

该企业每月应摊销的财产保险费为 800（9 600÷12）元，其中基本生产车间负担 250 元，行政管理部门负担 550 元，作会计分录如下：

借：制造费用　　　　　　　　　　　　　　　　　　250

　　管理费用　　　　　　　　　　　　　　　　　　550

　　贷：待摊费用（或其他应付款）　　　　　　　　　800

如果摊销期超过 1 年，则应设置"长期待摊费用"账户进行归集和分配。

（二）预提费用的核算

预提费用是指企业按规定预先提取计入成本、费用但尚未实际支付的各种费用，如预提借款利息、预提大修理费用、预提租金等。其目的是为了正确划分各月份的费用界限，正确计算各月产品成本和期间费用。

预提费用的预提和支付可通过"预提费用"账户核算。每月按规定标准预提各种费用时，先记入该账户的贷方；预提的费用实际发生、支付时，记入该账户的借方。如果实际支出数大于预提数时，其差额已成为预付待摊性质，应视同待摊费用，分期摊入成本费用。该账户应按预提费用项目设置明细账，进行明细核算。

【例 3 - 9】　某企业预提 10 月份生产经营资金借款的利息 1 800 元，作会计分录如下：

借：财务费用   1 800

   贷：预提费用（或应付利息）   1 800

该企业 11、12 月份预提利息的会计分录同上。

12 月末银行转来第四季度借款利息共 5 400 元，实际支付利息时，作会计分录如下：

借：预提费用（或应付利息）   5 400

   贷：银行存款   5 400

第四节   辅助生产费用的归集与分配

工业企业的辅助生产是指为基本生产服务而进行的产品生产和劳务供应。

辅助生产一般分两种类型：一种是为基本生产车间提供产品，如制造工具、模型等；另一种是为基本生产提供劳务，如供水、供电、供应蒸汽、提供修理、运输劳务等。此外，辅助生产车间之间也相互提供产品或劳务，同时也为企业行政管理部门、销售部门提供产品或劳务。因此，为了正确计算成本、费用，必须对辅助生产费用单独归集，并将其分配计入各受益对象。

一、辅助生产费用的归集

辅助生产车间所发生的各项费用是在"辅助生产成本"账户及其明细账中归集的。企业应根据有关凭证和上述各项费用分配表，在相应的成本项目栏内登记其发生的费用。

【例 3 - 10】   某企业某月份修理车间共发生费用 25 220 元，其中领用原材料 1 200 元，分配职工薪酬 22 800 元，分配折旧费 600 元，支付办公费等 620 元。根据有关凭证和各项费用分配表，作会计分录如下：

借：辅助生产成本——修理车间   25 220

   贷：原材料   1 200

      应付职工薪酬   22 800

      累计折旧   600

      银行存款   620

【例 3 - 11】   该企业供电车间共发生费用 76 372 元，其中领用原材料 50 000 元，分配职工薪酬 25 080 元，分配折旧费 400 元，支付修理费 322 元，支付财产保险

费 300 元,支付办公费 270 元。根据有关凭证和各项费用分配表,作会计分录如下:

借:辅助生产成本——供电车间   76 372

 贷:原材料   50 000

  应付职工薪酬   25 080

  累计折旧   400

  银行存款   892

上述举例在辅助生产成本明细账中归集,如表 3-5 和表 3-6 所示。

表 3-5　辅助生产成本明细账

车间名称:修理车间   20××年×月

20××年		凭证		摘　要	直接材料	直接人工	制　造　费　用			合　计
月	日	种类	号数				折旧费	办公费	小　计	
(略)	(略)	(略)	(略)	材料费用分配表 职工薪酬分配表 折旧费分配表 其他费用分配表	1 200	22 800	600	620	600 620	1 200 22 800 600 620
				合　计	1 200	22 800	600	620	1 220	25 220
				分配转出	1 200	22 800	600	620	1 220	25 220

表 3-6　辅助生产成本明细账

车间名称:供电车间   20××年×月

20××年		凭证		摘　要	直接材料	直接人工	制　造　费　用①					合　计
月	日	种类	号数				折旧费	修理费	保险费	办公费	小　计	
(略)	(略)	(略)	(略)	分配材料费 分配职工薪酬 分配折旧费 支付修理费 支付保险费 支付办公费	50 000	25 080	400	322	300	270	400 322 300 270	50 000 25 080 400 322 300 270
				合　计	50 000	25 080	400	322	300	270	1 292	76 372
				分配转出	50 000	25 080	400	322	300	270	1 292	76 372

注:① 表 3-5 和表 3-6 的格式在辅助生产车间只生产一种产品或劳务,不单独设置“制造费用——辅助生产车间”明细账的情况下使用。反之,本表可设“制造费用”专栏,反映月末分配转入的“制造费用”总数。

二、辅助生产费用的分配

辅助生产费用的分配,就是将归集的各辅助生产费用在其受益对象之间采用适当的方法进行分配。

辅助生产产品和劳务成本的结转,因其在生产经营过程中的作用不同而异。其中对于辅助生产车间自制材料、工具、模具等,应在产品完工交库时,将其实际成本自"辅助生产成本"账户的贷方转入"原材料"或"周转材料"账户的借方,生产或其他部门领用时再记入有关成本、费用账户的借方。辅助生产车间为提供修理、运输、供水、供电等劳务或产品而发生的成本、费用,通常按各受益对象耗用劳务量或其他比例进行分配,将其分配的数额自"辅助生产成本"账户的贷方转入有关成本、费用账户的借方。

辅助生产产品成本结转可以比照基本生产车间产品成本的结转。本节重点介绍辅助生产劳务费用的分配。通常采用直接分配法、交互分配法、顺序分配法、按计划成本分配法和代数分配法等。

（一）直接分配法

直接分配法是指将各辅助生产车间归集的费用,直接分配给除辅助生产车间以外的各个受益产品、部门,而不考虑辅助生产车间相互耗用的一种分配方法。

直接分配法简便易行,但正确程度不高。一般适用于辅助生产车间相互不提供产品、劳务或提供产品、劳务较少的情况。其计算公式如下:

$$某种劳务费用分配率=\frac{该种劳务费用总额}{该种劳务提供总量-其他辅助生产车间耗用该种劳务数量}$$

$$某受益单位应分配的劳务费用=该受益单位消耗的劳务数量\times劳务费用分配率$$

【例 3 - 12】 某企业有供电、机修两个辅助生产车间,某月份归集的生产费用分别为 4 800 元和 4 700 元。辅助生产车间提供劳务数量,如表 3 - 7 所示。

根据上述资料,进行直接分配。辅助生产费用分配表,如表 3 - 8 所示。

表 3－7 辅助生产车间提供劳务数量

辅助生产车间 \ 耗用部门	计量单位	辅助生产车间		基本生产车间			行政管理部门	合 计
		供电	修理	甲产品	乙产品	车间耗用		
供电车间	度		800	7 000	6 000	1 400	800	16 000
修理车间	工时	800				8 000	600	9 400

表 3－8 辅助生产费用分配表（直接分配法）

20××年×月

辅助生产车间	应分配费用总额（元）	提供劳务数量①	分配率	借 方 账 户							
				基本生产成本				制造费用		管理费用	
				甲 产 品		乙 产 品					
				数量	金额	数量	金额	数量	金额	数量	金额②
供电车间	4 800	15 200	0.315 8	7 000	2 210.60	6 000	1 894.80	1 400	442.12	800	252.48
修理车间	4 700	8 600	0.546 5					8 000	4 372	600	328
合 计	9 500	/	/	/	2 210.60	/	1 894.80	/	4 814.12	/	580.48

① 提供劳务数量不包括辅助生产车间耗用的劳务量。
② 因分配率近似值，所以差异计入管理费用。

根据表 3－8 编制会计分录如下：

借：基本生产成本——甲产品　　　　　　　　　　　　　2 210.60

　　　　　　　　——乙产品　　　　　　　　　　　　　1 894.80

　　制造费用　　　　　　　　　　　　　　　　　　　　4 814.12

　　管理费用　　　　　　　　　　　　　　　　　　　　　580.48

　　贷：辅助生产成本——供电车间　　　　　　　　　　　4 800.00

　　　　　　　　　　——修理车间　　　　　　　　　　　4 700.00

（二）交互分配法

交互分配法是指将辅助生产费用的分配分两步进行。即首先，根据各辅助生产车间相互提供的劳务数量和交互分配前的单位成本，在各辅助生产车间之间进行一次交互分配；然后，将各辅助生产车间交互分配后的实际费用（即交互分配前的费用加上交互分配转入的费用，减去交互分配转出的费用），按对外提供劳务的数量,在辅助生产以外的各个受益单位或产品之间进行分配。

采用交互分配法,其计算结果较为准确,也便于考核各辅助生产车间的费用水平,但计算分配的手续较为复杂,一般适用于辅助生产车间相互提供产品或劳务较多的情况。其计算公式如下:

交互分配的计算公式:

$$\frac{交互分配前}{劳务单位成本} = \frac{某辅助生产车间交互分配前的费用}{该辅助生产车间提供劳务总量}$$

$$\frac{某辅助生产车间}{应分配劳务费用} = \frac{该辅助生产车间}{耗用劳务数量} \times \frac{交互分配前}{劳务单位成本}$$

对外分配的计算公式:

$$\frac{某辅助生产车间交互}{分配后的实际费用} = \frac{交互分配}{前的费用} + \frac{交互分配}{转入的费用} - \frac{交互分配}{转出的费用}$$

$$\frac{交互分配后的}{劳务单位成本} = \frac{某辅助生产车间交互分配后的实际费用}{该辅助生产车间对外提供的劳务总量}$$

$$\frac{某车间(产品)或}{部门应分配劳务费用} = \frac{该车间(产品)或}{部门耗用劳务数量} \times \frac{交互分配后的}{劳务单位成本}$$

【例 3 - 13】 仍以[例 3 - 12]资料说明交互分配法的运用。

(1) 先计算交互分配前劳务的单位成本:

$$供电车间交互分配前劳务单位成本 = \frac{4\ 800}{16\ 000} = 0.3(元/度)$$

$$修理车间交互分配前劳务单位成本 = \frac{4\ 700}{9\ 400} = 0.5(元/小时)$$

(2) 计算交互分配的劳务费用:

$$供电车间分配转入的修理费用 = 800 \times 0.5 = 400(元)$$
$$修理车间分配转入的电费 = 800 \times 0.3 = 240(元)$$

(3) 计算辅助生产车间交互分配后的实际费用:

$$供电车间交互分配后的实际费用 = 4\ 800 + 400 - 240 = 4\ 960(元)$$
$$修理车间交互分配后的实际费用 = 4\ 700 + 240 - 400 = 4\ 540(元)$$

（4）计算交互分配后劳务的单位成本：

$$供电车间交互分配后劳务的单位成本 = \frac{4\ 960}{16\ 000 - 800} = 0.326\ 3（元/度）$$

$$修理车间交互分配后劳务的单位成本 = \frac{4\ 540}{9\ 400 - 800} = 0.527\ 9（元/小时）$$

（5）计算对外分配的劳务费用：

甲产品应分配的电费 = 7 000 × 0.326 3 = 2 284.10（元）

乙产品应分配的电费 = 6 000 × 0.326 3 = 1 957.80（元）

基本生产车间应分配的电费 = 1 400 × 0.326 3 = 456.82（元）

企业管理部门应分配的电费 = 800 × 0.326 3 = 261.28（元）

基本生产车间应分配的修理费 = 8 000 × 0.527 9 = 4 223.20（元）

企业管理部门应分配的修理费 = 600 × 0.527 9

$$= 316.80（差异部分由企业管理部门负担）$$

根据计算结果编制辅助生产费用分配表（交互分配法），如表 3 - 9 所示。

表 3 - 9　辅助生产费用分配表（交互分配法）

20××年×月

项　　目			供 电 车 间	修 理 车 间
交互分配前	本月归集生产费用		4 800	4 700
	本月劳务总量		16 000（度）	9 400（小时）
	分配率		0.3（元/度）	0.5（元/小时）
交互分配	供电车间	耗用量		800（小时）
		分配金额		400
	修理车间	耗用量	800（度）	
		分配金额	240	
交互分配后	应分配费用		4 960	4 540
	劳务量		15 200（度）	8 600（小时）
	分配率		0.326 3（元/度）	0.527 9（元/小时）
对外分配	甲产品	耗用量	7 000（度）	
		分配金额	2 284.10	

（续表）

项 目			供 电 车 间	修 理 车 间
对外分配	乙产品	耗用量	6 000（度）	
		分配金额	1 957.80	
	基本生产车间	耗用量	1 400	8 000（小时）
		分配金额	456.82	4 223.20
	企业管理部门	耗用量	800（度）	600（小时）
		分配金额	261.28	316.80
合 计			4 960	4 540

　　根据表 3-9 编制会计分录如下：

　　（1）交互分配的会计分录：

　　　借：辅助生产成本——供电车间　　　　　　　　　　　　　　400

　　　　贷：辅助生产成本——修理车间　　　　　　　　　　　　　　　　400

　　　借：辅助生产成本——修理车间　　　　　　　　　　　　　　240

　　　　贷：辅助生产成本——供电车间　　　　　　　　　　　　　　　　240

　　（2）对外分配的会计分录：

　　　借：基本生产成本——甲产品　　　　　　　　　　　　　　2 284.10

　　　　　　　　　　——乙产品　　　　　　　　　　　　　　1 957.80

　　　　制造费用　　　　　　　　　　　　　　　　　　　　　 456.82

　　　　管理费用　　　　　　　　　　　　　　　　　　　　　 261.28

　　　　贷：辅助生产成本——供电车间　　　　　　　　　　　　　　4 960.00

　　　借：制造费用　　　　　　　　　　　　　　　　　　　　4 223.20

　　　　管理费用　　　　　　　　　　　　　　　　　　　　　 316.80

　　　　贷：辅助生产成本——修理车间　　　　　　　　　　　　　　4 540.00

　　（三）计划成本分配法

　　计划成本分配法是指辅助生产车间向各受益单位（包括受益的其他辅助生产车间）提供产品或劳务，一律按产品或劳务的计划单位成本进行分配。辅助生产实际发生的费用与按计划成本分配转出的费用之间的差异额，应进行追加分配。为了简化核算手续，也可以将差异额直接转入管理费用，不再分配给其他受益对象。

采用计划成本分配法,不仅分配计算简便,而且有利于考核各辅助生产车间的经济效益。但是,如果计划单价与实际脱离太大,将会影响分配结果的准确性。因此,该方法适用于有计划单价并且比较接近实际的企业。

【例3-14】　仍以[例3-12]资料说明计划成本分配法的运用。假定每度电计划单位成本为0.31元,每修理1小时计划单位成本为0.55元。编制辅助生产费用分配表(计划成本分配法),如表3-10所示。

根据表3-10编制会计分录如下:

(1) 按计划单位成本分配:

借:基本生产成本——甲产品　　　　　　　　　　　　　　　2 170

　　　　　　　——乙产品　　　　　　　　　　　　　　　1 860

　　制造费用　　　　　　　　　　　　　　　　　　　　　434

　　辅助生产成本——修理车间　　　　　　　　　　　　　248

　　管理费用　　　　　　　　　　　　　　　　　　　　　248

　　贷:辅助生产成本——供电车间　　　　　　　　　　　　　4 960

借:辅助生产成本——供电车间　　　　　　　　　　　　　440

　　制造费用　　　　　　　　　　　　　　　　　　　　　4 400

　　管理费用　　　　　　　　　　　　　　　　　　　　　330

　　贷:辅助生产成本——修理车间　　　　　　　　　　　　　5 170

(2) 分配辅助生产成本差异:

借:管理费用　　　　　　　　　　　　　　　　　　　　　58

　　贷:辅助生产成本——供电车间　　　　　　　　　　　　　280

　　　　　　　　——修理车间　　　　　　　　　　　　　222

(四) 代数分配法

代数分配法是指运用代数中多元联立方程的原理,先计算各辅助生产劳务或产品的单位成本,然后再根据各受益单位耗用数量和单位成本分配辅助生产费用的一种方法。

采用代数分配法,不仅分配结果最为准确,而且也可作为检验其他分配方法准确性的标准。但是,在辅助生产车间较多的情况下,未知数较多,其计算手续较为繁杂。因此,该方法适宜在计算工作已经实现电算化的企业采用。

表 3 – 10　辅助生产费用分配表（计划成本分配法）

20××年×月

辅助生产车间	本月费用总额	本月劳务总量	计划单位成本	按计划成本分配辅助生产费用											辅助生产实际费用	辅助生产成本差异
				辅助生产车间				基本生产车间						企业管理部门		按计划成本分配合计		
				供电车间		修理车间		甲产品		乙产品		车间用						
				数量	金额	数量	金额	数量	金额	数量	金额	数量	金额	数量	金额			
供电车间	4 800	16 000（度）	0.31			800	248	7 000	2 170	6 000	1 860	1 400	434	800	248	4 960	5 240①	280
修理车间	4 700	9 400（小时）	0.55	800	440							8 000	4 400	600	330	5 170	4 948②	−222
合　计	9 500	—	—		440		248		2 170		1 860		4 834	—	578	10 130	10 188	58③

① 5 240＝4 800＋440。
② 4 948＝4 700＋248。
③ 58＝280－222。

表 3 – 11　辅助生产费用分配表（代数分配法）

20××年×月

项　目	计量单位	费用合计	分配率	辅助生产车间				基本生产车间						企业管理部门	
				供电		修理		甲产品		乙产品		车间用			
				数量	金额	数量	金额	数量	金额	数量	金额	数量	金额	数量	金额
本月归集费用				16 000	4 800	9 400	4 700								
费用分配 供电车间	度	5 222.40	0.326 4			800	261.12	7 000	2 284.80	6 000	1 958.40	1 400	456.96	800	261.12
修理车间	小时	4 961.32	0.527 8	800	422.24							8 000	4 222.40	600	316.68
合　计	—	10 183.72	—		422.24		261.12		2 284.80		1 958.40		4 679.36	—	577.80

【例 3 - 15】 仍以[例 3 - 12]资料说明代数分配法的运用。

设：供电劳务的单位成本为 x,修理劳务的单位成本为 y,则联立方程：

$$4\,800+800y=16\,000x$$
$$4\,700+800x=9\,400y$$

解上述方程式得：

$$x=0.326\,4$$
$$y=0.527\,8$$

按照每度电单位成本 0.326 4 元,每小时修理费用 0.527 8 元,结合各受益单位受益数量,编制辅助生产费用分配表(代数分配法),如表 3 - 11 所示。

根据表 3 - 11 编制会计分录如下：

(1)辅助生产车间之间分配：

借：辅助生产成本——供电车间   422.24

  贷：辅助生产成本——修理车间   422.24

借：辅助生产成本——修理车间   261.12

  贷：辅助生产成本——供电车间   261.12

(2)对外分配：

借：基本生产成本——甲产品   2 284.80

          ——乙产品   1 958.40

    制造费用   456.96

    管理费用   261.12

  贷：辅助生产成本——供电车间   4 961.28

借：制造费用   4 222.40

    管理费用   316.68

  贷：辅助生产成本——修理车间   4 539.08

由以上可知,供电车间本月份实际总费用为 4 961.12 元(4 800+422.24-261.12),修理车间本月份实际总费用为 4 538.88 元(4 700+261.12-422.24)。供电车间对外分配 4 961.28 元,修理车间对外分配 4 539.08 元,有差异 0.36 元(因 x、y 是近似值),应计入管理费用。编制会计分录如下：

借：管理费用   0.36

  贷：辅助生产成本——供电车间   0.16

          ——修理车间   0.20

表 3 - 12　辅助生产费用分配表（顺序分配法）

20××年×月

辅助生产车间	费用总额		劳务总量	单位成本	分配辅助生产费用									
					供电车间		基本生产车间						企业管理部门	
							甲产品		乙产品		车间用			
	本月归集费用	分配转入			数量	金额	数量	金额	数量	金额	数量	金额	数量	金额
修理车间	4 700		9 400（小时）	0.5	800	400					8 000	4 000.00	600	300.00
供电车间	4 800	400	15 200（度）	0.342 1①	—	—	7 000	2 394.70	6 000	2 052.60	1 400	478.94	800	273.76②
合　计	9 500	400	—	—	—	400		2 394.70		2 052.60	—	4 478.94	—	573.76

① $0.342\ 1 = \dfrac{4\ 800 + 400}{15\ 200}$。

② 因单位成本是近似值，其差异部分由管理费用负担。

（五）顺序分配法

顺序分配法是指各辅助生产车间分配费用时,按照各辅助生产车间受益多少的顺序排列,受益少的排列在前,先将其费用分配出去;受益多的排列在后,在接受了前列辅助生产车间费用分配后只对后列辅助生产车间和其他受益单位分配的一种方法。

顺序分配法对各辅助生产车间费用,按顺序分配一次,因此,其计算分配工作较简单。但由于该方法是不完全的相互分配,即前序车间只分给后序车间费用,而不负担后序车间的费用,因而计算结果不够准确。所以,该方法主要适用于辅助生产车间相互提供劳务或产品差别较大,并且相互耗用有明显顺序的企业。

【例3-16】　仍以[例3-12]资料说明顺序分配法的运用。编制辅助生产费用分配表(顺序分配法),如表3-12所示。

根据表3-12编制会计分录如下:

(1)顺序分配:

借：辅助生产成本——供电车间　　　　　　　　　　　　　400

　　贷：辅助生产成本——修理车间　　　　　　　　　　　　400

(2)对外分配:

借：制造费用　　　　　　　　　　　　　　　　　　　4 000

　　管理费用　　　　　　　　　　　　　　　　　　　　300

　　贷：辅助生产成本——修理车间　　　　　　　　　　　4 300

借：基本生产成本——甲产品　　　　　　　　　　　2 394.70

　　　　　　　　——乙产品　　　　　　　　　　　2 052.60

　　制造费用　　　　　　　　　　　　　　　　　　478.94

　　管理费用　　　　　　　　　　　　　　　　　　273.76

　　贷：辅助生产成本——供电车间　　　　　　　　　5 200.00

第五节　制造费用的归集与分配

制造费用是指企业各生产车间(部门)为了组织和管理产品生产所发生的,应该计入产品成本,但没有专设成本项目的各项生产费用。

制造费用的内容繁多,发生地点不一,费用处理方法不同。发生在辅助生产车间的,应计入辅助生产车间的产品或劳务成本,发生在基本生产车间的,应计入基本生产车间的产品成本。为了便于计算产品或劳务成本,对发生在生产单位的各项制造费用应进行归类核算、分项考核,并采用适当的方法分配计入产品或劳务成本。

一、制造费用的内容

（一）职工薪酬

职工薪酬是指生产车间除生产工人以外的人员的各种薪酬,如车间管理人员、车间辅助工人、修理工人、搬运工人、房屋建筑物及设备的维护工人、工程技术人员、职员及勤杂人员等的工资、职工福利费、社会保险费、住房公积金和非货币性福利等职工薪酬。

（二）折旧费

折旧费是指生产车间的各项固定资产按照规定计提的折旧费。

（三）修理费用

修理费用是指生产车间使用的固定资产发生的经常修理费和按规定提取的大修理费。生产车间所使用的低值易耗品的修理费也包括在该项目内。

（四）办公费

办公费是指文具、印刷、邮电、办公用品等办公费用。

（五）水电费

水电费是指生产车间一般消耗水电而支付的费用。直接计入产品成本的动力费用和水的费用,不包括在该项目内。

（六）取暖费

取暖费是指生产车间为保证冬季生产设备正常运转所支付的取暖费用。

（七）租赁费

租赁费是指生产车间自外部租入各种固定资产和工具而支付的租金。但生产车间融资租入固定资产的租赁费不包括在该项目内。

（八）机物料消耗

机物料消耗是指为维护生产设备正常运转等所消耗的各种材料。但不包括修理用和劳动保护用材料。

（九）保险费

保险费是指生产车间应负担的财产物资的保险费。

（十）低值易耗品摊销

低值易耗品摊销是指生产车间所使用的低值易耗品的摊销费。

（十一）劳动保护费

劳动保护费是指生产车间所发生的各种劳动保护费用，如不构成固定资产的安全装置、卫生设备、通风设备，工作服、工作鞋、工作帽、工作手套等劳动保护用品以及按照规定发放的保健食品、清凉饮料等费用。增加固定资产的劳动保护措施费不包括在该项目内。

（十二）设计制图费

设计制图费是指生产设计部门的日常经费，包括生产设计部门支付的图纸及其他用品费和委托外部设计制图时所支付的费用等。

（十三）试验检验费

试验检验费是指对材料、产品进行分析、化验、检验所发生的费用，包括工厂实验室和检验部门所耗用的材料以及委托外部进行检验时所支付的费用等。

（十四）差旅费

差旅费是指生产单位职工因公外出的各种差旅费、市内交通费和误餐费。

（十五）运输费

运输费是指生产单位因组织生产、装运备品备件等运输费用。

（十六）季节性停工损失

季节性停工损失是指季节性生产因停工发生的损失。

（十七）其他制造费用

其他制造费用是指不能列入以上各项目的各种制造费用。其中对较大的费用支出应在该项目下增设"其他××制造费用"项目单独反映。

二、制造费用的归集

制造费用的归集是通过"制造费用"账户进行的。该账户应分别不同的车间、部门设置明细账，按费用项目设专栏。制造费用发生时，应根据有关付款凭证和前述各种费用分配表，记入该账户及其明细账的有关费用项目中。

（一）辅助生产车间制造费用的归集

辅助生产车间发生的各种制造费用，如果该车间只有一种产品或劳务，则直接记入"辅助生产成本"账户及其明细账的"制造费用"成本项目；如果该车间生产多种产品或提供多种劳务，则应记入"制造费用——辅助生产车间"账户①，然后再按照适当的标准分配记入各种产品或劳务成本的"制造费用"成本项目。

（二）基本生产车间制造费用的归集

基本生产车间发生的制造费用大多属于间接费用，因此，费用发生时先归集在"制造费用"账户及其明细账的有关费用项目，期末再按一定方法分配计入有关产品成本。

制造费用归集的账务处理前已述及，此处不再赘述。制造费用明细账，如表3-13所示。

三、制造费用的分配

月份终了，企业应将归集的制造费用分配计入有关产品成本。在只生产一种产品的企业，制造费用可直接从"制造费用"账户的贷方转入"基本生产成本"账户的借方及明细账的"制造费用"成本项目。在生产多种产品的企业，制造费用应采用一定标准在各种产品之间进行分配。常用的分配标准有实际生产工时比例、定额工时比例、机器工时比例、生产工人工资比例、耗用原材料的数量或成本比例、直接成本（直接材料、直接人工之和）比例和产品产量比例等。

---

① "制造费用——辅助生产车间"账户费用的归集与分配类似于基本生产车间"制造费用"账户的核算。不同点在于，前者分配计入辅助生产成本，后者分配计入基本生产成本。本书重点介绍基本生产车间制造费用归集与分配的方法。

表 3 - 13　制造费用明细账

20××年×月

车间名称：基本生产车间

20××年		凭证号数	摘　要	机物料消耗	劳动保护费	职工薪酬	折旧费	修理费	办公费	保险费	水电费	其他	合计
月	日												
（略）	（略）	（略）	耗用材料分配表	1 400	3 000							113	4 513
			职工薪酬分配表			9 462							9 462
			折旧费				10 800						10 800
			支付修理费					3 800					3 800
			支付办公费						841				841
			支付保险费							250			250
			辅助生产分配表					4 400			434		4 834
			本月发生额及合　计	1 400	3 000	9 462	10 800	8 200	841	250	434	113	34 500
			分配转出	1 400	3 000	9 462	10 800	8 200	841	250	434	113	34 500

下面分别介绍实际生产工时比例分配法、生产工人工资比例分配法和机器工时比例分配法。

（一）实际生产工时比例分配法

实际生产工时比例分配法是指按各种产品实际生产工时的比例分配制造费用的一种方法。采用该分配方法简便易行。它适用于制造费用的发生与产品实际生产工时有密切联系的车间。其计算公式如下：

$$制造费用分配率 = \frac{制造费用总额}{各种产品生产工时之和}$$

某种产品应分配的制造费用 = 该种产品生产工时 × 制造费用分配率

【例 3 - 17】 某企业基本生产车间本月归集制造费用共计 98 500 元，按生产工时比例在甲、乙两种产品之间进行分配。编制制造费用分配表，如表 3 - 14 所示。

表 3 - 14　制造费用分配表

20××年×月

产品名称	分配标准 （生产工时）	分配率	分配金额 （元）
甲产品	3 200		63 040
乙产品	1 800		35 460
合　　计	5 000	19.7	98 500

根据表 3 - 14，编制会计分录如下：

借：基本生产成本——甲产品　　　　　　　　　　　63 040

　　　　　　　　——乙产品　　　　　　　　　　　35 460

　　贷：制造费用　　　　　　　　　　　　　　　　　　　　98 500

（二）生产工人工资比例分配法

生产工人工资比例分配法是指按各种产品生产工人工资的比例分配制造费用的一种方法。采用该分配方法资料易得，方法简便。它适用于制造费用的发生与产品生产工人工资有密切联系的企业或者各种产品加工的机械化程度及工人技术熟练程度大致相同的企业。其计算公式如下：

$$制造费用分配率 = \frac{制造费用总额}{各种产品生产工人工资之和}$$

某种产品应分配的制造费用＝该种产品生产工人工资×制造费用分配率

（三）机器工时比例分配法

机器工时比例分配法是指按各种产品机器工时比例分配制造费用的一种方法。它适用于机械化程度较高的车间或者制造费用的发生与机器工时有密切联系的企业，并且能够取得每种产品机器工时准确数。其计算公式如下：

$$制造费用分配率 = \frac{制造费用总额}{各种产品机器工时之和}$$

某种产品应分配的制造费用＝该种产品机器工时×制造费用分配率

制造费用分配方法较多，具体采用哪种分配方法，企业应根据实际情况确定。但是，为了保证产品成本的可比性，分配方法一经选定，一般不宜随意变更。

第六节　生产损失的核算

生产损失是指企业在生产过程中，由于计划调整、停电、待料、机器设备发生故障以及生产技术和生产组织等问题，而导致的各种损失。产生生产损失不仅会降低产品质量，提高产品成本，而且会减少产量，影响生产计划的完成。因此，企业必须建立和健全生产责任制度，防止和减少各种生产损失，努力提高经济效益。

工业企业的生产损失按其产生的原因可以分为两大类：一是废品损失；二是停工损失。以下分别说明废品损失和停工损失的核算方法。

一、废品损失的核算

废品损失是指由于产生废品而发生的损失。废品是指不符合规定的技术标准，不能按照原定用途使用，或者需要加工修复后才能使用的产成品、半成品、在产品和零部件等。

企业产生的废品一旦出了厂，不仅会影响其他企业生产和人民生活，影响企业的信誉，而且会给企业造成重大的经济损失。因此，企业必须建立、健全生产责任制度,不断提高生产工人的技术水平,严格遵守操作规范,把好产品质量检验关,加强废品损失的管理和核算工作,及时分析原因,采取相应措施,尽可能减少或杜绝废品。

(一)废品损失核算的内容

1. 废品损失核算的范围

废品分为可修复废品与不可修复废品两种。

(1)可修复废品是指经过修理后仍可以当合格品出售,并且所花的修复费用在经济上合算的废品。

(2)不可修复废品是指已经无法进行修理,或者即使可以修理但所花代价不合算的废品。

由此可见,废品损失的核算内容包括:一是废品的修复费用。即可以修复的废品在返修过程中所发生的修理费用,扣除回收的残料价值和应由造成废品损失的过失人负担的赔款后的净额。二是废品的报废损失。即不可修复废品的实际成本扣除回收废料的价值以及由过失人负担赔款后的净损失。

2. 非废品损失核算内容

(1)应由过失人赔偿的废品损失,包括过失单位或个人赔款。

(2)经质量检验部门鉴定不需要返修可以降价出售的不合格品,其成本与合格品相同,其售价低于合格品所发生的损失,应列入销售损失处理,体现在销售损益中。

(3)实行"三包"(包修、包换、包退)的企业,发生的"三包"损失,包括修理耗费材料、工资、差旅费等,返修或调换产品的运杂费,退回报废产品实际成本减去残料价值后的净损失等,应列入"管理费用"核算。

(4)产品入库后,由于保管不善等原因而损坏变质的损失,属于管理问题,应列入"管理费用"核算。

企业财会人员应对质量检验部门填制的"废品通知单"进行严格审核,核实"废品通知单"上所列示的废品种类、工废的数量(由于工人操作原因造成的废品数量)、料废的数量(由于加工的原材料或半成品质量不符合要求所造成的废品数量)、过失人等,并以审核无误的"废品通知单"作为废品损失归集和分配的依据。

(二)废品损失的归集与分配

废品较多的企业,可根据废品损失计算表和分配表专设"废品损失"账户归集和分配有关产品的可修复费用和不可修复的净损失。"废品损失"账户应按车间设置明细账,账内按产品品种和成本项目登记废品损失的详细内容。该账户借方归集可修复费用和不可修复的净损失;回收的废品残料价值和应收赔款,记入该账户贷方,借、贷金额相抵后的差额,即废品损失,应由当期产品成本负担,应从"废品损失"账户的贷方转入"基本生产成本"账户及其明细账的"废品损失"成本项目。"废品损失"账户月末没有余额。

废品较少的企业,为简化核算手续,可在"基本生产成本"账户下增设"废品损失"成本项目进行核算。这样可以及时反映造成产品成本升降的原因,暴露产品生产中废品损失的数额,及时提醒有关部门采取相应措施,减少或消除废品的产生。本书重点介绍在"基本生产成本"账户下增设"废品损失"成本项目的核算方法。

1. 可修复废品的核算

可修复废品修复后仍可当做合格品进行出售。因此,可修复废品原来的生产成本仍保留在该产品的各成本项目中,不需要转入"废品损失"成本项目,只是应将修复费用计入"废品损失"成本项目。

【例3-18】　某企业A产品经检验有10件产品属于可修复废品。已知在修复过程中耗用原材料为1 000元,按其实际耗用生产工时分配的工资费228元,制造费用120元。作会计分录如下:

根据耗用材料凭证或材料费用分配表:

借:基本生产成本——A产品(废品损失)　　　　　　　　1 000

　贷:原材料　　　　　　　　　　　　　　　　　　　　　1 000

根据职工薪酬分配表:

借:基本生产成本——A产品(废品损失)　　　　　　　　　228

　　贷:应付职工薪酬　　　　　　　　　　　　　　　　　　228

根据制造费用分配表:

借:基本生产成本——A产品(废品损失)　　　　　　　　　120

　贷:制造费用　　　　　　　　　　　　　　　　　　　　120

当该产品修复完毕入库时,其"基本生产成本"明细账所列示的"直接材料"、"直接人工"、"制造费用"和"废品损失"等成本项目费用之和即为该产品的制造成本。

2. 不可修复废品的核算

不可修复废品只能当做废料处理。因此,不可修复废品原来的生产成本应从各成本项目中全部转出,转入该种产品的"废品损失"成本项目。如果有回收的残料,其回收残料价值应抵减"废品损失"成本项目。

由于不可修复废品原来的生产成本与合格品的成本是在一起计算的,因此应先将不可修复废品原来的生产成本与合格品的成本区分开来。通常可以通过编制合格品和不可修复废品费用分配表来完成。

【例 3 - 19】 某企业某月份检验出 B 产品 2 000 件中有 10 件产品属于不可修复废品,并且回收残料作价 100 元入库。根据有关资料编制合格品和不可修复废品费用分配表,如表 3 - 15 所示。

表 3 - 15 合格品和不可修复废品费用分配表

产品名称:B 产品　　　　　　　　　20××年×月　　　　　　　　　单位:元

项　　　目	产量（件）	生产工时（工时）	直接材料	直接人工	制造费用	金额合计
总量（总额）	2 000	20 000	90 000	9 120	40 800	139 920
费用分配率[1]	—	—	45	0.456	2.04	—
不可修复废品	10	100	450	45.60	204	699.60
减:废品残值	—	—	100	—	—	100
废品损失	—	—	350	45.60	204	599.60

[1] 直接材料分配率 $=\dfrac{90\,000}{2\,000}=45$;

　　直接人工分配率 $=\dfrac{9\,120}{20\,000}=0.456$;

　　制造费用分配率 $=\dfrac{40\,800}{20\,000}=2.04$。

根据表 3 - 15 编制会计分录如下:

借:原材料　　　　　　　　　　　　　　　　　　　　　100
　　贷:基本生产成本——B 产品(废品损失)　　　　　　　　　　100
借:基本生产成本——B 产品(废品损失)　　　　　　　699.60
　　贷:基本生产成本——B 产品(直接材料)　　　　　　　450.00
　　　　——B 产品(直接人工)　　　　　　　　　　　　45.60
　　　　——B 产品(制造费用)　　　　　　　　　　　204.00

不可修复废品成本核算,除上述方法外,也可以按照定额费用从各成本项目转入"废品损失"成本项目。在定额准确的情况下,采用这种方法简便易行,其计算结果又接近实际。

【例3-20】 仍以［例3-19］资料,介绍用定额成本法核算废品损失。合格品与不可修复废品费用分配表,如表3-16所示。

表3-16 合格品与不可修复废品费用分配表

产品名称：B产品　　　　　　　　20××年×月　　　　　　　　单位：元

项　　目	产量（件）	生产工时（工时）	直接材料	直接人工	制造费用	金额合计
总量（总额）	2 000	20 000	90 000	9 120	40 800	139 920
费用定额	—	—	46	0.50	2	—
不可修复废品①	10	102	460	51	204	715
减：废品残值	—	—	100	—	—	100
废品损失	—	—	360	51	204	615

① 不可修复废品直接材料＝10×46＝460(元)；
　不可修复废品直接人工＝102×0.5＝51(元)；
　不可修复废品制造费用＝102×2＝204(元)。

根据表3-16编制会计分录如下：

借：原材料　　　　　　　　　　　　　　　　　　　100
　　贷：基本生产成本——B产品(废品损失)　　　　　　　100
借：基本生产成本——B产品(废品损失)　　　　　　715
　　贷：基本生产成本——B产品(直接材料)　　　　　　460
　　　　　　　　——B产品(直接人工)　　　　　　　　51
　　　　　　　　——B产品(制造费用)　　　　　　　204

产品成本中的废品损失应由每月的完工产品成本负担,期末在产品一般不负担废品损失。

二、停工损失的核算

停工损失是指企业生产车间或车间内某个班组在停工期间发生的各种费用,包括停工期间支付的生产工人工资、福利费等职工薪酬,以及车间所发生的各种制造费用等。工业企业的停工分为季节性停工和非季节性停工两种。

(一)季节性生产企业停工损失的核算

季节性生产企业在停工期间所发生的费用,应由企业开工期间所生产的产品负担。因此,为了全面、正确地反映停工期间的费用,合理地分配和核算生产期间产品负担的停工损失,一般可专设"停工损失"账户或在"制造费用"账户下专设"停工损失"明细账进行单独核算。

季节性生产企业在停工期间归集在"停工损失"或"制造费用"账户的费用,应分配计入开工生产的产品成本中,并在"基本生产成本"明细账中设"停工损失"成本项目核算。其费用分配常采用年度计划分配率分配法,其计算公式如下:

$$年度计划分配率=\frac{全年停工月份停工损失计划数}{全年各种产品计划产量的定额工时总数}$$

$$\begin{array}{c}全年各种产品计划\\产量的定额工时总数\end{array}=\sum\begin{array}{c}全年某种\\产品计划产量\end{array}\times\begin{array}{c}该种产品单位\\产品工时定额\end{array}$$

$$\begin{array}{c}开工某月某种产品\\应分配的停工损失\end{array}=\begin{array}{c}该月该种产品\\实际产量的定额工时\end{array}\times年度计划分配率$$

$$\begin{array}{c}某月某种产品实际\\产量的定额工时\end{array}=该月该种产品实际产量\times单位产品工时定额$$

采用这种分配方法,必须有较高的计划工作水平,否则停工损失计划数脱离实际数太大,将会影响成本计算的准确性。

【例3-21】 某工业企业为季节性生产企业,全年停工月份停工损失计划为30 720元,全年各种产品的计划产量为:A产品1 400件,B产品650件,单位产品的工时定额为:A产品50小时,B产品40小时。其年度计划分配率计算如下:

A产品年度计划产量的定额工时=1 400×50=70 000(小时)

B产品年度计划产量的定额工时=650×40=26 000(小时)

$$年度计划分配率=\frac{30\ 720}{70\ 000+26\ 000}=0.32$$

假定该企业某生产月份实际产量为:A产品120件,B产品100件。

A产品该月应负担的停工损失=120×50×0.32=1 920(元)

B产品该月应负担的停工损失=100×40×0.32=1 280(元)

根据上述计算结果,编制会计分录如下:

借:基本生产成本——A产品(停工损失)　　　　　　　　　　1 920

　　　　　　　——B产品(停工损失)　　　　　　　　　　　1 280

　　贷:停工损失　　　　　　　　　　　　　　　　　　　　　3 200

该企业在停工月份发生的各种停工费用,应根据有关凭证作相应账务处理:

借:停工损失 ×××

　　贷:应付职工薪酬 ×××

　　　　银行存款等 ×××

采用计划分配率分配法,"停工损失"账户月末可能有借方余额或贷方余额,应在年末全部调整记入"基本生产成本"账户。

借:基本生产成本——××产品(停工损失) ×××

　　贷:停工损失 ×××

如果实际发生停工损失小于计划分配数应用红字冲减。

(二)非季节性生产企业停工损失的核算

非季节性生产企业在生产过程中,由于电力中断、原材料供应不足、机器设备故障、自然灾害以及计划减产等原因都可能引起停工。该类企业停工损失分配原则是:由于供货单位未执行合同、停工待料造成的损失,应向供货单位索赔;由过失人或保险公司负担的损失,应向其索赔;由于自然灾害造成的损失,应在营业外支出中列支;其他原因造成停工损失应由开工生产的产品负担。

非季节性生产企业在停工期间发生的费用,如果需要单独核算的,应设置"停工损失"账户,并按车间和成本项目进行明细核算。该账户借方归集停工期内发生的停工损失;贷方反映停工损失的分配数,由过失人或保险公司负担的损失,应分配转入"其他应收款"账户的借方,由营业外支出列支的停工损失,应分配转入"营业外支出"账户的借方,由开工生产产品负担的停工损失,应分配转入"基本生产成本"账户及其明细账"停工损失"成本项目。

企业财会人员应对车间填列的"停工报告单"进行严格审核,核实报告单中所列停工范围、时数、原因以及过失单位(或个人)等项目,并根据审核无误的"停工报告单"进行停工损失的归集与分配。

企业生产车间停工期间所发生的各种费用,应根据有关凭证或有关费用分配表,作会计分录如下:

借:停工损失 ×××

　　贷:应付职工薪酬 ×××

　　　　银行存款 ×××

　　　　累计折旧等 ×××

企业停工期间所发生的各种费用,按上述分配原则分配时,作会计分录如下：

应由有关单位或个人承担的停工损失：

借：其他应收款　　　　　　　　　　　　　　　　×××

　　贷：停工损失　　　　　　　　　　　　　　　　　×××

应由营业外支出列支的停工损失：

借：营业外支出　　　　　　　　　　　　　　　　×××

　　贷：停工损失　　　　　　　　　　　　　　　　　×××

应由开工生产的产品负担的停工损失：

借：基本生产成本——××产品（停工损失）　　　　×××

　　贷：停工损失　　　　　　　　　　　　　　　　　×××

　　非季节性生产企业，如果能够确定其停工损失应由开工产品成本负担时，可以不设"停工损失"账户。停工期间发生的属于停工损失的各项费用，直接记入"制造费用"账户。企业的辅助生产车间由于规模不大，为了简化核算工作，可以不单独核算停工损失。

　　至此，企业发生的应由本期成本和当期损益负担的各项生产费用，均记入了"基本生产成本"、"管理费用"、"销售费用"和"财务费用"等账户。对于管理费用、销售费用和财务费用等期间费用，应于期末转入"本年利润"账户，以便确定本期损益。对于已记入本期"基本生产成本"账户的各项生产费用，仍需要继续分配，以便确定本期完工产品的制造成本。

第七节　期间费用的核算

　　期间费用是指在一定的会计期间内发生的，只与特定的会计期间相联系，而与产品生产无直接联系的各项费用，一般包括管理费用、销售费用和财务费用。

　　期间费用只为一定的会计期间带来效益，其效益会随着一定会计期间的结束而丧失。因此，企业成本核算采用制造成本法时，期间费用不计入产品制造成本，而是在费用发生的会计期间，全额计入当期损益，从当期实现的营业收入中得到补偿。所以，对期间费用进行严格的核算和监督，对于考核期间费用预算、控制支出、节约耗费、增加盈利和提高经济效益等都具有重要意义。

一、管理费用的核算

（一）管理费用的内容

管理费用是指企业为组织和管理生产经营所发生的各项费用，包括企业在筹建期间内发生的开办费、董事会和行政管理部门在企业的经营管理中发生的或者应由企业统一负担的公司经费（包括行政管理部门职工工资及福利等、物料消耗、低值易耗品摊销、办公费和差旅费等）、董事会费（包括董事会成员津贴、会议费和差旅费等）、聘请中介机构费、咨询费（含顾问费）、诉讼费、业务招待费、房产税、车船税、土地使用税、印花税、技术转让费、矿产资源补偿费、研究费用和排污费等。

（二）管理费用的核算

企业核算管理费用是通过设置"管理费用"账户进行的。该账户属于损益类账户，借方登记本期实际发生的各项管理费用；贷方登记期末转入"本年利润"账户的管理费用，结转后该账户应无余额。该账户可按费用项目进行明细核算。

企业发生各项管理费用时，应作会计分录如下：

借：管理费用　　　　　　　　　　　　　　　　　　　　　　　×××

　贷：库存现金　　　　　　　　　　　　　　　　　　　　　　×××

　　　银行存款　　　　　　　　　　　　　　　　　　　　　　×××

　　　累计摊销　　　　　　　　　　　　　　　　　　　　　　×××

　　　应交税费　　　　　　　　　　　　　　　　　　　　　　×××

　　　待处理财产损溢　　　　　　　　　　　　　　　　　　　×××

　　　应付职工薪酬等　　　　　　　　　　　　　　　　　　　×××

为了具体阐述企业核算管理费用的账务处理方法，现以金源公司20××年度4月份发生的有关经济业务为例说明如下：

【例3－22】　4月8日，公司董事会召开会议，总务处报销会议费2 000元，用转账支票结算，根据有关凭证，作会计分录如下：

借：管理费用——董事会费　　　　　　　　　　　　　　　　2 000

　贷：银行存款　　　　　　　　　　　　　　　　　　　　　2 000

【例3－23】　4月10日，公司以现金支付招待客户费用800元，应作会计分录如下：

借：管理费用——业务招待费   800
　　贷：库存现金   800

【例 3－24】　4 月 30 日,计算归集本月公司经费 109 880 元。其中：工资等职工薪酬 104 880 元、折旧费 4 000 元、物料消耗 1 000 元,根据有关凭证,作会计分录如下：

借：管理费用——公司经费   109 880
　　贷：应付职工薪酬   104 880
　　　　累计折旧   4 000
　　　　原材料   1 000

【例 3－25】　月终,结转金源公司本月发生的管理费用 112 680 元,应作会计分录如下：

借：本年利润   112 680
　　贷：管理费用   112 680

二、销售费用的核算

(一) 销售费用的内容

销售费用是指企业在销售产品和材料、提供劳务的过程中发生的各种费用,包括保险费、包装费、展览费和广告费、商品维修费、预计产品质量保证损失、运输费、装卸费等以及为销售本企业商品而专设的销售机构(含销售网点、售后服务网点等)的职工薪酬、业务费、折旧费等经营费用。

企业发生的与专设销售机构相关的固定资产修理费用等后续支出,也属于销售费用的内容。

(二) 销售费用的核算

企业核算销售费用是通过设置"销售费用"账户进行的。该账户属于损益类账户,借方登记本期实际发生的各项销售费用;贷方登记期末转入"本年利润"账户的销售费用,结转后本账户应无余额。该账户可按费用项目进行明细核算。

企业发生各项销售费用时：

借：销售费用   ×××
　　贷：库存现金   ×××
　　　　银行存款   ×××
　　　　应付职工薪酬   ×××
　　　　累计折旧等   ×××

为了具体阐述企业"销售费用"的核算方法,仍以金源公司20××年度4月份发生的有关经济业务为例说明如下:

【例3-26】 4月2日,金源公司以银行存款支付销售产品过程中的保险费500元,装卸费1 500元,根据有关凭证,作会计分录如下:

借:销售费用——保险费 500
　　　　　——装卸费 1 500
　贷:银行存款 2 000

【例3-27】 4月6日,以转账支票支付电视台广告费20 000元,根据支票存根联,作会计分录如下:

借:销售费用——广告费 20 000
　贷:银行存款 20 000

【例3-28】 4月30日,分配结转本月份专设销售机构人员的工资等职工薪酬59 850元,根据有关凭证,作会计分录如下:

借:销售费用——职工薪酬 59 850
　贷:应付职工薪酬 59 850

【例3-29】 4月30日,将本月发生的销售费用转入"本年利润"账户,作会计分录如下:

借:本年利润 81 850
　贷:销售费用 81 850

三、财务费用的核算

(一)财务费用的内容

财务费用是指企业为筹集生产经营所需资金等而发生的筹资费用,包括利息支出(减利息收入)、汇兑损益以及相关的手续费、企业发生的现金折扣或收到的现金折扣等。

为购建或生产满足资本化条件的资产发生的应予资本化的借款费用,按照借款费用资本化原则处理。

(二)财务费用的核算

企业核算财务费用是通过设置"财务费用"账户进行的。该账户属于损益类账户,借方登记企业发生的各项财务费用,贷方登记发生的应冲减财务费用的利息收入、汇兑收益等以及月终转入"本年利润"账户的财务费用,结转后该账户应无余额。该账户可按费用项目进行明细核算。

当发生各项财务费用时,借记"财务费用"账户,贷记"应付利息"、"银行存款"、"长期借款"等账户。

发生的应冲减财务费用的利息收入、汇兑收益等,借记"银行存款"、"应收账款"等账户,贷记"财务费用"账户。

期末将该账户的余额转入"本年利润"账户时,借记"本年利润"账户,贷记"财务费用"账户。

本 章 小 结

1. 产品成本计算过程就是对生产费用归集、分配、再归集、再分配的过程。因此,掌握费用归集和分配的程序和方法,是关系到产品成本、期间费用乃至企业损益计算正确与否的关键。

2. 本章的重点是解决费用的横向分配问题,即将本期发生的各项费用,按照谁受益谁负担的原则,采用适当的方法,直接或分配记入不同成本核算对象相应的成本项目,完成了费用的对象化问题。

3. 辅助生产产品或劳务所耗费的各种生产费用之和,构成辅助生产成本。但由于辅助生产主要是为基本生产服务而进行的产品生产或劳务供应,这就决定了需要将辅助生产产品或劳务成本在耗用该产品或劳务的基本生产产品和各车间、部门之间进行分配。辅助生产费用的分配是辅助生产区别于基本生产的一大特点,在其五种分配方法中,较难掌握的是交互分配法。

4. 制造费用的归集与分配,应区分不同的生产车间、部门。对于辅助生产车间发生的制造费用,如果辅助生产车间只有一种产品或劳务,为了简化核算工作,其制造费用可以直接记入"辅助生产成本"总账及其明细账的借方,而不设置"制造费用"账户。对于基本生产车间发生的制造费用,一般应专设"制造费用"账户进行核算。

关 键 术 语

直接分配法　交互分配法　计划成本分配法　顺序分配法　制造费用　废

品 废品损失 停工损失 期间费用

思 考 题

1. 材料费用分配方法常用的有哪几种？其适用范围有什么区别？
2. 职工薪酬包括哪些内容？如何进行职工薪酬的分配？
3. 辅助生产费用分配方法有哪些？它们之间有什么区别？
4. 制造费用包括哪些内容？制造费用各种分配方法有什么区别？
5. 废品损失核算包括哪些内容？不同的废品损失在核算上有什么区别？
6. 管理费用、销售费用和财务费用在核算上有何异同？

练 习 题

习 题 一

一、目的：练习用定额耗用量比例法进行材料费用的分配。

二、资料：

某企业基本生产车间生产甲、乙两种产品,共同耗用 A 材料 2 988 千克,每千克成本 60 元。甲产品本月投产 150 件,单件消耗定额为 10 千克;乙产品本月投产 140 件,单件消耗定额为 15 千克。

三、要求：

根据上述资料,采用定额耗用量比例法计算甲、乙产品应分摊的 A 种材料费用。

四、参考答案：

1. 甲产品应分摊的 A 种材料费用为 74 700 元;
2. 乙产品应分摊的 A 种材料费用为 104 580 元。

习 题 二

一、目的：练习用定额工时比例法分配生产工人的工资费用。

二、资料：

某企业基本生产车间生产 A、B 两种产品,共同发生生产工人计时工资

82 000 元。A 产品本月投产 2 000 件,单件工时定额为 5 小时;B 产品本月投产 1 000 件,单件工时定额为 6 小时。

三、要求:

根据上述资料采用定额工时比例法计算 A、B 产品应负担的工资费用。

四、参考答案:

1. A 产品的工资费用 51 250 元;

2. B 产品的工资费用 30 750 元。

习 题 三

一、目的:练习辅助生产费用的分配。

二、资料:

1. 某厂设有机修、运输两个辅助生产车间,一个基本生产车间和厂部管理部门。7 月份辅助生产车间费用的发生情况为:机修车间 35 000 元,运输车间 4 650 元。

2. 辅助生产车间提供劳务情况,如表 3-17 所示。

表 3-17 辅助生产车间提供劳务情况

受益部门 辅助车间	计量单位	基本生产车间	企业管理部门	机修车间	运输车间	合计
机修车间	工时	16 000	7 000		3 000	26 000
运输车间	吨千米	11 000	5 600	2 000		18 600

3. 机修车间计划单位成本 1.30 元/工时,运输车间计划单位成本 0.26 元/吨千米。

三、要求:

根据上列资料,分别采用直接分配法、一次交互分配法、计划成本分配法对辅助生产费用进行分配,编制辅助生产费用分配表,并进行账务处理。

四、参考答案:

1. 直接分配法。机修车间费用分配率为 1.521 7;运输车间费用分配率为 0.280 1。

2. 一次交互分配法。

(1) 交互分配:机修车间费用分配率为 1.346 2;运输车间费用分配率为 0.25。

(2) 对外分配:机修车间费用分配率为 1.367 9;运输车间费用分配率为

0.493 3。

3. 计划成本分配法。

(1) 机修车间的实际成本 35 520 元,计划成本 33 800 元;差异分配率为 0.074 8。

(2) 运输车间的实际成本 8 550 元,计划成本 4 836 元;差异分配率为 0.223 7 元。

习 题 四

一、目的：练习制造费用的归集和分配。

二、资料：

红光机械厂的基本生产车间 5 月份生产甲、乙两种产品。生产工时为 2 000 小时,其中甲产品 1 400 小时,乙产品 600 小时。本月发生各项费用如下：

(1) 车间领用一般消耗性材料 9 500 元；

(2) 本月应付车间管理人员工资等职工薪酬 32 000 元；

(3) 车间固定资产折旧费 2 530.80 元；

(4) 以现金支付车间办公费 890 元；

(5) 领用各种劳保用品 1 000 元；

(6) 辅助生产车间分配转入设备修理费 1 350 元。

三、要求：

1. 根据以上资料编制会计分录,并登记"制造费用明细账"对制造费用进行归集。

2. 月末,将归集的制造费用按生产工时比例法进行分配,结转计入甲、乙两种产品的成本。

四、参考答案：

1. 本月车间制造费用总额为 47 270.80 元；

2. 甲产品分摊制造费用 33 089.56 元;乙产品分摊制造费用 14 181.24 元。

习 题 五

一、目的：练习不可修复废品损失的核算。

二、资料：

装配车间本月生产 A 产品,其生产记录和核算资料为合格品 20 台,不可修复废品 4 台;合格品生产工时为 400 个,废品生产工时为 40 个;A 产品成本计算单所列按成本项目反映的直接材料 1 980 元,直接人工 880 元,制造费用 264 元。

A 产品生产过程中原材料开工时一次投入。废品残料作价 64 元,应由过失人赔偿款 11 元。

三、要求:

根据上述资料编制废品损失计算表,确定废品净损失并进行账务处理。

四、参考答案:

废品成本为 434 元,废品的净损失为 359 元。

第四章　生产费用在完工产品与在产品之间的分配

内容提要

　　生产费用在完工产品与在产品之间的分配是正确计算完工产品成本的关键。本章主要讲述生产费用在完工产品与在产品之间的分配方法。在概括说明在产品的概念、日常核算对完工产品成本计算影响的基础上，重点讲述了生产费用在完工产品与在产品之间的具体分配方法。

第一节　在产品数量的核算

一、在产品数量与完工产品成本计算的联系

　　工业企业的在产品有广义在产品和狭义在产品之分。广义在产品是就整个企业而言的，是指没有完成全部生产过程，不能作为商品销售的产品，包括正在各生产单位（分厂、车间）加工的在制品和已经完成一个或多个生产步骤、尚未最终完工而需要继续加工的自制半成品。狭义在产品是就某一生产单位或某一生产步骤而言的，仅指本单位或本步骤正在加工的在制品，不包括本生产单位或本生产步骤已经完工转出的自制半成品。在产品继续加工，完成所有生产过程或生产步骤，验收入库后，可以对外销售，即成为完工产品。

　　企业发生的生产费用要按成本项目归集，并在各成本计算对象之间进行分配。月末，企业的生产费用包括月初在产品成本和本月发生的生产费用，已全部

计入各种产品(各成本计算对象)的成本计算单中。完工产品成本的计算应视本月产品完工的具体情况而定,大体有以下三种情况:

(1)该产品本月全部完工,没有月末在产品,则本月完工产品总成本等于生产费用合计数。若该产品月初也没有在产品,则本月完工产品总成本等于本月发生的生产费用。

(2)该产品本月全部未完工,则生产费用合计数全部构成月末在产品成本。

(3)该产品既有已经完工交库的产成品,又有正在加工的月末在产品,生产费用合计数应在本月完工产品和月末在产品之间合理分配,以便正确计算本月完工产品的总成本和单位成本。生产费用与完工产品成本和月末在产品成本的关系如下:

$$\text{月初在产品成本} + \text{本月发生生产费用} = \text{本月完工产品成本} + \text{月末在产品成本}$$

公式中的前两项之和是生产费用合计数或累计生产费用。在完工产品与月末在产品之间进行分配有两种方法:一是将生产费用合计数在完工产品与月末在产品之间按照一定的比例进行分配,同时计算完工产品成本和月末在产品成本;二是先确定月末在产品成本,然后倒挤本月完工产品成本。其计算公式为:

$$\text{本月完工产品成本} = \text{月初在产品成本} + \text{本月发生生产费用} - \text{月末在产品成本}$$

从上述公式可以看出,各月末在产品的数量或费用的大小以及数量或费用变化的大小,对于完工产品成本有着很大的影响。因此,无论采哪一种方法,都必须正确组织在产品收、发和结存的数量核算,取得在产品的动态和结存的数量资料。

二、在产品数量的日常核算

工业企业在产品品种规格较多,并且处于不断的流动之中。为了加强在产品的实物管理,必须建立和健全在产品收、发和结存数量的日常核算制度。在产品数量是通过在产品收发结存账进行核算的,实际工作中也称为在产品收发台账。在产品收发台账应分别车间并按照产品的品种和在产品的名称设立,以便用来反映车间各种在产品的转入、转出和结存数量。根据生产特点和管理要求,有的还应进一步按照加工工序组织在产品的数量核算。各车间应认真做好在产品的计量、验收和交接工作,并在此基础上,根据领料凭证、在产品内部转移凭证、产成品检验凭证和产品交库凭证,及时登记在产品收发结存账。在产品收发台账,如表4-1所示。

表 4 - 1　在产品收发台账

在产品名称：　　　　　　　　　　　　　　　　　　　　　　　　　　　　计量单位：

日期	摘　要	收 入 数 量		加 工 数 量			转下工序或交库数量		结 存 数 量	
		凭证号数	数量	凭证号数	合格品	废品	凭证号数	数量	已完工	未完工
	合　计									

三、在产品清查的核算

在产品是一种特殊存货，属于企业的流动资产。为了核实在产品数量，保证账实相符，除通过"在产品收发台账"进行账面核算外，还应采取实地盘点的方法对在产品进行清查。发现有盘亏、毁损、盘盈等情况，应及时编制"在产品盘存表"，并按照规定程序报经批准。在审批前，为做到账实一致，应将盘亏、毁损的在产品成本记入"待处理财产损溢"账户的借方；将盘盈的成本记入"待处理财产损溢"账户的贷方。报经批准后，应根据不同情况分别处理：盘亏、毁损的在产品，扣除过失人或者保险公司赔款和残料价值之后，计入管理费用；在产品毁损属于非常损失造成，应扣除保险公司赔款和残料价值后，计入营业外支出；盘盈的在产品，冲减管理费用。

【例 4 - 1】　某企业月末对在产品进行清查，发现在产品盘亏及毁损数量为50 件，按其定额成本确定为 2 500 元。在批准前，作会计分录如下：

借：待处理财产损溢　　　　　　　　　　　　　　　　　　　　　2 500

　贷：基本生产成本　　　　　　　　　　　　　　　　　　　　　　2 500

经核实上述盘亏及毁损的在产品，其中 800 元由责任人赔偿，500 元属自然灾害造成，另外有 100 元残料入库，净损失 1 100 元列作管理费用。报经批准后，作会计分录如下：

借：其他应收款　　　　　　　　　　　　　　　　　　　　　　　800

　营业外支出　　　　　　　　　　　　　　　　　　　　　　　500

　原材料　　　　　　　　　　　　　　　　　　　　　　　　　100

　管理费用　　　　　　　　　　　　　　　　　　　　　　　1 100

　贷：待处理财产损溢　　　　　　　　　　　　　　　　　　　　2 500

第二节　生产费用在完工产品与在产品之间分配的方法

如何既合理又简便地将生产费用在完工产品与在产品之间进行分配,是成本计算工作中一项重要而复杂的工作。企业应根据期末在产品数量的多少、各月在产品数量变化的大小、各项生产费用在产品成本中所占比重的大小以及定额管理基础的好坏等条件选用适当的分配方法。

一、不计算在产品成本法

如果企业期末在产品很少或期初期末在产品数量基本相等,算不算在产品成本对完工产品成本影响不大时,可以不计算期末在产品成本。即当期发生的生产费用,全部由完工产品成本负担。

二、在产品成本按年初数固定计算法

如果企业在产品数量虽大但各月之间在产品数量变化不大,可以用年初在产品成本作为每月月末在产品成本。即当月发生的生产费用,全部由完工产品成本负担。但年末在产品成本必须根据实地盘点数重新计算,以免影响成本计算的正确性。

三、在产品成本按所耗原材料费用计算法

如果企业期末在产品数量较大,各月之间在产品数量变化较大,同时原材料费用在产品成本中所占比重较大时,在产品成本只按所耗用原材料费用计算,而其他各项费用全部作为完工产品成本计算。其计算公式如下:

$$单位产品直接材料成本 = \frac{直接材料费用总额}{完工产品产量 + 在产品产量①}$$

月末在产品成本 = 月末在产品数量 × 单位产品直接材料成本

本月完工产品成本 = 月初在产品成本 + 本月生产费用 − 月末在产品成本

---

① 原材料不是在投产时一次投入,应当用在产品的约当产量。

四、约当产量法

如果企业月末在产品数量较多，各月之间在产品数量变化较大，产品成本中原材料成本与其他成本所占比重相差不多时，则可使用约当产量比例法。即先把期末在产品的实际盘存数量，按投料程度或加工程度分别折算为相当于完工产品的数量（即在产品约当产量），然后将生产费用合计数按完工产品产量和在产品约当产量的比例，分别不同的成本项目进行分配，计算出完工产品成本和在产品成本。

（一）在产品投料程度的计算

所谓投料程度，是指在产品已投材料占完工产品应投材料的百分比。其计算分以下三种情况：

（1）原材料在生产开始时一次投入，在产品投料百分比与完工产品相同，即投料程度为 100%。

（2）原材料在每道工序开始时一次投入，则在产品投料程度计算公式如下：

$$\text{某工序在产品投料程度} = \frac{\text{单位在产品上道工序累计投入原材料（数量）成本} + \text{单位在产品本道工序投入原材料（数量）成本}}{\text{单位完工产品原材料应投（数量）成本}} \times 100\%$$

【例 4 - 2】　假定某工业企业生产的 A 产品由三道工序加工而成，其原材料分三道工序在每道工序开始时一次投入。其每道工序的原材料消耗定额：第一工序 20 千克，第二工序 20 千克，第三工序 10 千克。则每道工序在产品投料程度计算如下：

$$\text{第一工序投料程度} = \frac{20}{50} \times 100\% = 40\%$$

$$\text{第二工序投料程度} = \frac{20+20}{50} \times 100\% = 80\%$$

$$\text{第三工序投料程度} = \frac{20+20+10}{50} \times 100\% = 100\%$$

（3）原材料随着产品生产进度陆续投料时，其投料程度计算公式如下：

$$\text{某道工序在产品投料程度} = \frac{\text{单位在产品上道工序累计投入原材料（数量）成本} + \text{单位在产品本道工序投入原材料（数量）成本} \times 50\%}{\text{单位完工产品原材料应投（数量）成本}} \times 100\%$$

假定上述工业企业生产 A 产品,其原材料分三道工序陆续投入,并且原材料投入程度与加工程度不一致,其他资料同上,则每道工序在产品投料程度计算如下:

$$第一工序投料程度=\frac{20\times50\%}{50}\times100\%=20\%$$

$$第二工序投料程度=\frac{20+20\times50\%}{50}\times100\%=60\%$$

$$第三工序投料程度=\frac{20+20+10\times50\%}{50}\times100\%=90\%$$

(二)在产品加工程度的计算

在产品的加工程度是指在产品实耗(或定额)工时占完工产品应耗(或定额)工时的百分比。其计算分以下两种情况:

(1)产品生产一般是陆续加工,在各道工序的在产品数量和加工量比较均衡时,全部在产品的加工程度可按 50% 平均计算。

(2)如果各道工序的在产品数量和加工量差别较大时,就应分工序计算在产品的加工程度。其计算公式如下:

$$某工序在产品的加工程度=\frac{单位在产品上道工序累计工时定额+单位在产品该道工序工时定额\times50\%}{单位完工产品工时定额}\times100\%$$

(三)约当产量法的原理及应用

根据在产品的投料程度和加工程度,就可计算出期末在产品的约当产量,并可按约当产量法分别不同成本项目分配生产费用。分配"直接材料"项目时,月末在产品的约当产量应采用投料约当产量;分配其他费用(即直接人工、制造费用)时,应采用加工约当产量,其计算公式如下:

$$某工序在产品的投料(或加工)的约当产量=该工序在产品的数量\times在产品的投料(或加工)程度$$

$$月末在产品的投料(或加工)的约当产量=各工序在产品的投料(或加工)的约当产量之和$$

$$原材料费用分配率=\frac{月初在产品原材料费用+本月发生的原材料费用}{完工产品产量+月末在产品的投料约当产量}$$

$$\frac{期末在产品应分配}{的原材料费用}=\frac{期末在产品的}{投料约当数量}\times原材料费用分配率$$

$$\frac{完工产品应分配}{的原材料费用}=完工产品数量\times原材料费用分配率$$

$$\frac{其他费用}{项目分配率}=\frac{月初在产品的该项费用＋本月发生的该项费用}{完工产品产量＋月末在产品的加工约当产量}$$

$$\frac{月末在产品应}{分配的某项费用}=\frac{月末在产品的}{加工约当产量}\times该项费用分配率$$

$$\frac{完工产品应分配}{的某项费用}=完工产品数量\times该项费用分配率$$

【例 4-3】　某企业甲产品经过三道工序陆续加工,单位完工产品工时定额为 200 小时,9 月末结存在产品 320 件。原材料是开工时一次投料,各道工序在产品数量及单位产品工时定额,如表 4-2 所示。

表 4-2　在产品数量及单位产品工时定额表

工　　序	在 产 品 数 量	单 位 产 品 工 时 定 额
一	120	40
二	80	100
三	120	60
合　　计	320	200

在产品投料(加工)约当产量计算如下:

因为原材料是生产开始时一次投料,所以在产品投料程度为 100%。

在产品投料约当产量＝320×100%＝320(件)

$$第一工序加工程度=\frac{40\times50\%}{200}\times100\%=10\%$$

第一工序加工约当产量＝120×10%＝12(件)

$$第二工序加工程度=\frac{40+100\times50\%}{200}\times100\%=45\%$$

第二工序加工约当产量＝80×45%＝36(件)

$$第三工序加工程度=\frac{40+100+60\times50\%}{200}\times100\%=85\%$$

第三工序加工约当产量＝120×85％＝102(件)

月末在产品加工约当产量＝12＋36＋102＝150(件)

上述该企业本月完工甲产品 480 件,生产费用合计为 35 120 元,采用约当产量法将生产费用在完工产品与在产品之间分配。基本生产成本明细账,如表4-3所示。

表4-3　基本生产成本明细账

产品名称：甲产品　　　　　　　　　20××年9月　　　　　　　完工产量：480 件

在产品产量：320 件

20××年		凭证号数	摘　　要	直接材料	直接人工	制造费用	合　　计
月	日						
9	1		月初在产品成本	1 000	225	565	1 790
	30		本月生产费用	19 000	5 130	9 200	33 330
	30	(略)	生产费用合计	20 000	5 355	9 765	35 120
			单位成本(分配率)	25	8.5	15.5	49
	30		完工产品成本	12 000	4 080	7 440	23 520
	30		月末在产品成本	8 000	1 275	2 325	11 600

该分配方法,分配的费用精确程度较高,但计算工作较为繁杂。

五、在产品成本按定额成本计算法

如果企业在产品各项消耗定额比较准确、在产品数量比较稳定的情况下,为了简化核算手续,可以根据在产品的实际结存数量和各项消耗定额计算在产品的定额成本,从生产费用合计数中扣除在产品的定额成本即为完工产品成本。

在产品定额成本的计算如下：

$$月末在产品某成本项目的定额费用＝月末在产品数量×在产品的费用定额$$

$$月末在产品定额成本＝月末在产品各个成本项目的定额费用之和$$

【例4-4】 某企业 9 月份乙产品完工 100 件,在产品 20 件,生产费用合计为 32 164.80 元,月末在产品成本为 3 476.80 元,编制基本生产成本明细账,如表4-4所示。

表 4-4　基本生产成本明细账

产品名称：乙产品　　　　　　　　　　20××年9月

完工产量：100件　　在产品数量：20件

20××年		凭证号数	摘　要	直接材料	直接人工	制造费用	合　计
月	日						
9	1	（略）	月初在产品成本	2 000	720	1 124	3 844
	30		本月生产费用	16 000	3 840	8 480.80	28 320.80
	30		生产费用合计	18 000	4 560	9 604.80	32 164.80
	30	完工产品	总成本	16 200	3 920	8 568	28 688
			单位成本	162	39.20	85.68	286.88
	30		月末在产品成本	1 800	640	1 036.80	3 476.80

该分配方法计算简便。但如果各月在产品数量变动较大时，会影响费用分配的合理性。

六、定额比例分配法

对于定额管理基础较好，各项消耗定额或费用定额比较准确、稳定，各个月末在产品数量变动较大的产品，生产费用可以按照完工产品与在产品的定额消耗量或定额成本的比例分配。其中，直接材料成本可按直接材料定额消耗量或定额成本的比例分配；直接人工和制造费用采用定额工时比例分配。其计算程序及公式如下所述。

（一）直接材料成本的分配

1. 计算完工产品与在产品定额消耗量（定额成本）

$$\text{完工产品定额消耗量（定额成本）} = \text{完工产品产量} \times \text{单位产品消耗定额（成本定额）}$$

$$\text{月末在产品定额消耗量（定额成本）} = \text{月末在产品数量} \times \text{投料程度} \times \text{单位产品消耗定额（成本定额）}$$

2. 计算直接材料分配率

$$\text{直接材料分配率} = \frac{\text{月初在产品直接材料} + \text{本月发生直接材料}}{\text{完工产品定额消耗量（定额成本）} + \text{月末在产品定额消耗量（定额成本）}}$$

3. 计算完工产品与在产品应负担的直接材料

$$\substack{\text{完工产品应负} \\ \text{担的直接材料}} = \substack{\text{完工产品定额} \\ \text{消耗量(定额成本)}} \times \substack{\text{直接材料} \\ \text{分配率}}$$

$$\substack{\text{在产品应负担} \\ \text{的直接材料}} = \substack{\text{在产品定额消耗} \\ \text{量(定额成本)}} \times \substack{\text{直接材料} \\ \text{分配率}}$$

(二) 直接人工和制造费用的分配

1. 计算完工产品的定额工时

$$\substack{\text{完工产品} \\ \text{定额工时}} = \substack{\text{完工产} \\ \text{品数量}} \times \substack{\text{单位产品} \\ \text{工时定额}}$$

$$\substack{\text{月末在产品} \\ \text{定额工时}} = \substack{\text{月末在} \\ \text{产品数量}} \times \substack{\text{在产品} \\ \text{加工程度}} \times \substack{\text{单位产品} \\ \text{工时定额}}$$

2. 计算直接人工(制造费用)分配率

$$\substack{\text{直接人工(制造} \\ \text{费用)分配率}} = \frac{\substack{\text{月初在产品直接} \\ \text{人工(制造费用)}} + \substack{\text{本月发生直接} \\ \text{人工(制造费用)}}}{\substack{\text{完工产品} \\ \text{定额工时}} + \substack{\text{月末在产品} \\ \text{定额工时}}}$$

3. 计算完工产品与在产品应负担的直接人工及制造费用

$$\substack{\text{完工产品应负担} \\ \text{直接人工(制造费用)}} = \substack{\text{完工产品} \\ \text{定额工时}} \times \text{直接人工(制造费用)分配率}$$

$$\substack{\text{月末在产品应负担} \\ \text{直接人工(制造费用)}} = \substack{\text{月末在产品} \\ \text{定额工时}} \times \text{直接人工(制造费用)分配率}$$

【例 4-5】 某企业生产丙产品,在生产开始时一次投料。该产品采用定额比例法分配完工产品与在产品成本。9月末在产品完工率为50%,完工产品800台,月末在产品200台。该产品原材料消耗为20千克,工时定额为40小时。丙产品定额消耗量和定额工时计算如下:

完工产品定额消耗量＝800×20＝16 000(千克)

月末在产品定额消耗量＝200×100%×20＝4 000(千克)

完工产品定额工时＝800×40＝32 000(小时)

月末在产品定额工时＝200×50%×40＝4 000(小时)

丙产品基本生产成本明细账,如表4-5所示。

表4-5　基本生产成本明细账　　　完工产量：800 台

产品名称：丙产品　　　　　　20××年9月　　　　在产品产量：200 台

20××年		凭证号数	摘　要	直接材料	直接人工	制造费用	合　计
月	日						
9	1 30 30	（略）	月初在产品成本 本月生产费用 生产费用合计	7 400 74 600 82 000	3 840 50 160 54 000	1 200 42 000 43 200	12 440 166 760 179 200
	30		分配率	4.1	1.5	1.2	—
	30		完工产品　总成本	65 600	48 000	38 400	152 000
			单位成本	82	60	48	190
	30		月末在产品成本	16 400	6 000	4 800	27 200

采用该分配方法，便于考核和分析各项消耗定额的执行情况。但其分配的核算工作量较大。

上述几种方法各有其适用的范围及优缺点，在实际工作中，企业可根据自身的特点选择使用或将以上各种方法结合运用。

第三节　完工产品成本的结转

一、完工产品成本结转的账务处理

企业生产产品过程中发生的各项生产费用，经过上述归集与分配，就可以计算出完工产品的实际制造成本。企业可根据各产品成本计算单（基本生产成本明细账）中提供的成本资料，结转各种完工产品成本。也可以于期末编制完工产品成本汇总表，据以结转本期完工产品成本。

计算出来的完工产品成本，应从"基本生产成本"账户的贷方分别转入有关账户的借方。

对于验收入库的产品成本，应作会计分录如下：

借：库存商品　　　　　　　　　　　　　　　　　　×××

　　贷：基本生产成本　　　　　　　　　　　　　　　　　×××

自制半成品对外销售或自制半成品设立仓库进行管理和核算的,自制半成品入库时,作会计分录如下:

借:自制半成品　　　　　　　　　　　　　　　　　×××
　　贷:基本生产成本　　　　　　　　　　　　　　　　　×××

企业自制设备、材料、包装物等完工时,作会计分录如下:

借:固定资产(或在建工程)　　　　　　　　　　　　×××
　　原材料　　　　　　　　　　　　　　　　　　　×××
　　周转材料等　　　　　　　　　　　　　　　　　×××
　　贷:基本生产成本　　　　　　　　　　　　　　　　　×××

企业生产完成并未通过仓库收发,直接交付购买单位的代制品、代修品等,作会计分录如下:

借:主营业务成本　　　　　　　　　　　　　　　　　×××
　　贷:基本生产成本　　　　　　　　　　　　　　　　　×××

根据表4-3至表4-5中的成本资料,说明完工产品成本汇总表的编制及完工产品成本结转的账务处理。完工产品成本汇总表,如表4-6所示。

根据表4-6作会计分录如下:

借:库存商品——甲产品　　　　　　　　　　　　　　23 520
　　　　　　——乙产品　　　　　　　　　　　　　　28 688
　　　　　　——丙产品　　　　　　　　　　　　　　152 000
　　贷:基本生产成本——甲产品　　　　　　　　　　　23 520
　　　　　　　　　　——乙产品　　　　　　　　　　　28 688
　　　　　　　　　　——丙产品　　　　　　　　　　　152 000

表 4-6　完工产品成本汇总表

20××年9月　　　　　　　　　　　　　　　　　　　　单位:元

各种产品总成本与单位成本 成本项目	甲产品(480件)		乙产品(100件)		丙产品(800台)	
	总成本	单位成本	总成本	单位成本	总成本	单位成本
直接材料	12 000	25.0	16 200	162.00	65 600	82
直接人工	4 080	8.5	3 920	39.20	48 000	60
制造费用	7 440	15.5	8 568	85.68	38 400	48
合　　计	23 520	49.0	28 688	286.88	152 000	190

二、产品成本核算的基本程序

产品成本核算是一个极为复杂的过程,包括各种要素费用的审核、控制、归集与分配,待摊费用和预提费用的归集与分配,辅助生产费用的归集与分配,制造费用的归集与分配,生产费用在各种产品之间的归集与分配以及生产费用在完工产品和月末在产品之间的归集与分配。产品生产从原材料投入到产成品完工入库,要经过许多加工环节,应设置许多账户来分配和归集生产费用。产品制造成本核算程序图,如图4-1所示。

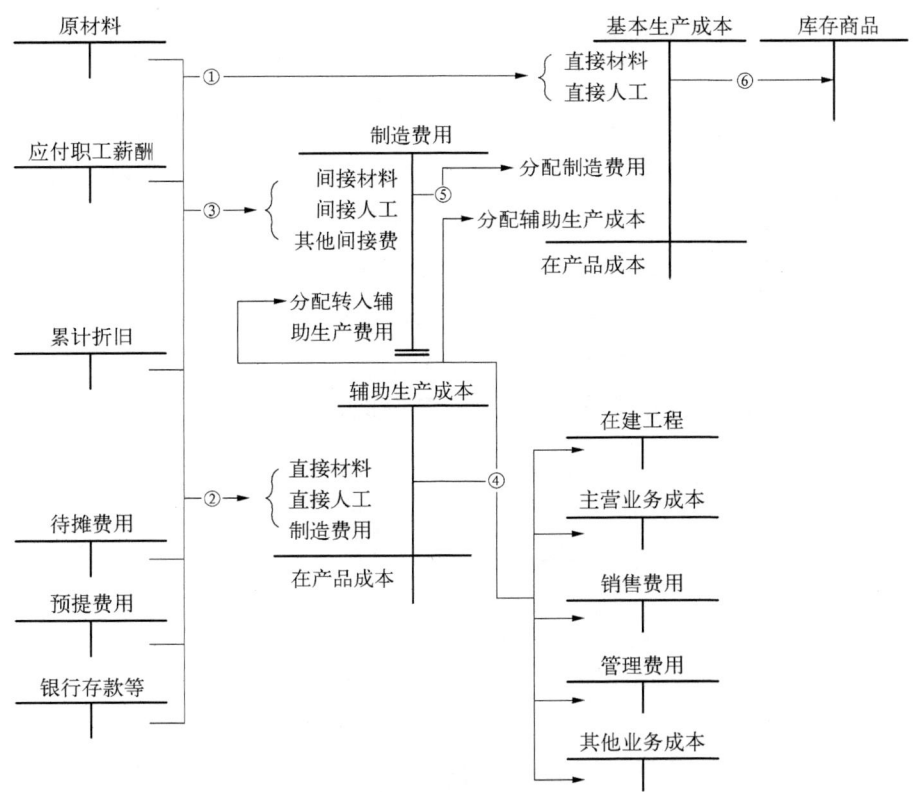

图4-1　产品制造成本核算程序图

说明:①归集基本生产的直接费用;
　　　②归集辅助生产费用;
　　　③归集制造费用;
　　　④向各受益对象分配辅助生产成本;
　　　⑤分配结转制造费用;
　　　⑥结转完工产品成本。

本 章 小 结

1. 工业企业的在产品有广义在产品和狭义在产品之分。广义在产品是指没有完成全部生产过程、不能作为商品销售的产品,包括正在各生产单位(分厂、车间)加工的在制品和已经完成一个或多个生产步骤、尚未最终完工而需要继续加工的自制半成品。狭义在产品仅指本单位或本步骤正在加工的在制品,不包括本生产单位或本生产步骤已经完工转出的自制半成品。

2. 如何既合理又简便地将生产费用在完工产品与在产品之间进行分配,是成本计算工作中一项重要而复杂的工作。企业应根据期末在产品数量的多少、各月在产品数量变化的大小、各项生产费用在产品成本中所占比重的大小以及定额管理基础的好坏等因素选用适当的分配方法。

3. 生产费用在完工产品与在产品之间分配的方法是多种多样的,企业应当根据各种产品的生产特点和管理要求,选择合适的分配方法,将某种产品归集的生产费用在完工产品与在产品之间进行合理分配。

关 键 术 语

狭义在产品　广义在产品　约当产量法　定额比例法　定额成本法

思 考 题

1. 生产费用在完工产品与在产品之间分配的方法一般有哪几种? 其特点各是什么?

2. 约当产量法的适用范围如何?

3. 定额比例法和定额成本法的适用范围有何区别?

练 习 题

习 题 一

一、目的：练习约当产量法的应用。

二、资料：

1. 本月份甲产品产量记录，如表4-7所示。

表4-7　甲产品产量记录　　　　　　　单位：件

完工产量	月末在产品数量		
	工 序 一	工 序 二	工 序 三
800	100	60	40

2. 甲产品的有关定额资料，如表4-8所示。

表4-8　甲产品定额资料

工 序	工时定额（工时/件）	材料定额（元/件）
一	4	30
二	4	10
三	2	10
合 计	10	50

3. 甲产品的月初和本月生产费用，如表4-9所示。

表4-9　甲产品月初和本月生产费用　　　　　　　单位：元

成 本 项 目	直接材料	直接人工	制造费用	合 计
月初在产品费用	7 216	1 500	1 600	10 316
本月生产费用	40 000	5 636	7 320	52 956

三、要求：

采用约当产量法完成生产费用在完工产品与在产品之间的分配（各工序在

产品的材料是陆续投入的)。

(1) 计算甲产品月末在产品投料程度和完工程度;

(2) 计算甲产品月末在产品约当产量;

(3) 编制甲产品成本计算单,计算其完工产品成本和月末在产品成本。

四、参考答案:

1. 分配直接材料的约当总产量为 908;分配直接人工、制造费用的约当总产量为 892。

2. 直接材料费用分配率为 52,直接人工分配率为 8,制造费用分配率为 10。

3. 完工产品总成本为 56 000 元,在产品总成本为 7 272 元。

习 题 二

一、目的:练习定额比例法的应用。

二、资料:

某产品月初在产品的直接材料 3 110 元,直接人工和制造费用 7 500 元;本月发生的直接材料 5 210 元,直接人工和制造费用 10 500 元;本月完工产品 120 件,单件产品的材料消耗定额 4 千克,工时消耗定额 50 小时,月末在产品的定额材料消耗量共计 800 千克,定额工时共计 3 000 小时,材料计划单价每千克 5 元。

三、要求:

根据上述资料采用定额比例法分配完工产品成本与期末在产品成本。

四、参考答案:

1. 月末在产品直接材料 5 200 元;完工产品直接材料 3 120 元。

2. 月末在产品直接人工和制造费用 6 000 元;完工产品直接人工和制造费用 12 000 元。

3. 完工产品成本=15 120(元);在产品成本=11 200(元)

第五章 产品成本核算方法概述

内容提要

本章根据不同企业的生产特点和管理要求,对实际工作中采用的各种成本计算方法进行了概括说明。重点阐述了企业的生产特点和管理要求对成本核算对象和成本计算期等方面的影响。

第一节 生产特点和管理要求对产品成本核算方法的影响

为了完成产品成本核算任务,充分发挥成本核算在经济管理中的重要作用,企业应根据产品的生产特点和管理要求来确定适当的成本核算方法。

一、产品的生产特点

产品的生产特点包括产品生产工艺过程的特点和生产组织的特点。

（一）产品生产工艺过程的特点

工艺过程是指制造各种产品的工艺技术的具体方法,是劳动者利用劳动手段直接改变劳动对象的形状、尺寸、位置、性能和成分,使其成为预期产品的过程。

企业的生产按产品生产工艺过程的特点分为简单生产和复杂生产。

简单生产又称单步骤生产,是指生产过程在工艺技术上是不可间断的,难以划分生产步骤,或不能分散在不同地点进行的生产。简单生产的周期较短,通常只能由一个企业进行,而不能由几个企业协作进行。例如,发电、采煤、制革等工业的生产都属于简单生产。

复杂生产又称多步骤生产,是指生产过程在工艺技术上是可以间断的,整个生产过程中的生产活动,可以分别在不同时间内、不同地点上,由若干个生产步骤来完成的生产。复杂生产的产品加工可分别在不同时间、不同地点来进行,可以由一个企业进行,也可由几个企业协作进行。复杂生产按其加工方式不同,又可分为连续加工式和平行加工式(装配式)两种。连续加工式的复杂生产,是从投入原材料到制成产成品,要经过若干连续的加工阶段,每个加工阶段(除最后一个加工阶段)上的制成品(半成品)都是下一阶段的加工对象,在每一个加工阶段中,加工对象都改变了原有的实物形态,到最后阶段形成产成品。例如,冶金、纺织、造纸等工业的生产都属于这种生产。平行加工式的复杂生产又称装配式的复杂生产,是把各种原材料同时平行地加工成个别零件,再把零件装配为部件,然后把零、部件装配成为产成品。例如,机床、汽车、拖拉机、造船等企业的生产都属于这种生产。

(二) 产品生产组织的特点

生产组织是企业为保证生产过程中各因素相互协调的工作制度。根据企业的实际情况,采取适当的生产组织原则做好产品生产组织工作,有助于充分利用人力、物力和财力,缩短生产周期,减少资金占用,降低产品成本,提高生产的经济效果。生产组织的特点取决于产品产量的多少、产品生产的重复性,以及产品的稳定程度。工业企业按照生产组织特点,分为大量生产、成批生产和单件生产三种生产类型。

大量生产是指不断地重复生产品种相同产品的生产,如发电、采掘、冶金、纺织等工业的生产。其特点是产品品种少,也比较稳定,各种产品不断重复生产且产量高。

成批生产是按照预先规定的批别和数量,来制造一定种类产品的生产,如机床、电机、服装的生产。其特点是产品品种多,成批重复地生产。成批生产按产品批量的大小,还可分为大批生产、中批生产和小批生产。大批生产接近大量生产,小批生产接近单件生产。

单件生产是根据国家、企业主管部门分配的生产任务或购买单位的订单(合同),生产个别的、性质特殊的产品的生产。其特点是品种多,每种产品的产量很少，一般不重复生产，即使重复生产也是个别的、不定期的，如假肢、造船、重型机器制造等工业的生产。

以上两种划分产品生产特点的方法有密切联系。简单生产和连续式复杂生产的生产组织都是大量生产。装配式复杂生产的生产组织可以采取大量或成批生产，也可以采取单件生产。企业要根据产品生产规模、专业化程度和产品品种的稳定性，采取与之相适应的生产组织和劳动组织，做好管理工作，提高生产的专业化程度。

二、生产特点对产品成本核算方法的影响

所谓成本核算方法，是指确定成本核算对象，并按其对象对生产费用进行汇集、分配，从而计算产品总成本和单位成本的方法。生产特点对产品成本核算方法的影响主要表现在：① 根据生产特点确定产品成本核算对象；② 确定成本计算期；③ 确定生产费用汇集和分配的方法与程序。以成本核算对象的不同为主要标志，就形成了不同的成本核算方法。

（一）确定成本计算对象

所谓成本计算对象，是指汇集和分配生产费用的目标、范围或中心，是生产费用的承担者，也是设置产品成本计算单、汇集生产费用和核算成本的前提。由于生产特点不同，成本计算对象也不同。简单生产的企业，由于生产过程简单，大量重复生产某种产品，如发电、采煤、采矿等，直接以该种产品为对象进行成本核算。复杂生产的企业，如果是大量大批生产，如纺织、冶金等，不仅要求以最后步骤的完工产品为对象，还要求以各步骤的半成品为成本核算对象。如果是单件、小批生产，以每一订单或每批产品作为成本核算对象。如果是封闭式车间，还可以车间产品作为成本核算对象。

（二）规定成本计算期

所谓成本计算期，是指核算产品成本时，对发生的费用计入产品（劳务或作业）所规定的起讫期。它是随着生产组织特点的不同而各有所异的。例如，大量大批生产，由于原材料不断地投入，产品不断地制成完工，必须按月计算产品成本，所以，成本计算期和月度会计报表的期间是一致的，而与生产周期不一致；单件小批生产则不同，由于按件、按批组织生产，势必造成该件、该批产品制造完工后，才能计算其总成本和单位成本，所以，成本核算期具有不定期的性质，这就和

生产周期相一致,而与会计报告期不一致。

（三）确定生产费用归集、分配的方法和程序

由于生产特点不同,产品成本核算对象也不同,这样就必然形成生产费用汇集、分配的方法和程序的差别。简单生产的采煤企业,只生产煤炭,品种单一,核算过程就较简单;而复杂生产的纺织厂,不仅要计算最终产品成本,还要计算各步骤半成品成本,因而生产费用汇集、分配的方法和程序比采煤企业要复杂得多。同时,生产的特点也影响产成品和在产品之间的费用分配问题。在简单生产中,由于生产过程简单,产品单一,生产周期短,一般没有在产品,或在产品很少。因此,在核算产品成本时,不需要把生产费用在产成品与在产品之间进行分配。复杂生产,在生产组织上采取单件和小批生产时,产品成本一般是在某件或某批产品完工后核算的,因此,也没有产成品和在产品之间分配费用的问题,因而该成本核算对象所汇集的生产费用,即为完工产品的成本,未完工时,即为在产品成本。复杂生产在生产组织上采取大量大批生产时,由于产品不断投产,陆续完工,一般都有在产品,因而生产费用必须在产成品与在产品之间进行分配。

三、管理要求对成本核算方法的影响

生产特点和产品成本核算方法有密切联系,企业经营管理的要求也对成本核算方法造成一定的影响。由于工业企业的性质和规模不同,企业管理的要求不同,采用的成本核算方法也就有所区别。

为了适应加强企业经营管理的要求,定额管理健全的企业可以采用定额法进行成本核算。为此,企业就要制订一整套完整的定额,切实做好定额的修订和完善工作,要及时、准确地核算定额成本,在生产过程中,依据定额成本控制生产费用的发生,及时计算和反映实际生产费用脱离定额的差异,不断节约支出,降低成本,实现企业的经营目标。

为了适应全面管理、全员管理以及专业管理的需要,应当建立和完善厂内经济责任制、经济核算制,在班组核算的基础上,相应地建立车间、厂部两级成本核算方法,建立各部门、科室的成本责任制,并要正确处理班组经济核算、车间成本核算和厂部费用成本核算之间的关系,基本生产和辅助生产车间之间的成本核算关系。

为了适应科学管理的需要,成本核算方法应是科学的,不能故弄玄虚,所提

供的资料应是管理上所必需的。因此,企业在确定成本核算对象时,应该"分别主次,区别情况,主要从细,一般从简",对于主要产品,应以每种或每批产品作为成本核算对象,对于某些规格繁多,但耗用原材料和加工过程基本相同的产品,可适当归类,以"类别"作为成本核算对象等。这样,就能保证在主要产品成本资料正确、完整的前提下,适当减少成本核算对象,达到突出重点,简化一般,避免繁琐复杂,合理反映生产经营情况的目的。假如一个企业很小,虽然产品生产属于复杂生产,但管理上不需提供半成品成本资料,就可不必分步核算,而只按最终产品作为成本核算对象就可以了。

第二节　产品成本核算的主要方法

一、产品成本核算的基本方法

如前所述,生产特点和管理要求决定着成本核算对象、成本计算期和生产费用在完工产品与在产品之间的分配,而成本核算对象、成本计算期和生产费用在完工产品与在产品之间的分配三者有机地结合在一起,就构成了不同的成本计算方法。由于成本计算方法是以成本计算对象命名的,所以,在实际工作中就形成了三种基本的成本计算方法,即品种法、分批法和分步法。

以产品品种作为成本计算对象,归集生产费用,计算产品成本的方法称为品种法。品种法一般适用于大量大批单步骤生产或管理上不要求分步骤计算成本的多步骤生产企业。

以产品批别作为成本计算对象,归集生产费用,计算产品成本的方法称为分批法。分批法适用于单件小批生产或管理上不要求分步骤计算成本的多步骤生产企业。

以产品的生产步骤作为成本计算对象,归集生产费用,计算产品成本的方法称为分步法。分步法适用于大量大批多步骤生产,而且管理上要求分步骤计算成本的企业。

上述三种方法是计算产品实际成本必不可少的方法,因而是产品成本计算的基本方法。生产特点和管理要求与成本核算对象及方法的关系,如表5－1所示。

表 5 - 1　生产特点和管理要求与成本计算对象及方法的关系

生产特点和管理要求		成本计算对象	成本计算方法
生 产 组 织	生产工艺过程和管理要求		
大量大批生产	单步骤生产或管理上不要求分步骤计算成本的多步骤生产	产品品种	品种法
单件小批生产	同上	产品批别	分批法
大量大批生产	管理上要求分步骤计算成本的多步骤生产	生产步骤	分步法

二、产品成本核算的辅助方法

在实际工作中,除了上述三种成本核算的基本方法外,企业还采用一些其他的成本核算方法,如分类法和定额法等。但是,这些成本计算方法都不是一种独立的成本计算方法,它们必须与三种成本计算的基本方法结合起来才能使用。

分类法是以产品类别作为成本计算对象来归集生产费用,计算各类产品成本,然后再按照一定标准在类内各种产品之间进行分配,以计算各种品种、规格产品成本的一种方法。在企业产品品种、规格繁多,如果以产品品种、规格作为成本计算对象进行成本核算会使工作量较大时,为了简化成本计算工作,可以采用分类法计算产品成本。所以,分类法适用于产品品种、规格繁多,但每类产品的结构、所用原材料、生产工艺过程基本相同的企业。

定额法是以产品定额为基础,加上(或减去)脱离定额的差异和定额变动差异来计算产品成本的一种方法。在定额管理基础较好的企业,为了加强生产费用和产品成本的定额管理,加强成本控制,可以采用定额法来计算产品成本。所以,定额法适用于定额管理基础工作较好、定额管理制度比较健全、产品生产已定型、消耗定额制定得合理且稳定的企业,如机械制造的生产企业。

需要指出的是,分类法和定额法与生产特点没有直接关系,不论哪种类型的生产,只要具备这些条件,都可以采用分类法或定额法核算生产费用,计算产品成本。

此外,在西方发达国家的企业中,还采用以下两种计算方法:

(1)为了加强企业内部成本控制和分析,采用只计算产品的标准成本,而将成本差异直接计入当期损益的标准成本法。

（2）为了更好地为企业的生产经营决策提供数据，采用只计算产品的变动成本，而将固定成本直接计入当期损益的变动成本法。

这两种方法是西方管理会计的组成部分。

分类法、定额法、标准成本法和变动成本法，从计算产品实际成本的角度来说，都不是必不可少的，因而统称为产品成本计算的辅助方法。但是，这些方法也很重要。例如，定额法和标准成本法对于控制生产费用、加强成本分析有着重要作用；变动成本法为加强企业短期的生产经营决策，发挥着很好的作用。

在工业企业中，根据生产特点和管理要求确定不同的成本计算对象，采用不同的成本计算方法，主要是为了结合企业产品生产的特点，加强成本管理，提供准确可靠的成本核算资料，满足有关各方了解企业生产耗费情况和成本水平的需要。因此，不论哪种生产类型，也不论成本管理要求如何，采用哪种成本计算方法，最终都必须按照产品品种计算出产品成本。所以，品种法是三种基本方法中最基本的成本计算方法。学好品种法，对其他方法的学习非常重要。

第三节　各种成本核算方法的实际应用

前面我们根据各种类型生产的特点和管理要求，分别讲述了产品成本核算的品种法、分批法和分步法三种基本方法，以及分类法和定额法两种辅助方法。这些都是典型的成本核算方法。但是，在实际工作中，一个企业的各个车间，一个车间的各种产品，它们的生产特点和管理要求并不一定完全相同，因而在一个企业或一个车间中，就有可能同时采用几种不同的成本核算方法。即使是一种产品，在该种产品的各个生产步骤，各种半成品之间，它们的生产特点和管理要求也不一定相同，因而也有可能将几种成本核算方法结合起来应用。

一、成本核算方法的同时应用

成本核算方法的同时应用，是指在一个企业或车间中，同时采用不同的成本计算方法。工业企业的生产分为基本生产与辅助生产两类，由于基本生产车间和辅助生产车间的生产类型不同，因而常采用的成本核算方法也就不同。例如，纺织厂的纺纱和织布基本生产车间，一般属于大量大批多步骤生产，应该采用分步法计算纱和布的成本；而厂内供电、供气这两个辅助生产车间属于大量大批单步骤生产，则应采用品种法计算电和气的成本。又如，木器制品厂生产的各种木器,对于已经定型且大量大批生产的可采用分步法计算成本。对于那些正在试制阶段或试制刚刚成功的,应该采用分批法计算成本。

二、成本核算方法的结合应用

成本核算方法的结合应用,是指在同一种产品的成本核算中,常常结合应用不同的成本计算方法。一种产品所经过的不同生产步骤,由于其生产特点和管理要求不同,所以采用的成本计算方法也就不同。例如,小批单件生产的机械厂,铸造车间采用品种法计算各种铸件的成本;加工装配车间可采用分批法计算各批产品的加工成本;而在铸造和加工装配车间,则可采用逐步结转分步法结转铸件的成本,这样,该厂就是在分批法的基础上,结合采用了品种法和分步法。又如,食品厂所产各种食品的成本,由于食品生产属于大量大批单步骤生产,且产品的规格品种繁多,可在品种法的基础上结合应用分类法计算成本。先采用品种法计算各大类食品的成本,然后采用分类法分配计算同类食品中不同品种、规格产品的成本。再如,在大量大批多步骤生产的企业中,如果定额管理基础较好,则可在分步法的基础上,结合采用定额法计算产品成本。

综上所述,工业企业的实际情况复杂多样,管理要求又各不相同,因而采用的成本核算方法也是多种多样的。应用时,应当根据企业的生产特点和管理要求,并结合企业生产规模的大小及管理水平的高低等实际情况,从实际出发,将成本核算的各种方法灵活地加以应用。

本 章 小 结

1. 企业应根据本企业产品的生产特点和管理要求来确定适当的成本核算方法。工业企业计算产品的基本方法有品种法、分批法和分步法三种。成本计算的辅助方法有分类法、定额法等。

2. 生产特点对成本计算方法的影响主要表现在以下三个方面:一是影响成本核算对象;二是影响成本计算期;三是影响生产费用归集和分配的方法和程序。

3. 各种成本核算方法在实际工作中是综合应用的,它包括成本核算方法的同时应用和结合应用。

4. 产品成本核算方法的同时应用是指在一个企业或车间中,同时采用不同的成本计算方法。比如,甲企业的 A 产品采用的是品种法,而 B 产品可能采用的是分批法。

5. 产品成本核算方法的结合应用是指在同一种产品的成本核算中,常常结合应用不同的成本计算方法。

关 键 术 语

简单生产 复杂生产 大量生产 成批生产 单件生产 成本计算对象 成本计算期

思 考 题

1. 生产特点和管理要求对成本核算方法的影响主要表现在哪些方面?

2. 在实际工作中,各种成本核算方法是怎样运用的?

3. 什么是成本核算方法的同时应用? 什么是成本核算方法的结合应用?

第六章　产品成本核算的品种法

内容提要

　　本章主要阐述了产品成本核算的基本方法——品种法。在概括讲述产品成本计算品种法的概念、适用范围和基本特点的基础上，举例说明了品种法的成本计算程序和具体应用。品种法是成本计算方法中最基本的一种，其他各种方法都是在品种法的基础上发展而来的。因此，理解并掌握品种法，对其他方法的学习非常重要。

第一节　品种法概述

一、品种法及其适用范围

　　产品成本核算的品种法又称简单法，是指以产品品种为成本计算对象归集生产费用，计算产品成本的一种方法。品种法一般适用于大量大批简单生产的企业，如发电、采掘等企业，以及管理上不要求分步骤计算成本的大量大批复杂生产的小型企业，如小型化肥厂、水泥厂等企业。工业企业的供电、供水等辅助生产车间也可以应用品种法计算产品成本。

二、品种法的基本特点

（一）成本计算对象

直接以产品品种作为成本计算对象，如果企业只生产一种产品，成本计算对象就是该种产品,只需为这种产品设置一个基本生产成本明细账,并分别成本项目登记生产费用。在这种情况下,本月发生的一切生产费用都是直接费用,可以直接计入产品成本,不需将生产费用在各种产品之间分配。如果生产几种产品,就需要以每种产品作为成本计算对象,分别设置基本生产成本明细账,直接费用直接计入各该产品基本生产成本明细账中有关成本项目,间接费用先按发生地点归集,月终再分配计入各个产品基本生产成本明细账中的有关成本项目。

（二）成本计算期

由于大量大批连续生产,产品不断投产,陆续完工,为了考核报告期内产品成本情况,应当按月计算产品成本,产品成本计算期与生产周期不一致,而与会计报告期是一致的。

（三）生产费用在完工产品与在产品之间的分配

大量大批简单生产的企业,一般没有在产品或月末在产品很少,为了简化核算工作,一般不计算月末在产品成本,各产品基本生产成本明细账中归集的全部生产费用,就是各该产品的总成本,除以产品产量,就可求得各该产品的单位成本。在大量大批复杂生产的企业,月末一般都有在产品,而且数量较多,还需要将各该产品基本生产成本明细账中所归集的全部生产费用,采用适当方法在完工产品与在产品之间进行分配,以便计算完工产品成本和月末在产品成本。

综上所述,我们可以看出:品种法是产品成本核算的最基本方法。这种方法虽然简单,但它包含着各种成本计算方法的基本原理,其他成本计算方法都是在品种法基础上的进一步发展和综合应用。

第二节　品种法举例

【例6-1】　假设汉江铸造厂有一个基本生产车间——铸造车间,大量大批生产甲、乙、丙三种产品,另有一辅助生产车间——机修车间,为基本生产车间和厂部提供修理劳务。该厂采用品种法计算产品成本,6月份有关成本计算的资料如下所述。

一、归集和分配各项要素费用

6月份发生的各项要素费用,已根据有关凭证编制各种分配计算表如下所述。

（一）耗用材料分配汇总表

材料费用分配表，如表6-1所示。

表6-1　材料费用分配表

20××年6月　　　　　　　　　　　　　　　　　　　单位：元

应 记 账 户		原料及主要材料	辅助材料	合　　计
总 账 账 户	明细账户			
基本生产成本	甲 产 品	200 900	37 900	238 800
	乙 产 品	43 560	14 690	58 250
	丙 产 品	21 140	4 730	25 870
	小　　计	265 600	57 320	322 920
辅助生产成本	机修车间	—	1 600	1 600
制造费用	铸造车间	—	3 100	3 100
合　　计		265 600	62 020	327 620

（二）外购动力费用分配表

外购动力费用分配表，如表6-2所示。

表6-2　外购动力费用分配表

20××年6月

应 记 账 户		产量（件）	分　配　率	分配金额（元）
总 账 账 户	明细账户			
基本生产成本	甲 产 品	28 000	—	19 600
	乙 产 品	3 500	—	2 450
	丙 产 品	1 100	—	770
	小　　计	32 600	0.7	22 820
辅助生产成本	机修车间	—		340
管理费用		—		1 100
合　　计		—		24 260

（三）职工薪酬分配表

职工薪酬分配表，如表6-3所示。

表6-3　职工薪酬分配表

20××年6月

应 记 账 户		生产工时（工时）	分配率	分配金额（元）
总 账 账 户	明 细 账 户			
基本生产成本	甲 产 品	28 000	—	8 400
	乙 产 品	10 500	—	3 150
	丙 产 品	3 300	—	990
	小　计	41 800	0.3	12 540
辅助生产成本	机修车间	—	—	1 460
制造费用	铸造车间	—	—	2 200
管理费用		—	—	4 500
合　　计				20 700

（四）固定资产折旧计提表

固定资产折旧计提表，如表6-4所示。

表6-4　固定资产折旧计提表

20××年6月　　　　　　　　　　　　　　　　单位：元

应 记 账 户		计 提 数 额
总 账 账 户	明 细 账 户	
制造费用	铸造车间	6 000
辅助生产成本	机修车间	3 000
管理费用		3 000
合　　计		12 000

（五）其他费用分配表

根据有关付款凭证汇总，6月份直接以银行存款、现金支付的其他费用。其他费用分配表,如表6-5所示。

表6-5　其他费用分配表

20××年6月　　　　　　　　　　　　　　　单位:元

应 记 账 户			金 额
总账账户	明细账户	费用项目	
制 造 费 用	铸 造 车 间	水 电 费	1 600
		劳动保护费	1 200
		其他费用	1 600
		小　计	4 400
辅助生产成本	机 修 车 间	水 电 费	400
		其他费用	400
		小　计	800
管 理 费 用		办 公 费	900
		差 旅 费	1 200
		运 输 费	2 500
		其他费用	1 520
		小　计	6 120
合　计			11 320

二、归集和分配辅助生产费用

根据有关费用分配表登记的辅助生产成本明细账,如表6-6所示。

表6-6　辅助生产成本明细账

车间:机修车间　　　　　　　　　　20××年6月

日期	凭证号数	摘　要	职工薪酬	折旧费	动力费	水电费	机物料	其他	合计
		分配职工薪酬	1 460						1 460
		计提折旧		3 000					3 000
		分配外购动力费			340				340

（续表）

日期	凭证号数	摘　　要	职工薪酬	折旧费	动力费	水电费	机物料	其他	合计
（略）		支付水电费				400			400
		分配材料费					1 600		1 600
		支付其他费用						400	400
		本月合计	1 460	3 000	340	400	1 600	400	7 200

月终，将辅助生产成本明细账中归集的费用汇总后，根据各受益单位的受益数量，采用一定方法（本例是采用直接分配法）进行分配，辅助生产费用分配表，如表6-7所示。

表6-7　辅助生产费用分配表

车间：机修车间　　　　　　　　　20××年6月

应　记　账　户		修理工时（工时）	分　配　率	分配金额（元）
总账账户	费用项目			
制造费用	修理费	650	—	5 200
管理费用	修理费	250	—	2 000
合　　　计		900	8.00	7 200

三、归集和分配制造费用

根据有关费用分配表，登记制造费用明细账，月终，将制造费用明细账中归集的费用采用一定方法（本例采用工时比例法）在各个产品之间进行分配。制造费用明细账和制造费用分配表，分别如表6-8和表6-9所示。

四、完工产品成本与在产品成本的计算

该厂采用约当产量法分配产成品和月末在产品的成本。各种产品的投料方式、完工程度、产成品完工数量和月末在产品数量等资料，如表6-10所示。

表 6 - 8　制造费用明细账

车间：铸造车间　　　　　　　20××年 6 月

年		凭证号数	摘　要	职工薪酬	折旧费	修理费	水电费	机物料	劳保费	其他	合计
月	日										
			分配职工薪酬	2 200							2 200
			计提折旧		6 000						6 000
			分配修理费			5 200					5 200
			支付水电费				1 600				1 600
			分配材料					3 100			3 100
			支付劳动保护费						1 200		1 200
			支付其他费用							1 600	1 600
			本月合计	2 200	6 000	5 200	1 600	3 100	1 200	1 600	20 900

表 6 - 9　制造费用分配表

车间：铸造车间　　　　　　　20××年 6 月

产 品 名 称	生产工时（工时）	分　配　率	分配金额（元）
甲 产 品	28 000	—	14 000
乙 产 品	10 500	—	5 250
丙 产 品	3 300	—	1 650
合　　计	41 800	0.5	20 900

表 6 - 10　产成品与在产品数量统计表　　　　　　单位：件

产 品 名 称	投料方式	产成品数量	在产品数量	在产品完工程度
甲产品	一次投料	28 000	2 000	50%
乙产品	一次投料	3 500	—	—
丙产品	一次投料	1 100	—	—

（一）基本生产成本明细账

根据上述有关生产费用分配表,登记各个基本生产成本明细账,并计算出完工产品成本和月末在产品成本,分别如表6-11至表6-13所示。

表6-11　基本生产成本明细账

产品:甲产品　　　　　　　　　　　　　　　　　　完工产品数量:28 000件

年		凭证号数	摘　要	成　本　项　目				
月	日			直接材料	直接人工	燃料和动力	制造费用	合　计
			月初在产品成本	16 200	3 200	3 600	3 400	26 400
			分配材料	238 800				238 800
			分配职工薪酬		8 400			8 400
			分配外购动力费			19 600		19 600
(略)	(略)	(略)	分配制造费用				14 000	14 000
			合　计	255 000	11 600	23 200	17 400	307 200
			单位成本	8.5	0.4	0.8	0.6	10.3
			完工产品成本	238 000	11 200	22 400	16 800	288 400
			月末在产品成本	17 000	400	800	600	18 800

表6-12　基本生产成本明细账

产品:乙产品　　　　　　　　　　　　　　　　　　完工产品数量:3 500件

年		凭证号数	摘　要	成　本　项　目				
月	日			直接材料	直接人工	燃料和动力	制造费用	合　计
			分配材料	58 250				58 250
			分配外购动力费			2 450		2 450
			分配职工薪酬		3 150			3 150
(略)	(略)	(略)	分配制造费用				5 250	5 250
			合　计	58 250	3 150	2 450	5 250	69 100
			结转完工产成品成本	58 250	3 150	2 450	5 250	69 100
			单位成本	16.64	0.9	0.7	1.5	19.74

表6－13　基本生产成本明细账

产品：丙产品　　　　　　　　　　　　　　　　　　　　　完工产品数量：1 100件

| 年 | | 凭证号数 | 摘　要 | 成　本　项　目 | | | | |
月	日			直接材料	燃料和动力	直接人工	制造费用	合　计
			分配材料	25 870				25 870
			分配外购动力		770			770
（略）	（略）	（略）	分配职工薪酬			990		990
			分配制造费用				1 650	1 650
			合　　计	25 870	770	990	1 650	29 280
			结转完工产成品成本	25 870	770	990	1 650	29 280
			单位成本	23.52	0.7	0.9	1.5	26.62

（二）编制完工产品成本汇总表

根据各个基本生产成本明细账中的完工产品成本资料，编制完工产品成本汇总表，如表6－14所示。

表6－14　完工产品成本汇总表

20××年6月　　　　　　　　　　　　　　　　　　　　单位：元

| 产品名称 | 产量（件） | 成　本　项　目 | | | | 总成本 | 单位成本（元/件） |
		直接材料	燃料和动力	直接人工	制造费用		
甲产品	28 000	238 000	22 400	11 200	16 800	288 400	10.30
乙产品	3 500	58 250	2 450	3 150	5 250	69 100	19.74
丙产品	1 100	25 870	770	990	1 650	29 280	26.62
合　计	32 600	322 120	25 620	15 340	23 700	386 780	——

根据"完工产品成本汇总表"进行完工产品成本结转的核算，其会计分录

如下：

借：库存商品——甲产品　　　　　　　　　　　　　288 400

　　　　　　——乙产品　　　　　　　　　　　　　69 100

　　　　　　——丙产品　　　　　　　　　　　　　29 280

　　贷：基本生产成本　　　　　　　　　　　　　　　386 780

本　章　小　结

1. 产品成本计算的品种法是以产品的品种作为成本计算对象归集生产费用、计算产品成本的一种方法。这种方法主要适用于大量大批简单生产的企业，如发电、采掘等。

2. 品种法的基本特点表现为：成本计算对象是产品的品种；成本计算期是定期的，一般于月终进行；生产费用在完工产品与在产品之间的分配比较简单。

3. 品种法是产品成本计算的最基本方法，因为其包含着各种成本计算方法的基本原理。

关　键　术　语

品种法　简单法

思　考　题

1. 品种法的适用范围如何？

2. 品种法的基本特点主要表现在哪些方面？

练　习　题

一、目的：练习品种法的计算。

二、资料：

某厂某月由一个生产车间生产甲、乙两种产品，根据该厂实际采用品种法核算产品成本。有关成本资料及产量记录如下：

乙产品期初在产品成本 6 000 元，其中直接材料 3 000 元，直接人工 2 000 元，燃料和动力 400 元，制造费用 600 元，甲产品月初没有在产品。

甲、乙产品本月发生的生产费用，如表 6 - 15 所示。

表 6 - 15　本月生产费用明细表　　　　　　　　单位：元

项　　目	直接材料	直接人工	燃料和动力	制造费用
甲产品	18 000		2 600	
乙产品	12 000		1 400	
合　计	30 000	20 000	4 000	6 000

甲、乙产品产量及生产工时，如表 6 - 16 所示。

表 6 - 16　产品产量及生产工时统计表

已完工产品	期末在产品	工　时	注
甲产品 400 件	200 件	6 000 工时	期末在产品一次投料，加工程度 50%
乙产品 200 件		4 000 工时	

三、要求：

1. 根据上述资料采用品种法计算甲、乙产品的成本（生产费用在完工产品与在产品之间采用约当产量法分配）。

2. 甲、乙产品的直接人工和制造费用采用工时比例法分配。

四、参考答案：

1. 直接人工分配率为 2，制造费用分配率为 0.6。

2. 完工甲产品总成本为 26 560 元，甲产品在产品成本为 9 640 元。

第七章 产品成本核算的分批法

内容提要

本章主要阐述了产品成本核算的基本方法——分批法。在概括讲述产品成本计算分批法的概念、适用范围和基本特点的基础上,举例说明了分批法和简化的分批法的成本计算程序和具体应用。

第一节 分批法概述

一、分批法及其适用范围

分批法又称订单法,是指以产品的批别(或订单)作为成本计算对象归集生产费用,计算产品成本的一种方法。它一般适用于单件小批复杂式生产的企业,如重型机器制造、船舶制造、服装加工、印刷等。企业的新产品试制、自制设备、来料加工和修理作业等也可采用分批法核算产品成本。

二、分批法的基本特点

(一)产品成本计算对象

在采用分批法计算产品成本的企业,生产一般是按照事先规定的规格和数量或购买单位的订货单来组织的。这是因为单件生产或分批生产具有一次性的特点,它可能重复生产,但也是不定期的,即使同时进行几件或几批产品的生产,而件与件之间、批别与批别之间,它们的种类、大小和形态等方面又可能各不相同。所以,应按照每件产品或每批产品作为成本计算对象计算产品成本。基本生产成本明细账按照不同的批别来设置,并分别成本项目进行登记。

(二) 成本计算期

由于分批法是以不同的批别作为成本计算对象来归集生产费用、计算产品成本的,各批产品成本只有在生产周期结束后才能计算,所以成本计算期与产品的生产周期是一致的,即不定期进行,而与会计报告期不一致。

(三) 生产费用的归集与分配

由于分批法是以不同批别作为成本计算对象,所以,生产费用也应以不同批别进行归集。凡是能分清批别的直接费用,如某一批别领用的原材料费用,应直接计入该批别的成本计算单内;凡是要在各个批别进行分配的各项间接费用,如几个批别应共同负担的工资费用、制造费用等,应先按费用发生地点进行归集,然后再采用适当分配方法,分配计入各批产品成本计算单内。当某一批别的产品全部完工时,该批别成本计算单内所归集的生产费用合计数额是该批完工产品的总成本,除以产量,即为单位成本。月终时,凡是未完工产品成本计算单内所归集的生产费用总额,就是该批产品的在产品成本。因此,在一般情况下,分批法不存在生产费用在完工产品与在产品之间的分配问题。但是,当一批产品跨月陆续完工并销售时,月终对于已完工的产品,就要采用一定方法计算其成本。实际工作中,如果批内产品跨月陆续完工的数量不多,为了简化核算工作,对于部分完工的产品成本可以按计划成本、定额成本或以前同样产品的实际成本进行计算。但当该批产品全部完工时,还应重新合并计算该种产品的实际总成本和单位成本。对以前已转出的产成品成本,账面可以不作调整。如果批内跨月陆续完工的数量较多,为了正确计算已完工产品的成本,就应采用适当方法将生产费用在完工产品与在产品之间进行分配,从而计算出完工产品的实际成本和月末在产品成本。

第二节　分批法举例

【例 7 - 1】　假设西宁重型机器制造厂根据订货单位的要求组织生产。该厂采用分批法计算产品成本。20××年 8 月有关产品成本计算资料如下:

7月份投产车床10台,批号为701,本月全部完工;

8月份投产镗床20台,批号为801,月末全部未完工;

8月份投产刨床20台,批号为802,当月完工10台,成本按单位定额成本计价,该产品单位定额成本为1 980元,其中:直接材料1 600元,燃料和动力70元,直接人工200元,制造费用110元。

6月份投产磨床90台,批号为601,本月完工60台,其余未完工。因完工产品数量占批量的比重较大,生产费用要求按完工产品的数量与在产品的约当产量进行分配。期末在产品的数量及约当产量计算表,如表7-1所示(原材料成本按完工产品与在产品的实际数量进行分配)。

表7-1　磨床在产品数量及约当产量计算表

工　序	完工程度（%）	在产品（台）		产成品数量（台）	约当生产总量（台）
		盘存数	约当产量		
1	25	2	0.5		
2	35	5	1.75		
3	65	9	5.85		
4	80	6	4.80		
5	88.75	8	7.10		
合　计		30	20	60	80

一、各批产品期初在产品成本

各批产品期初在产品成本,如表7-2所示。

表7-2　各批产品期初在产品成本　　　　单位:元

产品名称及批号	月份	直接材料	燃料和动力	直接人工	制造费用	合　计
601# 磨床	6月	8 000	600	2 600	1 900	13 100
601# 磨床	7月	15 000	400	3 000	2 100	20 500
701# 车床	7月	1 000	100	300	200	1 600
合　计	—	24 000	1 100	5 900	4 200	35 200

二、本期各项要素费用发生情况

要素费用分配表,如表7-3所示。

表7-3 要素费用分配表

20××年8月 单位:元

应记账户	费用项目	材料费	职工薪酬	外购动力	折旧费	其他支出	合 计
基本生产成本	801# 镗床	5 000	2 000	400			7 400
	701# 车床	20 000	3 000	600			23 600
	802# 刨床	30 000	3 600	1 200			34 800
	601# 磨床	22 000	3 200	200			25 400
	小 计	77 000	11 800	2 400	—	—	91 200
辅助生产成本		1 030	320	70	100	80	1 600
制造费用		550	2 400	120	500	830	4 400
合 计		78 580	14 520	2 590	600	910	97 200

三、辅助生产成本、制造费用等明细账和分配表

辅助生产费用按提供劳务量的百分比分配,制造费用按生产工时分配。辅助生产成本和制造费用的明细账和分配表,分别如表7-4至表7-7所示。

表7-4 辅助生产成本明细账

车间:机修车间 20××年8月

费用项目	职工薪酬	办公费	机物料	折旧费	水电费	修理费	其他	合计
本期费用	320	30	1 030	100	70	—	50	1 600

表7-5 辅助生产费用分配表

20××年8月

应 记 账 户	分配率(%)	分配金额(元)
制造费用	75	1 200
管理费用	25	400
合 计	100	1 600

表 7 - 6　制造费用明细账

20××年 8 月

费用项目	职工薪酬	办公费	机物料	折旧费	修理费	水电费	其他	合 计
本期费用	2 400	30	550	500	1 200	120	800	5 600

表 7 - 7　制造费用分配表

20××年 8 月

产品名称及批号	生产工时(工时)	分 配 率	分配金额(元)
601# 磨床	4 000	—	1 600
701# 车床	3 000	—	1 200
802# 刨床	5 000	—	2 000
801# 镗床	2 000	—	800
合　　计	14 000	0.4	5 600

四、各批产品的基本生产成本明细账

根据月初在产品成本、要素费用分配表、辅助生产费用分配表和制造费用分配表登记各批产品的基本生产成本明细账,并计算完工产品及月末在产品成本。基本生产成本明细账,分别如表 7 - 8 至表 7 - 11 所示。

表 7 - 8　基本生产成本明细账

产品批号:801#　　　　　　　投产批量:20 台　　　　　　投产日期:20××年 8 月
产品名称:镗床　　　　　　　完工产量:　　　　　　　　　完工日期:

月	日	摘　　要	直接材料	燃料和动力	直接人工	制造费用	合 计
8	31	本月发生额	5 000	400	2 000	800	8 200

表 7 - 9　基本生产成本明细账

产品批号:802#　　　　　　　投产批量:20 台　　　　　　投产日期:20××年 8 月
产品名:刨床　　　　　　　　完工产量:10 台　　　　　　完工日期:

月	日	摘　　要	直接材料	燃料和动力	直接人工	制造费用	合 计
8	31	本月发生额	30 000	1 200	3 600	2 000	36 800
		转出完工产品成本	16 000	700	2 000	1 100	19 800
		月末在产品成本	14 000	500	1 600	900	17 000

表 7-10　基本生产成本明细账

产品批号：701#　　　　　　　投产批量：10 台　　　　　　投产日期：20××年 7 月
产品名称：车床　　　　　　　完工产量：10 台　　　　　　完工日期：20××年 8 月

月	日	摘　要	直接材料	燃料和动力	直接人工	制造费用	合　计
7	31	本月发生额	1 000	100	300	200	1 600
8	31	本月发生额	20 000	600	3 000	1 200	24 800
		合　计	21 000	700	3 300	1 400	26 400
		完工产品总成本	21 000	700	3 300	1 400	26 400
		单位成本	2 100	70	330	140	2 640

表 7-11　基本生产成本明细账

产品批号：601#　　　　　　　投产批量：90 台　　　　　　投产日期：20××年 6 月
产品名称：磨床　　　　　　　完工产量：60 台　　　　　　完工日期：

月	日	摘　要	直接材料	燃料和动力	直接人工	制造费用	合　计
6	30	本月发生额	8 000	600	2 600	1 900	13 100
7	31	本月发生额	15 000	400	3 000	2 100	20 500
8	31	本月发生额	22 000	200	3 200	1 600	27 000
		合　计	45 000	1 200	8 800	5 600	60 600
		结转完工产品总成本	30 000	900	6 600	4 200	41 700
		单位成本	500	15	110	70	695
		月末在产品成本	15 000	300	2 200	1 400	18 900

五、根据完工产品成本明细账，编制产品成本汇总表

产品成本汇总表，如表 7-12 所示。

表 7-12　产品成本汇总表

20××年 8 月　　　　　　　　　　　　　　　　　　　　单位：元

产品名称	产量（台）	直接材料	燃料和动力	直接人工	制造费用	总成本	单位成本（元/台）
车　床	10	21 000	700	3 300	1 400	26 400	2 640
刨　床	10	16 000	700	2 000	1 100	19 800	1 980

（续表）

产品名称	产量(台)	直接材料	燃料和动力	直接人工	制造费用	总成本	单位成本(元/台)
磨 床	60	30 000	900	6 600	4 200	41 700	695
合 计	—	67 000	2 300	11 900	6 700	87 900	—

第三节 简化的分批法

一、简化分批法及其适用范围

在小批单件生产的企业或车间中，如果同一月份投产的产品批数很多，几十批甚至上百批，且月末有未完工产品的批数也较多，如机械制造厂或修配厂就属于这种情况。在这种情况下，如果各项间接费用采用当月分配法，即将当月发生的间接费用全部分配给各批产品，而不管各批产品是否已经完工，费用分配的核算工作将非常繁重。因而为了简化核算工作，在这类企业或车间中还采用另外一种方法，即简化分批法（累计间接费用分配法）。

二、简化分批法的主要特点

采用这种方法，每月发生的各项间接费用不是按月在各批产品之间进行分配，而是将其先分别累计起来，到产品完工时，按照完工产品累计工时的比例，在各批完工产品之间再进行分配。其计算公式如下：

$$\frac{\text{全部产品累计}}{\text{间接费用分配率}} = \frac{\text{全部产品累计间接费用}}{\text{全部产品累计工时}}$$

$$\frac{\text{某批完工产品应}}{\text{负担的间接费用}} = \frac{\text{该批完工产}}{\text{品累计工时}} \times \frac{\text{全部产品累计}}{\text{间接费用分配率}}$$

为了按月提供企业或车间全部产品的累计生产费用和累计工时（实用工时或已完成的定额工时）资料，必须设立产品成本二级账。

采用这种方法，仍应按照产品批别设立产品成本明细账，但在各批产品完工之前，账内只需按月登记直接费用（如材料费用）和生产工时，而不必按月分配、登记各项间接费用，计算各批在产品成本；只有在有完工产品的那个月份，才按上列公式计算、登记完工产品成本。而全部产品的在产品成本则只以总数反映在产品成本二级账中。基于这种方法只对完工产品分配间接费用,而不分批计算在产品成本的特点,因而又称其为不分批计算在产品成本的分批法。

【例 7-2】 某工业企业小批生产多种产品,由于产品批数多,为了简化成本计算工作,采用简化的分批法——累计间接费用分配法计算成本。该企业 9 月份的产品批号有:

9210 号:甲产品 6 件,7 月投产,本月完工;

9211 号:甲产品 8 件,8 月投产,尚未完工;

9241 号:乙产品 12 件,8 月投产,本月完工 2 件;

9261 号:丙产品 5 件,9 月投产,尚未完工。

该企业设立的产品成本二级账,如表 7-13 所示。

表 7-13 　产品成本二级账(各批产品总成本)

月	日	摘　要	直接材料	生产工时	直接人工	制造费用	合　计
8	31	余　额	30 120	62 000	23 850	36 060	90 030
9	30	本月发生	24 100	101 500	41 550	45 690	111 340
9	30	累　计	54 220	163 500	65 400	81 750	201 370
9	30	全部产品累计间接费用分配率	—	—	0.4	0.5	—
9	30	本月完工产品转出	10 365	41 460	16 584	20 730	47 679
9	30	余　额	43 855	122 040	48 816	61 020	153 691

在表 7-13 产品成本二级账中,8 月 31 日余额系 8 月月末在产品的生产工时和各项费用。本月发生的原材料费用和生产工时,应根据本月原材料费用分配表、生产工时记录,与各批产品成本明细账平行登记;本月发生的各项间接费用,应根据各该费用分配表汇总登记。全部产品累计间接费用分配率,以直接人工费为例,其计算如下:

$$直接人工费累计分配率 = \frac{65\ 400}{163\ 500} = 0.4(元/小时)$$

本月完工转出产品的原材料费用和生产工时,应根据各批产品成本明细账中完工产品的原材料费用和生产工时汇总登记;各项间接费用,可以根据账中完工产品工时分别乘以各项费用的累计分配率计算登记;也可以根据各批产品成本明细账中完工产品的各该费用分别汇总登记。以账中累计行的各栏数字分别减去本月完工产品转出数,即为9月月末余额数。

该企业设立的各批产品成本明细账,分别如表7-14至表7-17所示。

表7-14　产品成本明细账

产品批号:9210　　　　　　购货单位:红星工厂　　　　　　投产日期:7月
产品名称:甲　　　　　　　批　　量:6件　　　　　　　完工日期:9月

月	日	摘　　要	直接材料	生产工时	直接人工	制造费用	合　　计
7	31	本月发生	5 800	5 430			
8	31	本月发生	1 130	8 870			
9	30	本月发生	1 210	16 700			
9	30	累计数及累计间接费用分配率	8 140	31 000	0.4	0.5	
9	30	本月完工产品转出	8 140	31 000	12 400	15 500	36 040
9	30	完工产品单位成本	1 356.67		2 066.67	2 583.33	6 006.67

表7-15　产品成本明细账

产品批号:9211　　　　　　购货单位:振业公司　　　　　　投产日期:8月
产品名称:甲　　　　　　　批　　量:8件　　　　　　　完工日期:

月	日	摘　　要	直接材料	生产工时	直接人工	制造费用	合　　计
8	31	本月发生	9 840	19 070			
9	30	本月发生	2 980	42 080			

表7-16　产品成本明细账

产品批号:9241　　　　　　购货单位:宝安公司　　　　　　投产日期:8月
产品名称:乙　　　　　　　批　　量:12件　　　　　　　完工日期:9月完工2件

月	日	摘　　要	直接材料	生产工时	直接人工	制造费用	合　　计
8	31	本月发生	13 350	28 630			
9	30	本月发生		14 140			
9	30	累计数及累计间接费用分配率	13 350	42 770	0.4	0.5	

（续表）

月	日	摘　　要	直接材料	生产工时	直接人工	制造费用	合　　计
9	30	本月完工产品（2件）转出	2 225	10 460	4 184	5 230	11 639
9	30	完工产品单位成本	1 112.5		2 092	2 615	5 819.5
9	30	余　　额	11 125	32 310			

表 7 - 17　产品成本明细账

产品批号：9261　　　　　　购货单位：宏远集团　　　　　　投产日期：9 月
产品名称：丙　　　　　　　批　　量：5 件　　　　　　　　完工日期：

月	日	摘　　要	直接材料	生产工时	直接人工	制造费用	合　　计
9	30	本月发生	19 910	28 580			

　　在上列的各批产品成本明细账中，对于没有完工产品的月份，只登记原材料费用（直接费用）和生产工时，如 9211 和 9261 两批产品；对于有完工产品的月份，包括批内产品全部完工或部分完工，除了登记本月发生的原材料费用和生产工时及其累计数外，还应根据产品成本二级账登记各项间接费用的累计分配率。9210 批产品，月末全部完工，因而其产品成本明细账中累计的原材料费用和生产工时，就是完工产品的原材料费用和生产工时，以其生产工时分别乘以各项间接费用累计分配率，即为完工产品的各项间接费用。9241 批产品，月末部分完工、部分在产，因而还应在完工产品与在产品之间分配费用。该种产品所耗原材料在生产开始时一次投入，因而原材料费用按完工产品与在产品的数量比例分配，完工产品工时按定额工时计算。

　　上述简化的分批法，与前述一般的分批法的区别在于：各批产品之间分配间接费用的工作和完工产品与在产品之间分配费用的工作，都是利用累计间接费用分配率，到产品完工时合并在一起进行的，这就大大地简化了费用的分配和登记工作，月末未完工产品的批数越多，核算工作就越简化。但是这种方法只适用于各月间接费用水平相差不多的情况下采用，否则就会影响各月产品成本核算的正确性。

本 章 小 结

1. 产品成本计算的分批法是以产品的批别为对象归集生产费用，计算产品成本的一种方法。该方法主要适用于单件小批复杂式生产企业。

2. 分批法的特点为：成本计算对象是产品的"批别"；成本计算期不定期，一般何时完工何时计算完工产成品成本，一般不存在生产费用在完工产品与在产品之间的分配问题，如果当一批产品跨月陆续完工并对外销售时，月终应采用一定方法计算已完工产品的实际成本。

关 键 术 语

分批法　简化的分批法　订单法

思 考 题

1. 分批法的主要特点是什么？其适用范围如何？
2. 简化的分批法主要在哪些方面简化了成本核算工作？

练 习 题

习 题 一

一、目的：练习分批法的应用。

二、资料：

某厂20××年11月份有关成本核算资料如下：

1. 生产计划摘录，如表7-18所示。

表7-18　生产计划摘录　　　　　　　　　　　单位：件

产品名称	订单批号	计划产量	投产日期	11月份实际完工产量	11月月末在产品
甲产品	901	100	10月投产	100	
乙产品	902	130	11月投产	100	30

2. 10月份901批号产品成本计算单记录：

摘要	直接材料	燃料和动力	直接人工	制造费用	合计
10月份费用发生额	10 500	200	1 000	300	12 000

3. 本月(11月)各项费用归集与分配记录：

摘要	(901)甲产品	(902)乙产品	合计
材料费用分配表	260	18 200	18 460
燃料和动力费用分配表	150	391	541
直接人工	450	2 001	2 451
制造费用归集			570

4. 11月份工时记录：901# 220工时；902# 920工时。

三、要求：

分别开设901#、902#产品成本计算单，并计算11月份各批产品成本（制造费用分配采用当月工时比例分配法；902#乙产品的月末在产品成本采用约当产量法进行计算，在产品完工程度为50%，原材料系一次投入）。

四、参考答案：

1. 制造费用分配率为0.5。

2. 完工甲产品总成本为12 970元，单位成本为129.70元。

3. 完工乙产品总成本为16 480元；单位成本为164.80元，在产品成本为4 572元。

习 题 二

一、目的：练习简化分批法的应用。

二、资料：

设某企业9月份生产901#批等数个批号的产品，成本计算采用简化分批法。有关资料如下：

1. "基本生产成本"二级账记录：本月累计产品生产费用131 400元，其中：直接材料89 400元，直接人工27 000元，制造费用15 000元；本月累计工时30 000；

2. 901#批号成本计算单列示本月累计直接材料40 000元，6 000工时；

3. 901#批号本月完工4件，6件尚未完工，该批产品原材料在开工时一次投入，月末在产品的定额工时共计3 480工时。

三、要求：

编制 901# 批号产品成本计算单，并计算该批产品的完工产品成本和月末在产品成本（采用间接费用累计分配法进行间接费用的分配）。

四、参考答案：

1. 901# 产品成本计算表，如表 7-19 所示。

表 7-19　产品成本计算表

批号：901#　　　　　　　　　　20××年9月

20××年		摘　　要	直接材料	工　时	直接人工	制造费用	成本合计
月	日						
9	30	累计及分配率	40 000	6 000	0.9	0.5	
		完工 4 件转出	16 000	2 520	2 268	1 260	19 528
		完工产品单位成本	4 000	630	567	315	4 882
		在产品成本	24 000	3 480			

2. 间接费用累计分配率为：

(1) 直接人工分配率＝27 000÷30 000＝0.9

(2) 制造费用分配率＝15 000÷30 000＝0.5

3. 完工 4 件的直接材料费用＝$\dfrac{40\,000}{10}×4＝16\,000$（元）。

第八章　产品成本核算的分步法

内容提要

　　本章主要阐述产品成本核算的基本方法——分步法。在概括讲述分步法的概念、适用范围和基本特点的基础上,举例说明了逐步结转分步法和平行结转分步法的成本计算程序及具体应用。

第一节　分步法概述

一、分步法及其适用范围

　　分步法是指以每种产品及其所经过的各个步骤为成本计算对象归集生产费用,计算产品成本的一种方法。这种方法适用于大量大批连续式复杂生产的企业,如纺织、造纸、冶金等企业,在大量大批装配式复杂生产的机械制造企业,也可采用分步法计算产品成本。

二、分步法的基本特点

(一)成本计算对象

　　在大量大批连续式复杂生产的企业,产品的生产要经过若干个步骤的加工,除最后一个步骤所生产出来的是成品外,其他各个步骤生产完成的都是各种不同的半成品。这些半成品要送往下一步骤继续加工,有的也可能对外销售。为了加强各生产步骤的成本管理,并计算出完工产品的成本,就应该以每种产品及其所经过的生产步骤作为成本计算对象来归集生产费用，计算每种产品的成本。如果企业只生产一种产品，成本计算对象就是该种产品及其所经过的各个生产步骤，成本计算单应按生产步骤设置。如果企业生产多种产品，成品计算对象就是各种产品及其所经过的各个生产步骤，成本计算单应按每种产品分别生产步骤来设置。对于直接费用，要直接计入各个成本计算对象；对于间接费用，应先按生产步骤归集，月终再分配计入各个成本计算对象。

（二）成本计算期

成本计算按月进行。由于大量、大批复杂式生产的企业，材料不断投入，产品陆续完工，为了进行成本考核与管理就应该定期按月进行成本计算。这样，成本计算期与会计报告期是一致的，而与生产周期不一致。

（三）生产费用在完工产品与在产品之间的分配

由于大量大批复杂式生产的企业，月末经常存在着一定数量的在产品，因此，月终计算成本时，要将成本计算单中归集的生产费用，在完工产品与在产品之间进行分配，以求得完工产品成本和期末在产品成本。

在采用分步法计算产品成本时，生产费用的归集和分配方法，基本上与品种法相同，所不同的主要是半成品成本的结转方式，可根据成本管理的不同要求分别采用逐步结转和平行结转，这就形成了逐步结转分步法和平行结转分步法两种方法。

第二节　逐步结转分步法

一、逐步结转分步法的概念及适用范围

逐步结转分步法又称顺序结转分步法，是指以各种产成品及其所经过的各生产步骤的半成品为成本计算对象，按照产品加工步骤的顺序，逐步计算结转半成品成本，上一步骤所生产半成品的成本要随着半成品实物的转移而进行结转，直至最后一个步骤计算出产成品的成本的一种方法。这种方法适用于大量、大批连续式复杂生产的企业。在这类企业中，生产的半成品既可自用，继续结转到下一步骤进行加工，又可作为商品对外销售。例如，棉纺织厂生产的棉纱，既可

供本厂织布自用,又可作为商品产品对外销售。有些企业生产的半成品虽然不对外销售,但在国民经济中具有独立的经济意义,需要在同行业中进行成本评比,也可以采用逐步结转分步法计算产品成本。

二、逐步结转分步法的计算程序

逐步结转分步法计算产品成本的基本程序是:首先,根据第一步骤发生的原材料费用和加工费用,计算第一步骤的半成品成本,随着半成品实物转移到第二个生产步骤继续加工,其成本也结转到第二个生产步骤的成本计算单中;其次,将第一步骤转来的半成品成本加上第二步骤所耗用的原材料和加工费用,计算出第二步骤的半成品成本,再随着半成品实物的转移,将其成本从第二步骤成本计算单中转入第三步骤的成本计算单中,这样,按照加工程序,逐步计算和结转半成品成本,在最后一个步骤,就可以计算出产成品的成本,逐步结转分步法程序图,如图8-1所示。

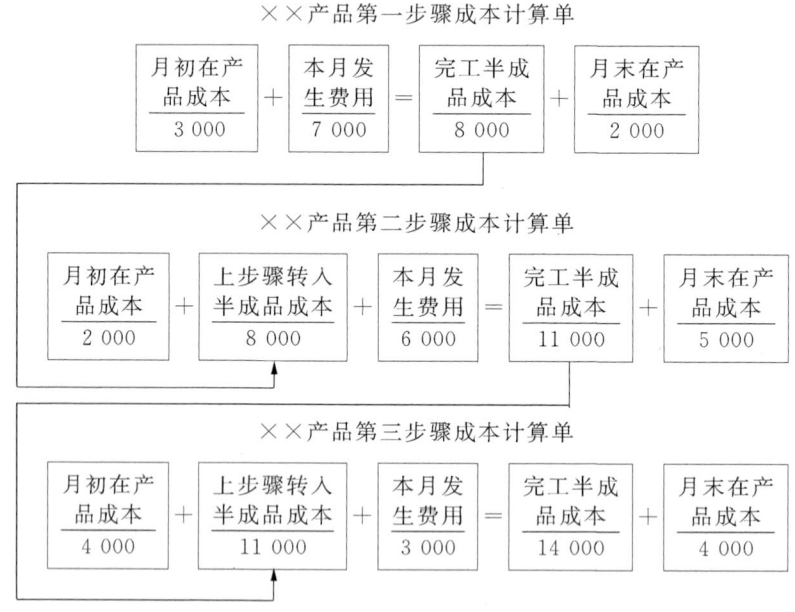

图8-1　逐步结转分步法程序图

从图8-1可以看出:各步骤半成品完工以后直接为下一步骤领用,所以,完工半成品的成本就可直接转入下步骤的成本计算单内。如果各步骤完工的半成品是通过半成品仓库收发,就要通过"自制半成品"账户来核算。在验收入库时,应借记"自制半成品"账户,贷记"基本生产成本"账户;下步骤领用时,再作相反的会计分录。"自制半成品"账户应按照自制半成品的类别和品种设置明细账,其收发的明细核算和发出半成品的实际成本计算,可比照材料的明细核算进行处理。

三、生产费用在完工产品与在产品之间的分配方法

采用逐步结转分步法的企业,月末为了计算各个生产步骤的完工产品成本,需要把成本计算单上登记的生产费用,采用适当方法在完工产品与在产品之间进行分配。这里所说的完工产品,是指前几个步骤完工的半成品和最后步骤完工的产成品,这里所说的在产品是指各生产步骤月末实际结存的在产品,即狭义在产品。各生产步骤应分配的费用既包括本步骤期初结存的在产品成本和本步骤当月发生的生产费用,也包括当月由上步骤转入的半成品成本(第一生产步骤除外)。

四、各步骤半成品成本的结转方式

在采用逐步结转分步法时,根据上步骤半成品的成本在下步骤成本计算单中反映的方式不同,可分为综合结转和分项结转两种方法。

(一)综合结转

综合结转是指各步骤的半成品成本不分成本项目以总额形式结转到下一步骤成本计算单中的"直接材料"成本项目或专设的"自制半成品"成本项目中。这种结转方式计算简便,并能考核各步骤所耗半成品成本的综合指标,便于分析各步骤的产品成本。但这种方法不能反映产成品的原始成本构成,不便于按照产品成本项目分析产品成本的升降原因,为了解决这个问题还需要进行成本还原。所谓成本还原,就是将产成品所耗自制半成品的综合成本,逐步分解为以原始的成本项目表现的成本。成本还原的方法是:从最后一个步骤起依次向前还原,将产成品成本中耗用上一步骤半成品的综合成本,按照上一步骤本月完工半成品成本项目的构成比例,逐步分解还原为原来的成本项目。最后,将各步骤中相同成本项目的金额相加,即为按原始成本项目反映的产成品成本。其计算公式如下:

$$成本还原率 = \frac{本月产成品所耗上步骤半成品成本数额}{本月上步骤所产该种半成品成本合计}$$

$$\text{某成本项目} \atop \text{的还原数额} = \text{上一步骤本月所产该种} \atop \text{半成品的某项成本数额} \times \text{成本还原率}$$

现举例说明综合结转方式下逐步结转分步法的计算程序。

【例 8-1】 假设某企业设有三个基本生产车间,连续生产甲产品。一车间生产甲 A 半成品直接转入二车间;二车间将甲 A 半成品加工成甲 B 半成品直接转入三车间;三车间将甲 B 半成品加工成甲产成品。材料在生产开始时一次投入;加工费用陆续发生,比较均衡,各步骤在产品的完工程度均按 50% 计算;完工产品与在产品的生产费用分配采用约当产量法计算。该厂 6 月份有关成本计算资料,如表 8-1 至表 8-3 所示。

表 8-1 6月份各车间产量资料 单位:件

项 目	一 车 间	二 车 间	三 车 间
月初在产品数量	—	20	40
本月投产或上车间转入数量	220	200	210
本月完工转出数量	200	210	220
月末在产品数量	20	10	30

表 8-2 6月份各车间在产品期初余额 单位:元

项 目	一 车 间	二 车 间	三 车 间	合 计
直接材料	—	—	—	—
自制半成品	—	2 360	5 560	7 920
直接人工	—	100	300	400
制造费用	—	110	360	470
合 计	—	2 570	6 220	8 790

表 8-3 6月份各车间费用发生资料 单位:元

项 目	一 车 间	二 车 间	三 车 间	合 计
直接材料	22 000	—	—	22 000
直接人工	1 680	2 050	3 225	6 955
制造费用	2 100	2 255	3 870	8 225
合 计	25 780	4 305	7 095	37 180

根据上述资料计算各车间的成本如下：

（1）甲产品一车间成本计算单，如表 8 - 4 所示。

表 8 - 4 甲产品一车间成本计算单

产品名称：甲 A 半成品　　　　　20××年 6 月　　　　　　　完工产量：200 件

单位：元

日期	凭证号数	摘　要	直接材料	直接人工	制造费用	合　计
		月初在产品成本	—	—	—	—
（略）	（略）	本月发生费用	22 000	1 680	2 100	25 780
		合　计	22 000	1 680	2 100	25 780
		完工结转下车间	20 000	1 600	2 000	23 600
		月末在产品成本	2 000	80	100	2 180

一车间成本计算单中有关成本计算如下：

$$单位产品直接材料费用 = \frac{22\,000}{200 + 20} = 100（元）$$

$$完工半成品直接材料费用 = 200 \times 100 = 20\,000（元）$$

$$月末在产品直接材料费用 = 20 \times 100 = 2\,000（元）$$

$$单位产品直接人工 = \frac{1\,680}{200 + 20 \times 50\%} = 8（元）$$

$$完工半成品的直接人工 = 200 \times 8 = 1\,600（元）$$

$$月末在产品的直接人工 = 20 \times 50\% \times 8 = 80（元）$$

$$单位产品制造费用 = \frac{2\,100}{200 + 20 \times 50\%} = 10（元）$$

$$完工半成品的制造费用 = 200 \times 10 = 2\,000（元）$$

$$月末在产品的制造费用 = 20 \times 50\% \times 10 = 100（元）$$

（2）甲产品二车间成本计算单，见表 8 - 5 所示。

表 8 - 5　甲产品二车间成本计算单

产品名称：甲 B 半成品　　　　　20××年 6 月　　　　　完工产量：210 件

单位：元

日期	凭证号数	摘　　要	自制半成品	直接人工	制造费用	合　　计
		月初在产品成本	2 360	100	110	2 570
（略）	（略）	本步骤发生费用		2 050	2 255	4 305
		上步骤转入费用	23 600			23 600
		合　　计	25 960	2 150	2 365	30 475
		完工结转下车间	24 780	2 100	2 310	29 190
		月末在产品成本	1 180	50	55	1 285

二车间成本计算单中有关成本计算如下：

$$单位产品自制半成品成本=\frac{2\,360+23\,600}{210+10}=118（元）$$

$$完工半成品的自制半成品成本=210×118=24\,780（元）$$

$$月末在产品的自制半成品成本=10×118=1\,180（元）$$

$$单位产品直接人工费=\frac{2\,150}{210+10×50\%}=10（元）$$

$$完工半成品的直接人工费=210×10=2\,100（元）$$

$$月末在产品的直接人工费=10×50\%×10=50（元）$$

制造费用的分配方法与直接人工费分配方法类似，此处不再赘述。

（3）甲产品三车间成本计算单，如表 8 - 6 所示。

表 8 - 6　甲产品三车间成本计算单

产品名称：甲产成品　　　　　20××年 6 月　　　　　完工产量：220 件

单位：元

日期	凭证号数	摘　　要	自制半成品	直接人工	制造费用	合　　计
		月初在产品成本	5 560	300	360	6 220
（略）	（略）	本步骤发生费用		3 225	3 870	7 095
		上步骤转入费用	29 190			29 190
		合　　计	34 750	3 525	4 230	42 505

（续表）

日期	凭证号数	摘　　要	自制半成品	直接人工	制造费用	合　　计
		结转完工产品成本	30 580	3 300	3 960	37 840
		单位成本	139	15	18	172
		月末在产品成本	4 170	225	270	4 665

三车间成本计算单中完工产成品成本与月末在产品成本的计算方法与二车间的计算方法基本相同,故不再赘述。

（4）产成品还原计算表,如表8-7所示。

表8-7　产成品成本还原计算表　　　　单位:元

行次	项　　目	成本还原率	直接材料	自制半成品	直接人工	制造费用	合计
①	还原前产成品成本	—		30 580	3 300	3 960	37 840
②	二车间所产半成品成本	—		24 780	2 100	2 310	29 190
③	第一次成本还原	$\dfrac{30\ 580}{29\ 190}=1.047\ 62$	—	25 960	2 200	2 420	30 580
④	一车间所产半成品成本		20 000	—	1 600	2 000	23 600
⑤	第二次成本还原	$\dfrac{25\ 960}{23\ 600}=1.1$	22 000		1 760	2 200	25 960
⑥	还原后产成品成本		22 000	—	7 260	8 580	37 840
$⑦=\dfrac{⑥}{220}$	还原后单位成本		100	—	33	39	172

（二）分项结转

分项结转是指上一步骤转入的半成品成本,分别按照成本项目记入下一步骤成本计算单的相应成本项目中。如果半成品要通过半成品库收发,那么,在半成品明细账中也要分别成本项目登记半成品的成本。这样结转计算的产品成本能够真实地反映产品成本结构,不需要进行成本还原。但这种方法转账手续比较麻烦,工作量大,所以实际工作中很少采用。

五、半成品成本的计价方式

在采用逐步结转分步法时,上步骤转入下步骤的半成品成本,可按实际成本计价,也可以按计划成本计价。

(一)按实际成本计价

采用这种计价方式时,各步骤耗用的半成品,是按上一步骤计算的实际成本记入下一步骤成本计算单内(上例就是采用这种方式)。如果半成品通过半成品库收发时,由于各月所产半成品的单位成本不同,对于所耗半成品的单位成本,可以采用加权平均法或先进先出法计算。在按实际成本计价方式下,下步骤必须等待上一步骤成本计算完了之后才能进行本步骤成本计算,这样就会影响成本计算的及时性;同时,下一步骤成本水平的高低,也会受到上一步骤的影响。

(二)按计划成本计价

采用这种方式计价时,各步骤耗用的半成品成本,是根据耗用上步骤半成品的实际数量乘以规定的计划单位成本计算求得,并登记在本步骤成本计算单内,待各步骤成本计算以后,再将耗用半成品的计划成本调整为实际成本。采用这种方法,可以克服按实际成本计价的缺点,保证成本计算的及时性,也便于考核和分析各步骤成本升降的原因。

第三节 平行结转分步法

一、平行结转分步法的概念及其适用范围

平行结转分步法又称平行汇总分步法。这种方法的特点是:各步骤不计算也不结转半成品的成本,只核算本步骤发生的各项费用。月末时,各步骤分别计

算出本步骤应由完工产成品负担的费用额（即份额），然后从成本计算单中转出，由财会部门将各步骤转出的份额平行汇总，即可计算出完工产成品的成本。这种方法适用于大量大批多步骤装配式生产的企业，如机器制造企业。在这些企业里，半成品种类很多，但一般都不对外销售，也没有独立的经济意义，管理上不要求计算各步骤半成品的成本，为了简化成本计算手续，一般多采用平行结转分步法。

二、平行结转分步法的计算程序

平行结转分步法的成本计算对象是各种产成品及其所经过的各步骤的成本"份额"。其成本计算程序是各步骤所生产半成品的成本并不随着半成品实物的转移而结转，各步骤只计算本步骤所发生的直接材料和加工费用；月末，各步骤应分别计算本步骤应转入完工产成品的那部分费用（即份额），企业财会部门将各步骤转出的应由本月完工产成品负担的生产费用，分别成本项目平行汇总，即可计算出该种产成品成本。平行结转分步法成本计算程序图，如图8-2所示。

三、生产费用在完工产品与在产品之间的分配

采用平行结转分步法计算产品成本时，月末为了计算各步骤应当计入当月产成品成本的份额，必须将各步骤成本计算单上归集的生产费用，选用适当的方法在完工产成品与广义在产品之间进行分配。所谓完工产成品，是指最后一个步骤完工入库的产成品；所谓广义在产品，是就全厂而言的在产品，包括本步骤正在加工中的在产品（即狭义在产品）和本步骤已完工转出但尚未成为产成品的半成品。在平行结转分步法下，由于各步骤的费用不随着半成品实物的转移而结转，所以在计算各步骤发生的费用时，凡各步骤已经完工转出但尚未制成产成品的半成品，其费用仍留在各步骤的成本计算单中，也就是说，各步骤成本计算单中的在产品成本不是本步骤实际占用的在产品资金，而是广义在产品的成本。因此，各步骤生产费用在完工产品与在产品之间的分配，实质上是产成品与广义在产品之间的分配。

平行结转分步法下的完工产品成本，是以各步骤应计入产成品成本的"份额"进行结转的。应计入产成品成本的"份额"是按下列公式计算的：

$$\text{某步骤应计入产成品成本的份额} = \text{产成品数量} \times \frac{\text{单位产成品耗用该步骤半成品数量}}{} \times \text{该步骤半成品单位成本}$$

第一步骤成本计算单			
项　　目	直接材料	加工费用	合计
月初在产品成本	600	250	850
本月发生费用	1 400	650	2 050
转入产成品成本份额	1 500	600	2 100
月末在产品成本	500	300	800

第二步骤成本计算单			
项　　目	直接材料	加工费用	合计
月初在产品成本		180	180
本月发生费用		520	520
转入产成品成本份额		500	500
月末在产品成本		200	200

第三步骤成本计算单			
项　　目	直接材料	加工费用	合计
月初在产品成本		150	150
本月发生费用		350	350
转入产成品成本份额		400	400
月末在产品成本		100	100

产品成本汇总表			
项目	直接材料	加工费用	合计
第一步骤	1 500	600	2 100
第二步骤		500	500
第三步骤		400	400
生产成本	1 500	1 500	3 000

图 8-2　平行结转分步法成本计算程序图

为了计算应计入产成品成本"份额",必须先计算出各步骤半成品的各个成本项目的单位成本。现以约当产量法为例说明,其计算公式如下:

$$\text{某步骤半成品单位成本} = \frac{\text{该步骤月初在产品成本} + \text{本月发生费用}}{\text{产成品耗用的半成品数量} + \text{存在于半成品仓库和其他加工步骤的半成品数量} + \text{该步骤狭义在产品的约当产量}}$$

【例8-2】　现举例说明平行结转分步法的计算程序和方法如下(仍用逐步结转分步法举例资料)。

1. 产品成本计算对象,有关产量记录均与逐步结转分步法举例资料相同(详见"例8-1"和"表8-1",此处不再重复)

2. 有关成本计算资料

月初在产品成本和本月发生费用资料,分别如表8-8和表8-9所示。

表8-8　月初在产品成本资料

项　目	一车间	二车间	三车间	合　计
直接材料	6 000			6 000
直接人工	480	500	300	1 280
制造费用	600	550	360	1 510
合　计	7 080	1 050	660	8 790

表8-9　本月发生费用资料

项　目	一车间	二车间	三车间	合　计
直接材料	22 000			22 000
直接人工	1 680	2 050	3 225	6 955
制造费用	2 100	2 255	3 870	8 225
合　计	25 780	4 305	7 095	37 180

3. 登记各步骤的产品成本计算单,采用约当产量法将各步骤成本计算单中的生产费用在完工产成品与月末在产品之间进行分配

(1)各步骤产品的约当生产总量计算表,如表8-10所示。

表8-10　约当生产总量计算表　　　　　单位:件

存放地点	甲A半成品		甲B半成品		甲产成品	
	直接材料	加工费用	直接材料	加工费用	直接材料	加工费用
产成品仓库	220	220		220		220
三车间	30	30		30		30×50%
二车间	10	10		10×50%		

（续表）

存 放 地 点	甲 A 半 成 品		甲 B 半 成 品		甲 产 成 品	
	直接材料	加工费用	直接材料	加工费用	直接材料	加工费用
一车间	20	20×50%				
合 计	280	270	—	255	—	235

（2）甲产品各车间成本计算表，分别如表8-11至表8-13所示。

表 8-11　甲产品一车间成本计算单

产品名称：甲 A 半成品　　　　　　　20××年6月　　　　　　　完工产成品：220件

单位：元

日期	凭证号数	摘　要	直接材料	直接人工	制造费用	合　计
		月初在产品成本	6 000	480	600	7 080
（略）	（略）	本月发生费用	22 000	1 680	2 100	25 780
		合　计	28 000	2 160	2 700	32 860
		半成品单位成本	100	8	10	118
		结转产成品成本	22 000	1 760	2 200	25 960
		月末在产品成本	6 000	400	500	6 900

表 8-12　甲产品二车间成本计算单

产品名称：甲 B 半成品　　　　　　　20××年6月　　　　　　　完工产成品：220件

单位：元

日期	凭证号数	摘　要	直接材料	直接人工	制造费用	合　计
		月初在产品成本	—	500	550	1 050
（略）	（略）	本月发生费用	—	2 050	2 255	4 305
		合　计	—	2 550	2 805	5 355
		半成品单位成本	—	10	11	21
		结转产成品成本	—	2 200	2 420	4 620
		月末在产品成本		350	385	735

表 8-13　甲产品三车间成本计算单

产品名称：甲产成品　　　　　　　20××年 6 月　　　　　　　完工产成品：220 件
　　　　　　　　　　　　　　　　　　　　　　　　　　　　　　　　　　　单位：元

日期	凭证号数	摘　要	直接材料	直接人工	制造费用	合　计
		月初在产品成本	—	300	360	660
（略）	（略）	本月发生费用	—	3 225	3 870	7 095
		合　计	—	3 525	4 230	7 755
		单位成本	—	15	18	33
		结转产成品成本	—	3 300	3 960	7 260
		月末在产品成本		225	270	495

一车间成本计算单中的半成品单位成本计算如下：

$$单位半成品的直接材料费用 = \frac{28\,000}{280} = 100（元）$$

计入产成品成本的直接材料费用 = 220 × 100 = 22 000（元）

月末在产品的直接材料费用 = 28 000 − 22 000 = 6 000（元）

或　　月末在产品的直接材料费用 = (30 + 10 + 20 × 100%) × 100 = 6 000（元）

$$单位半成品的直接人工费 = \frac{2\,160}{270} = 8（元）$$

计入产成品成本的直接人工费 = 220 × 8 = 1 760（元）

月末在产品的直接人工费 = 2 160 − 1 760 = 400（元）

或　　月末在产品的直接人工费 = (30 + 10 + 20 × 50%) × 8 = 400（元）

制造费用的计算比照直接人工费进行。

二车间成本计算单中的半成品单位成本计算如下：

$$单位半成品的直接人工费 = \frac{2\,550}{255} = 10（元）$$

$$单位半成品的制造费用 = \frac{2\,805}{255} = 11（元）$$

应计入产成品成本的费用和月末在产品成本的计算与一车间的有关计算基本相同。

三车间成本计算单中的单位成本计算如下：

$$单位产品的直接人工费 = \frac{3\,525}{235} = 15(元)$$

$$单位产品的制造费用 = \frac{4\,230}{235} = 18(元)$$

应计入产成品的费用和月末在产品的成本计算与一车间的有关计算基本相同。

4. 完工产成品制造成本的计算

由财会部门将各车间本月应计入完工产成品的生产费用(即份额)平行汇总,即可计算出产成品的生产成本。甲产品成本汇总计算表,如表 8 - 14 所示。

表 8 - 14 产品成本汇总计算表

产品名称:甲产品　　　　　　　20×× 年 6 月　　　　　　　完工数量:220 件

单位:元

摘　　要	直 接 材 料	直 接 人 工	制 造 费 用	合　　计
一车间转入份额	22 000	1 760	2 200	25 960
二车间转入份额		2 200	2 420	4 620
三车间转入份额		3 300	3 960	7 260
制造成本	22 000	7 260	8 580	37 840
单位成本	100	33	39	175

四、平行结转分步法的优缺点

采用平行结转分步法计算产品成本时,由于各步骤只计算本步骤所发生的生产费用,步骤与步骤之间没有半成品成本结转关系,各步骤月终就可以同时计算成本,然后平行汇总计算出完工产成品成本。在汇总成本时是按照成本项目分别进行计算的,不需要进行成本还原,因而就可以简化和加速成本计算工作。但是,这种方法由于半成品的成本并不随着半成品实物的转移而结转,致使各步骤结存在产品的实际成本与其账面的数额不符,在产品实物与在产品成本相互脱节,这样,各个生产步骤既不能提供本步骤耗用上步骤半成品的成本资料,也不能如实反映本步骤在产品成本的实际情况,所以不利于在产品的资金管理和实物管理,也不利于分析和考核各步骤的费用消耗水平。

五、逐步结转分步法与平行结转分步法的比较

1. 成本计算对象不同

作为产品成本计算方法,平行结转分步法和逐步结转分步法都需要计算产成品的成本,因此,都需要以产成品的品种作为成本计算对象。但是,逐步结转分步法还需要以企业所生产的半成品作为成本计算对象,而平行结转分步法则需以各步骤应计入产成品成本的"份额"作为成本计算对象。

2. 成本计算程序不同

在逐步结转分步法中,产成品成本的计算是从第一步骤开始,先计算出完工半成品的成本,并且转入下一步骤中,然后再计算第二步骤完工半成品的成本,再往下一步骤结转,以此类推,直至计算出完工产成品的成本;而平行结转分步法是先计算出各步骤应计入产成品成本的"份额",然后将其汇总,即可计算出产成品的成本。

3. 月末在产品的含义不同

在逐步结转分步法中,月末在产品的含义是狭义的,仅仅是指月末正在本步骤中加工的产品;而在平行结转分步法中,月末在产品的含义是广义的,它不仅仅包括月末正在本步骤中加工的产品,还包括本步骤已完工转入半成品库的半成品和已从半成品库转到以后各步骤进一步加工、尚未最后完成的在产品。

4. 成本管理上不同

在采用逐步结转分步法计算成本时,能够提供各个生产步骤的半成品成本资料,能为半成品和在产品的实物管理和资金管理提供数据,也有利于各个生产步骤的成本管理;而采用平行结转分步法计算成本,则不能提供各步骤半成品的成本资料,不能为各个生产步骤在产品的实物管理和资金管理提供资料,不能全面反映各该步骤产品的生产耗费水平。

在采用逐步结转分步法时,无法加快成本计算工作,成本计算的工作量比较大;而在采用平行结转分步法计算成本时,各步骤可以同时计算产品成本,能直接提供按原始成本项目反映的产品成本资料,不必进行成本还原,简化和加快了成本计算工作。

5. 适用范围不同

逐步结转分步法主要适用于半成品种类不多,逐步结转半成品成本的工作量不是很大,或者半成品种类虽较多,但管理上要求提供各个生产步骤半成品成本数据的企业;而平行结转分步法主要适用于半成品种类较多,逐步结转产成品成本的工作量较大,且管理上不要求提供各步骤半成品成本资料的企业。

本 章 小 结

1. 成本计算的分步法是以产品的生产步骤为对象归集生产费用、计算产品成本的一种方法。这种方法主要适用于大量、大批复杂生产企业。其主要特点为：成本计算对象是产品的产品别和步骤别，成本计算期是定期的，一般于月终进行，一般情况下，应将生产费用采用适当方法在完工产品与在产品之间进行分配。分步法按其半成品成本是否往下一生产步骤结转，可分为逐步结转分步法和平行结转分步法两种。

2. 逐步结转分步法是以各种产成品及其所经过的各生产步骤的半成品为成本计算对象，按照产品加工步骤的先后顺序，逐步计算并结转半成品成本，上一步骤所产半成品成本要随着半成品实物的转移而结转，直至最后一个生产步骤计算出完工产成品的成本。这种方法主要适用于大量大批连续式复杂生产的企业。因为，这些企业的自制半成品要么作为商品对外销售；要么一种半成品用于若干种产品的生产，要么在国民经济中具有某种独立的经济意义。逐步结转分步法根据半成品成本在下一步骤成本计算中反映的方式不同，可分为综合结转和分项结转两种。

3. 成本还原是将产成品中所耗的自制半成品成本，逐步分解为以"直接材料"、"直接人工"等原始成本项目表现的成本。成本还原的起点是从最后一步开始依次向前还原；还原的次数等于 n（生产步骤数）-1；成本还原的依据是该种自制半成品的成本构成。

4. 平行结转分步法的主要特点是：半成品成本不随半成品实物的转移而结转，各生产步骤只核算本步骤发生的各项生产费用，月末分配费用时，应将各步骤发生的生产费用采用适当的分配方法，在完工的产成品与各步骤广义在产品之间进行分配。最后由财会部门将各步骤应计入产成品成本的生产费用，平行汇总，从而计算出完工产成品的总成本和单位成本。这种方法主要适用于大量、大批多步骤装配式的生产企业。

关 键 术 语

分步法　逐步结转分步法　平行结转分步法　综合结转　分项结转　成本还原

思 考 题

1. 逐步结转分步法的主要特点是什么？其适用范围如何？

2. 平行结转分步法的主要特点是什么？其适用范围如何？

3. 什么是成本还原？为什么要进行成本还原？如何进行成本还原？成本还原的起点、次数和依据各是什么？

4. 什么是综合结转法？什么是分项结转法？两者的主要区别在哪里？

练 习 题

习 题 一

一、目的：练习逐步综合结转分步法的应用。

二、资料：

某厂分两个步骤连续式大量生产甲产品，第一步骤生产甲 A 半成品并直接转入第二步骤，第二步骤将甲 A 半成品加工成甲产品。本月产量和生产费用资料，分别如表 8-15 和表 8-16 所示。

表 8-15　产 量 资 料

单位：件

步骤 项目	一	二
月初在产品	100	300
本月完工	800	1 000
月末在产品	200	100

表 8-16　生产费用资料

单位：元

费用 项目	月初费用		本月费用	
	一步	二步	一步	二步
直接材料	1 000	/	9 000	/
半成品	/	5 400	/	/
加工费	400	600	6 800	3 600
合　计	1 400	6 000	15 800	3 600

三、要求：

按逐步综合结转分步法编制第一、第二步骤的产品成本计算单，计算完工甲产品的总成本和单位成本。

注：原材料费用一次全部投在第一步骤，各步骤月末在产品的加工程度均为50%（完工产品、半成品成本与期末在产品成本采用约当产量法分配）。

四、参考答案：

1. 第一步完工甲A半成品总成本为14 400元，单位半成品成本为18元，月末在产品成本为2 800元。

2. 第二步完工甲产成品总成本为22 000元，单位成本为22元，月末在产品成本为2 000元。

习　题　二

一、目的：练习成本还原的应用。

二、资料：

某企业系连续式复杂生产，有3个基本生产车间生产甲产品，系一次投料。一车间生产的甲A半成品交二车间加工，二车间生产的甲B半成品交三车间加工，三车间生产完工甲产品入库。根据其生产特点，该厂采用逐步综合结转分步法计算成本。20××年7月份，各步骤的有关成本资料，如表8-17所示。

表8-17　甲产品成本资料明细表

成本项目 生产车间	直接材料或 自制半成品	直接人工	制造费用	合　计
一车间完工甲A 半成品成本	24 000	1 800	2 000	27 800
二车间完工甲B 半成品成本	26 998.60	2 530	1 887	31 415.60
三车间完工甲 产成品成本	31 786.60	4 500	3 750	40 036.60

三、要求：

试根据上述资料，采用还原率还原法进行成本还原，编制成本还原计算表，计算还原后甲产品的总成本。

四、参考答案：

1. 第一次成本率为1.011 81，第二次成本还原率为0.982 64。

2. 还原后的原始成本为：直接材料23 583.40元，直接人工8 828.64元，制造费用为 7 624.56 元。

习 题 三

一、目的：练习平行结转分步法的应用。

二、资料：

某企业生产乙产品，需经过两个步骤连续加工制成。原材料在生产开始时一次投入，各步骤在产品的完工程度均为 50%。有关产量记录、成本资料，如表 8-18、表 8-19 所示。

表8-18　产 量 记 录　　　　　　单位：件

项　目 步　骤	期 初 结 存	本 期 投 入	本 期 完 工 转 出	期 末 结 存
第一步骤	50	200	210	40
第二步骤	30	210	220	20

表8-19　成 本 资 料　　　　　　单位：元

项　目 步　骤	直 接 材 料		加 工 费	
	期 初	本 月 发 生	期 初	本 月 发 生
第一步骤	6 000	22 000	900	6 900
第二步骤			300	4 300

三、要求：

试根据上述资料采用平行结转分步法计算各步骤完工产品（半成品）成本与期末在产品成本（完工产品与在产品费用采用约当产量法分配）。

四、参考答案：

1. 第一步应计入产成品成本的"份额"为 28 600 元。

2. 第二步应计入产成品成本的"份额"为 4 400 元。

3. 完工产品总成本为 33 000 元，单位成本为 150 元。

第九章　产品成本核算的分类法

内容提要

本章主要介绍分类法的含义、特点、适用范围和成本核算的程序。通过实例重点说明了在分类法下，类内各种产品成本计算的系数分配法和联、副产品成本的计算方法。

第一节　分类法概述

一、分类法的特点

分类法是先按照产品的类别归集生产费用，计算各类产品成本，然后再按照一定的分配方法在类内各种产品之间分配费用，从而计算出各种产品成本的一种方法。这种方法的主要特点是：以产品的类别作为成本计算对象归集生产费用、计算产品成本；同类产品内不同规格的产品成本采用一定的分配方法再进行分配确定。分类法是一种产品成本计算的辅助方法，它与企业的生产类型没有直接联系，只要是产品品种、规格繁多，但可以按一定标准分类的情况下，为了简化核算工作均可采用分类法计算产品成本。

二、分类法计算产品成本的基本程序

（一）划分产品类别，确定成本计算对象

在分类法下，首先应根据一定的标准将企业所生产的各种产品划分为若干类别，并以类别作为成本计算对象设置产品成本明细账，归集生产费用。在划分类别时，一般可根据产品的结构、耗用的原材料、生产工艺技术过程等的不同，将所有产品划分为若干类别。例如，服装厂可将不同号码的服装划分为一类或几类；又如，灯泡厂可将各种规格的灯泡划分为若干类别。

（二）计算类别产品成本

根据企业的生产特点和管理要求，采用成本计算的基本方法（如品种法、分批法或分步法）计算出每类完工产品的总成本和在产品成本。

（三）计算类别内不同品种或不同规格产品的成本

在计算出各类别产品成本后，再采用适当的分配标准，将同类产品的成本在类内不同品种或规格的产品之间进行分配，计算出各种完工产品的总成本和单位成本。

类内各种产品之间分配费用的标准有产品的重量、体积、长度、定额耗用量、定额工时、售价和定额成本等。选择分配标准时，应根据各类产品的实际情况和管理要求，在保证成本计算正确的前提下，尽可能选择与产品成本高低关系较大，而且简便易行的分配标准。对于不同的成本项目，可采用相同的分配标准，也可采用不同的分配标准，以使分配结果更加合理。分配标准一经确定，不应随意变动，以保持会计核算指标口径的一致性。

三、分类法的适用范围

分类法的应用与企业的生产类型没有直接联系，只要是产品品种、规格繁多，又可以按照一定标准划分为若干类别的企业或车间，均可采用分类法，如无线电元件企业生产的各种不同类别和规格的无线电元件；针织厂生产的各种不同类别和规格的针织品；钢铁厂生产的各种不同类别和规格的生铁和钢材。这些企业的生产类型虽然各不相同，但为了简化核算工作，都可以采用分类法计算产品成本。另外，在生产联产品、副产品和等级产品的企业中也可采用分类法计算产品成本。

第二节　分类法举例

在实际工作中，为了简化核算工作，常将分配标准计算成系数，然后再根据系数分配类内各种产品成本，又称系数法。具体做法是：先在每类产品中选择一种产量较大、生产稳定或规格适中的产品作为标准产品,将该种产品分配标准的系数确定为1,以其他产品的分配标准有关数据与标准产品相比较,求出比例,即为其他非标准产品的系数,然后,将各种产品产量分别乘以各自的系数折算为标准产品的产量或总系数。最后,按各种产品标准产量或总系数的比例分配费用,计算出类内各种产品的成本。现举例说明如下:

【例9-1】　假设某企业由于产品品种繁多,按照各种产品所耗用原材料和工艺过程的不同,分为三类计算成本,其中甲类包括 A、B、C、D 四种产品,类内各种产品采用系数法分配费用。

甲类产品以 C 产品为标准产品,原材料是在开工时一次投入的,月末在产品的完工程度为 50%,本月甲类产品的有关成本资料如下所述。

一、有关产量记录和定额成本资料

有关产量记录和定额成本资料,如表9-1所示。

表9-1　甲类产品产量及定额成本明细表

产 品 名 称	产品产量(件)		单位产成品定额成本(元)	
	本月完工产品	月末在产品	直接材料	加工费用
A产品	200	10	190	286
B产品	250	30	210	247
C产品	400	40	200	260
D产品	300	20	180	234

二、甲类产品月初在产品成本与本月发生费用

甲类产品月初在产品成本与本月发生费用,如表9-2所示。

表9-2　甲类产品费用明细表　　　　　　　　　　单位:元

项　　　目	直接材料	加工费用	合　　　计
月初在产品成本	20 000	7 000	27 000
本月发生费用	224 300	134 150	358 450
合　　　计	244 300	141 150	385 450

三、计算甲类产品的系数

甲类产品的材料和加工费系数计算表,分别如表9-3和表9-4所示。

表9-3 材料系数计算表

| 产品名称 | 单位定额成本（元/件） | 单位系数 | 完工产品系数 | | 在产品系数 | | 总系数 |
			产成品数量(件)	系 数	在产品数量(件)	系 数	
A产品	190	0.95	200	190	10	9.5	199.5
B产品	210	1.05	250	262.5	30	31.5	294
C产品	200	1	400	400	40	40	440
D产品	180	0.9	300	270	20	18	288
合 计				1 122.5		99	1 221.5

表9-4 加工费系数计算表

| 产品名称 | 单位定额成本（元/件） | 单位系数 | 完工产品系数 | | 在产品系数 | | 总系数 |
			产成品数量(件)	系 数	在产品约当数量(件)	系 数	
A产品	286	1.1	200	220	5	5.5	225.5
B产品	247	0.95	250	237.5	15	14.25	251.75
C产品	260	1	400	400	20	20	420
D产品	234	0.9	300	270	10	9	279
合 计				1 127.5		48.75	1 176.25

四、计算类内各种产品成本

根据甲类产品的有关成本资料和系数计算资料,编制甲类产品成本明细账和成本计算表,分别如表9-5和表9-6所示。

表 9-5 甲类产品成本明细账

年		凭证种类及编号	摘 要	成 本 项 目		成本合计
月	日			直接材料	加工费用	
（略）	（略）	（略）	期初在产品成本	20 000	7 000	27 000
			本月发生费用	224 300	134 150	358 450
			合　计	244 300	141 150	385 450
			结转完工产品成本	224 500	135 300	359 800
			月末在产品成本	19 800	5 850	25 650

甲类产品成本计算过程如下：

（1）直接材料费用：

$$直接材料费用分配率=\frac{244\ 300}{1\ 221.5}=200$$

A 完工产品应分配的材料费用＝$190×200＝38\ 000$（元）

A 在产品应分配的材料费用＝$9.5×200＝1\ 900$（元）

B 完工产品应分配的材料费用＝$262.5×200＝52\ 500$（元）

B 在产品应分配的材料费用＝$31.5×200＝6\ 300$（元）

C、D 产品材料费用的计算以此类推，不再赘述。

（2）加工费用：

$$加工费用分配率=\frac{141\ 150}{1\ 176.25}=120$$

完工 A 产品应分配的加工费用＝$220×120＝26\ 400$（元）

A 在产品应分配的加工费用＝$5.5×120＝660$（元）

完工 B 产品应分配的加工费用＝$237.5×120＝28\ 500$（元）

B 在产品应分配的加工费用＝$14.25×120＝1\ 710$（元）

表 9-6　甲类产品成本计算表

项目 产品		产品产量(件)	直接材料 单位系数	直接材料 总系数	直接材料 材料成本(元)	加工费用 单位系数	加工费用 总系数	加工费用 加工费成本(元)	完工产品成本 总成本(元)	完工产品成本 单位成本(元/件)	期末在产品成本(元)	成本合计(元)
A产品	产成品	200	0.95	190	38 000	1.1	220	26 400	64 400	322		64 400
A产品	在产品	10	0.95	9.5	1 900	1.1	5.5	660			2 560	2 560
B产品	产成品	250	1.05	262.5	52 500	0.95	237.5	28 500	81 000	324		81 000
B产品	在产品	30	1.05	31.5	6 300	0.95	14.25	1 710			8 010	8 010
C产品	产成品	400	1	400	80 000	1	400	48 000	128 000	320		128 000
C产品	在产品	40	1	40	8 000	1	20	2 400			10 400	10 400
D产品	产成品	300	0.9	270	54 000	0.9	270	32 400	86 400	288		86 400
D产品	在产品	20	0.9	18	3 600	0.9	9	1 080			4 680	4 680
合　计				1 221.5	244 300		1 176.25	141 150	359 800		25 650	385 450

第三节 联产品、副产品和等级产品成本的计算

一、联产品的成本计算

(一)联产品成本计算的特点

联产品是指用一种或几种原材料,经过同一生产过程同时生产出两种或两种以上的主要产品。这些产品虽然在性质、用途上有所差别,但它们都是企业的主要产品,如炼油厂从原油中同时提炼出各种汽油、柴油和煤油等;又如,制糖厂用甜菜制成的各种冰糖、白糖和红糖等。联产品成本计算的特点是:由于使用相同的原材料,经过同一生产过程生产出不同的产品,因此,无法按每一种产品作为成本计算对象归集费用直接计算成本,而只能将同一生产过程的联产品,视同一类产品,采用分类法计算分离前的实际成本,然后再采用适当的分配标准,在联产品中分配计算各种产品的实际成本。各种联产品一般要到生产过程终了时才能分离出来,有时也可能在生产过程中的某个步骤先分离出来。分离时的生产步骤称为"分离点"。在分离点之前所发生的各项生产费用称为各种联产品的综合成本。综合成本的归集与计算,应根据联产品的生产特点,结合企业的管理要求,采用适当的成本计算方法进行核算。对于有些产品分离后还需继续加工,则应根据分离后的生产特点和管理要求,采用相应的方法分别计算各种联产品分离后的成本。

(二)联产品成本计算举例

【例 9-2】 假设某企业用同一种原材料经过相同的生产工艺过程生产出 A、B、C 三种联产品,本月份的实际产量为 A 产品 20 吨,B 产品 5 吨,C 产品 10 吨,分离前的综合成本为 58 500 元,其中直接材料费用 45 000 元,加工费用 13 500元。该企业以三种产品的售价为标准分配综合成本,其中 A 产品的每吨售价 2 000 元,B 产品的每吨售价 4 000 元,C 产品的每吨售价 3 000 元。联产品成本计算表,如表 9-7 所示。

表 9-7 联产品成本计算表 单位：元

产品名称	产品产量（吨）	每吨售价	总售价	综合成本分配			
				直接材料	加工费用	成本合计	单位成本（元/吨）
A 产品	20	2 000	40 000	20 000	6 000	26 000	1 300
B 产品	5	4 000	20 000	10 000	3 000	13 000	2 600
C 产品	10	3 000	30 000	15 000	4 500	19 500	1 950
合 计			90 000	45 000	13 500	58 500	

$$直接材料分配率 = \frac{45\ 000}{90\ 000} = 0.5$$

$$加工费用分配率 = \frac{13\ 500}{90\ 000} = 0.15$$

A 产品应分配的直接材料费用 $= 40\ 000 \times 0.5 = 20\ 000$（元）

A 产品应分配的加工费用 $= 40\ 000 \times 0.15 = 6\ 000$（元）

B、C 产品应分配的材料费用和加工费用依此类推，不再赘述。

二、副产品的成本计算

（一）副产品成本计算的特点

副产品是指在生产过程中生产主要产品的同时，附带生产出来的一些非主要产品。这些产品的使用价值与主要产品不同，并且不属于企业生产的主要对象，其价值较低，在全部商品中所占的比重不大，但也可以满足社会的需要，具有一定的经济价值。例如，炼铁时附带产生的煤气，提炼原油过程中附带产生的渣油和石油焦等。由于副产品是在主要产品生产过程中附带生产出来的非主要产品，分离前和主要产品的生产费用是归集在一起的，因此，只能将副产品和主要产品归为一类，也按分类法计算成本。但由于副产品价值较低，且在全部商品生产中所占比重较小，因而可以采用简化的方法计价，然后从总成本中扣除，其余额即为主要产品的成本。

在实际工作中，副产品的计价可以采用以下几种方法：

（1）余额法。对于无需加工即可出售的副产品，可按售价减去销售税金和销售利润后的余额计价。如果副产品需加工后才能出售,还需再减去分离后的加工费用,作为副产品的扣除额。

（2）计划成本法。即根据事先确定的计划成本计价,一般年度内不得变动。

副产品的计价合理与否,对于正确计算主、副产品的成本关系重大。在计价中,既不能人为地任意提高副产品的价格,掩盖主要产品的亏损;也不能人为地压低副产品的价格,而将其亏损转嫁给主要产品。副产品的价格确定后,一般从主要产品的直接材料成本项目中扣除,也可按照各成本项目占分离前成本总额的比重,分别从各成本项目中扣除。如果副产品与主要产品分离后还需继续加工,则应再单独设置成本计算明细账,归集费用、计算成本。

（二）副产品成本计算举例

【例9-3】　假设某企业本月生产甲种主要产品5 000千克,在甲产品的生产过程中还附带产生乙种副产品400千克,乙种副产品的计价采用计划成本计算后从主副产品成本中扣除,其余额即为甲种主要产品的成本。乙副产品的单位计划成本为5元,其中直接材料费用为4元,加工费用为1元。根据上述资料,编制的主、副产品成本计算表,如表9-8所示。

表9-8　主、副产品成本计算表

20××年2月份

成本项目	分离前成本	副产品成本（乙）			主产品成本（甲）		
		产量（千克）	单位计划成本	总成本	产量（千克）	总成本	单位成本
①	②	③	④	⑤=③×④	⑥	⑦=②-⑤	⑧=⑦÷⑥
直接材料	54 000		4	1 600		52 400	10.48
加工费用	16 000		1	400		15 600	3.12
合　　计	70 000	400	5	2 000	5 000	68 000	13.60

三、等级产品的成本计算

等级产品是指在同一生产过程中以相同的材料生产出来的品种相同但质量

不同的产品。各等级产品由于质量高低不同,其售价也不相同。等级品根据产生的原因不同,采用不同的成本计算方法。如果等级品的产生是由于原材料质量或工艺技术条件不同而引起的,可采用分类法,按一定的分配标准,计算各等级产品成本。如果等级品的产生是由于生产和管理不善造成的,那么,不同等级产品的单位成本应该是相同的,因而不能采用分类法计算这些不同等级产品的成本。次级产品由于售价较低而引起的损失,正好说明企业经营管理上存在不足,应进一步加强管理,不断提高产品质量。

本 章 小 结

1. 分类法是先按照产品的类别归集生产费用,计算各类别产品成本,然后再采用一定的分配方法,分配类内各种品种、规格产品的生产费用,从而计算出其实际成本的一种方法。分类法的应用与企业的生产类型没有直接联系,只要是产品品种、规格繁多,并可以按一定标准划分为若干类别的企业,均可采用分类法。

2. 联产品是指用一种或几种原材料,经过同一生产过程,同时生产出两种或两种以上的主要产品;副产品是指在生产主要产品的过程中,附带生产出来的一些非主要产品;等级产品是指在同一生产过程中以相同的材料生产出来的品种相同,但质量不同的产品。等级产品是否可采用分类法计算其成本,应视等级产品产生的原因而定。

关 键 术 语

分类法 系数法 联产品 副产品 等级产品

思 考 题

1. 什么是分类法?其主要特点表现在哪些方面?其适用范围如何?

2. 什么是联副产品?什么是主副产品?它们的成本计算方法有何区别?

练 习 题

习 题 一

一、目的：练习产品成本核算的分类法。

二、资料：

1. 某企业生产 A、B、C 三种产品，由于所耗用的原材料品种相同，生产工艺过程基本相近，成本计算时合并为甲类产品，采用分类法计算成本。

2. 8 月份甲类产品成本计算单，如表 9-9 所示。

表 9-9　甲类产品成本计算单

20××年 8 月　　　　　　　　　　　　　　单位：元

项　　目	直 接 材 料	直 接 人 工	制 造 费 用	合　　计
月初在产品成本	30 000	12 000	6 000	48 000
本月发生费用	110 000	48 000	46 000	204 000
合　　计	140 000	60 000	52 000	252 000
产成品成本	128 400	57 380	48 320	234 100
月末在产品成本	11 600	2 620	3 680	17 900

3. 各种产品本月完工的产量、原材料消耗定额、工时消耗定额，如表 9-10 所示。

表 9-10　产品单位定额明细表

产品名称	实际产量(件)	单位产品材料定额(千克)	单位产品工时定额(工时)
A 产品	2 400	20	40
B 产品	1 800	18	32
C 产品	2 000	24	44

4. A 产品为标准产品。

三、要求：

1. 根据上述资料计算各项费用分配系数,其中:直接材料费用以材料定额消耗量为标准计算系数;直接人工和制造费用均以工时消耗定额为标准计算系数。

2. 采用系数法计算甲类 A、B、C 三种产品的总成本和单位成本。

四、参考答案:

1. 材料费用总系数为 6 420,工资和制造费用总系数为 6 040。

2. 材料费用分配率为 20,工资分配率为 9.5,制造费用分配率为 8。

3. 完工 A 产品总成本为 90 000 元,单位成本为 37.50 元;完工 B 产品总成本为 57 600 元,单位成本为 32 元。

习 题 二

一、目的:练习副产品的成本计算。

二、资料:

1. 某企业本月生产甲种主要产品 1 000 千克,同时还附带产生乙种副产品 200 千克。

2. 主、副产品共发生费用 10 000 元,其中:直接材料费用 8 000 元,直接人工费用 600 元,制造费用 1 400 元。

3. 乙副产品的单位计划成本为 4 元,其中:直接材料费 2 元,工资费用 0.50 元,制造费用 1.50 元。

三、要求:

1. 按计划成本法计算乙副产品的成本。

2. 扣除乙副产品成本,计算甲种主要产品的总成本及单位成本。

四、参考答案:

1. 甲产品总成本为 9 200 元,单位成本为 9.20 元。

2. 乙产品总成本为 800 元,单位成本为 4 元。

第十章 产品成本核算的定额法

内容提要

本章主要讲述了定额法的含义、特点、适用范围和成本核算的程序。通过举例,详细介绍了定额成本、脱离定额差异、材料成本差异、定额变动差异和产品实际成本的计算。

第一节 定额法概述

一、定额法的含义及特点

（一）定额法的含义

前面我们介绍了产品成本计算的品种法、分步法、分批法和分类法,采用这些方法计算成本时,生产费用的日常核算都是按照实际发生额进行的,产品的实际成本也都是根据实际费用归集计算的。在这种情况下,生产费用和产品成本脱离定额的差异及其产生的原因,只有到月末时通过实际资料与定额资料的对比、分析,才能得到反映,因而不能更好地加强定额管理、有效地控制成本。

产品成本计算的定额法,是以产品的定额成本为基础加上或减去脱离定额差异、材料成本差异和定额变动差异来计算产品实际成本的一种方法。这种方法的应用与企业的生产类型没有直接关系,只要定额管理制度比较健全,定额管理工作基础较好,产品的生产已经定型,各项消耗定额比较准确和稳定的企业,均可采用定额法计算成本。

（二）定额法的特点

定额法的主要特点是企业事前必须制定产品的消耗定额、费用定额和定额成本，作为降低成本的目标。在生产费用发生的当时，应将符合定额的费用和脱离定额的差异分别核算，加强对成本差异的日常核算、分析和控制。月末时，在定额成本的基础上加减各种成本差异，计算产品的实际成本，为考核和分析成本提供数据。在定额法下，产品实际成本的计算公式如下：

产品实际成本＝产品定额成本±脱离定额差异±定额变动差异

定额法能够把成本计划、成本核算、成本分析和成本控制有机地结合起来，便于企业及时进行成本分析，有效地控制成本，不断地降低成本。因此，定额法不仅是一种产品成本的计算方法，而且还是一种对产品成本进行直接控制和管理的方法。

二、定额法计算产品成本的基本程序

（一）计算定额成本

在定额法下，产品的实际成本是以定额成本为基础，加减有关差异计算的，所以，应首先计算确定产品的定额成本。定额成本的计算，在实际工作中是通过编制定额成本计算表进行的。定额成本计算表可按产品的零部件编制，然后再汇总编制产成品的定额成本。如果产品的零部件较多，也可直接编制产品的定额成本。

定额成本的计算应分别按成本项目进行。其计算公式如下：

直接材料定额＝产品材料消耗定额×材料计划单价
直接人工定额＝产品生产工时定额×每小时工资费用
制造费用定额＝产品生产工时定额×每小时制造费用

部件定额成本计算表，如表 10－1 所示。

在表 10－1（即 4100 部件）中，每种零件的材料消耗定额和工时定额，按每一零件的材料消耗定额和工时定额，分别乘以部件所用零件的数量计算；假设 4101 零件所用 A 材料的消耗定额为 2 千克，则 4100 部件所用 A 材料的材料定额为 8 千克（2×4）；假设 4102 零件 B 材料的消耗定额为 3 千克，则 4100 部件所用 B 材料的材料定额为 15 千克（3×5）。部件的直接人工和制造费用定额按部件的工时定额，分别乘以每小时的工、费定额计算。表 10－1 中的定额工资费用为 20 元（40×0.5）。

表 10 - 1　部件定额成本计算表

部件编号、名称：4100　　　　　　　　　20××年9月

所用零件编号	零件数量	材 料 定 额						金额合计	工时定额
		A 材 料			B 材 料				
		数量（千克）	单价	金额	数量（千克）	单价	金额		
4101	4	8	4.50	36				36	16
4102	5				15	2	30	30	15
装配									9
合计				36			30	66	40

定 额 成 本 项 目					定额成本合计
直接材料	直 接 人 工		制 造 费 用		
	每小时定额	金 额	每小时定额	金 额	
66	0.5	20	0.35	14	100

（二）计算脱离定额的差异

脱离定额差异是指实际支出的生产费用与定额费用的差额。为了及时反映生产费用的节约或超支,在生产费用发生时,应该将符合定额的费用与脱离定额的差异,分别编制定额凭证和差异凭证,并在有关的费用分配表和相应的明细账中进行登记。为了更好地控制成本,避免浪费和损失,差异凭证填制以后,还必须按照规定办理有关审批手续。

1. 材料费用定额差异的计算

材料费用定额差异是指实际产量按现行材料消耗定额计算的定额费用与材料实际费用的差额。其计算公式如下:

$$材料定额差异＝（实际消耗量－定额消耗量）×材料计划单价$$

实际消耗量是指本期实际完成的产品的实际耗用数量;定额消耗量是指本期实际完成的产品按单位定额耗用量计算的耗用数量,材料定额差异实际是材料消耗量脱离定额所引起的差额。所以,要控制材料费用,关键是要控制材料的消耗数量。为此,在实行定额法的企业里,材料领用都应采用限额领料单,超过

定额的(不包括追加产量所需增加的限额领料)领料应填制超定额领料单,以便正确核算脱离定额的材料差异,更好地控制材料费用,不断降低产品成本中的材料费用。

2. 工资费用定额差异的计算

工资费用定额差异是指在产品生产过程中,生产工人的实际工资费用与定额工资费用之间的差额。由于工资的支付形式不同,其差异的计算也不相同。

在计件工资形式下,如果单位产品的工资定额不变,则按计划单价支付的工资就是某一产品的定额工资,工资定额差异只是由于工作条件变化多付的工资,如加班加点工资等。这些应该在费用发生时,直接填入工资补付单等差异凭证中,因此,工资定额差异可按差异凭证中的数额计算。

在计时工资形式下,如果只生产一种产品,工资费用属于直接费用,工资定额差异可按下列公式计算:

$$\begin{array}{c}某产品工资脱 \\ 离定额的差异\end{array} = \begin{array}{c}该产品的 \\ 实际工资\end{array} - \begin{array}{c}该产品实际产量按单位产 \\ 品定额工资计算的工资\end{array}$$

如果生产两种以上产品,各车间生产工人的工资费用属于间接费用,平时无法计算其脱离定额的差异,只有到月终时,根据本月生产工人的实际工资额确定以后,才能分配计算。其计算公式如下:

$$计划小时工资率 = \frac{某车间计划产量的定额生产工人工资}{该车间计划产量的定额生产工时}$$

$$实际小时工资率 = \frac{某车间实际生产工人工资额}{该车间实际生产工时数}$$

$$\begin{array}{c}某产品的定 \\ 额生产工资\end{array} = \begin{array}{c}该产品实际完成 \\ 的定额生产工时\end{array} \times 计划小时工资率$$

$$\begin{array}{c}某产品的实 \\ 际生产工资\end{array} = 该产品实际生产工时 \times 实际小时工资率$$

$$\begin{array}{c}某产品的工资 \\ 脱离定额差异\end{array} = \begin{array}{c}该产品的实 \\ 际生产工资\end{array} - \begin{array}{c}该产品的定 \\ 额生产工资\end{array}$$

从以上公式中可以看出,在计时工资制下,工资定额差异是由于工时差异和小时工资率差异两个因素构成的,要降低工资费用,必须做到:既要控制工资总额不超过计划,以降低小时工资率,又要控制工时总数不超过计划,以节约工时耗用数。

3. 制造费用定额差异的计算

制造费用定额差异是指实际发生的制造费用与定额制造费用之间的差额。由于制造费用是产品生产过程中的间接费用,所以要等月末才能计算出来,然后再与定额制造费用比较,计算出脱离定额的差异。其计算公式如下:

$$\text{某产品应负担的} \atop \text{实际制造费用} = \frac{\text{某车间实际制造费用额}}{\text{该车间全部产品的实际生产工时数}} \times {\text{某产品实际} \atop \text{生产工时数}}$$

$${\text{某产品制造} \atop \text{费用定额差异}} = \text{该产品实际制造费用} - \text{该产品的定额制造费用}$$

$${\text{某产品的定} \atop \text{额制造费用}} = \text{该产品实际产量的定额工时} \times \text{计划小时制造费用率}$$

从以上公式中可以看出,制造费用脱离定额的差异也是由于工时差异和小时制造费用率差异两个因素形成的。要控制制造费用,一方面,要控制费用的发生额;另一方面,还要节约生产工时,这样,才能更好地降低制造费用。

4. 材料成本差异的计算

在定额法下,为了便于考核、分析产品成本,材料的日常核算都是按计划成本进行的。因此,材料的定额费用和脱离定额的差异都是按计划成本计算的,材料的定额费用是用定额消耗量乘以材料的计划单位成本计算的;脱离定额的差异是用消耗量的差异(即实际消耗量与定额消耗量的差异)乘以计划单位成本计算的。因此,在月末计算产品的实际材料费用时,还必须分配所耗材料的成本差异,即所耗材料的价差。其计算公式如下:

$${\text{某产品应分配的} \atop \text{材料成本差异}} = \left({\text{该产品材料} \atop \text{定额费用}} \pm {\text{材料脱离} \atop \text{定额差异}} \right) \times {\text{材料成本} \atop \text{差异率}}$$

(三) 计算定额变动差异

定额变动差异是指由于对原定额的修订而产生的新旧定额之间的差额。在定额法下,为了更好地发挥定额在降低成本、控制成本中的作用,企业应随着生产条件的改善和劳动生产率的提高及时地修订原定额。各项消耗定额的修改,一般可在年初进行,如果某些定额变动较大,在年度内也可以进行调整。新定额的实施,一般应在月初进行。对于月初在产品按旧定额计算的成本,应当按新的定额进行调整,以便将月初在产品的定额成本和以新定额计算的本月发生的定额成本在同一基础上相加,计算某一产品的实际成本。如果定额调高,将月初在产品按新定额调整后,虚增的本期产品成本,应从本月的产品成本中扣除定额变动差异(即月初在产品按新定额计算的定额成本大于月初在产品按旧定额计算的定额成本的差额);如果定额调低,将月初在产品按新定额调整后,实际上虚减了本期产品的成本。由于这部分费用实际已经发生,所以要计入本月的产品成本,因而,应在本月产品成本中增加定额变动差异(即月初在产品按新定额计算的定额成本小于月初在产品按旧定额计算的定额成本的差额)。由此可见,定额变动后,本月产品成本总额是不变的,只是内部的结构有所变动:定额降低时,减少了定额成本,增加了定额变动差异;定额提高时,增加了定额成本,定额变动差异就应减少。所以,在修订定额成本的月份,产品实际成本的计算公式应为:

$$
\begin{array}{l}
产品实 \\ 际成本
\end{array}
=
\begin{array}{l}
按新定额计算的 \\ 产品定额成本
\end{array}
\pm
\begin{array}{l}
脱离新定 \\ 额的差异
\end{array}
\pm
\begin{array}{l}
材料成 \\ 本差异
\end{array}
\pm
\begin{array}{l}
月初在产品 \\ 定额变动差异
\end{array}
$$

（四）完工产品与月末在产品实际成本的计算

在定额法下,成本的日常核算是按定额成本和各种成本差异分别核算的,月末,如果某种产品既有完工产品又有在产品,就应该将归集的各项费用在完工产品与在产品之间进行合理分配。首先,计算完工产品与月末在产品的定额成本;然后,分配各种成本差异。在定额法下,各种成本差异可按定额比例法分配,也可采用在产品按定额成本计价法分配。分配时,应按每种成本差异分别进行。如果某项成本差异数额不大,或者差异数额虽大但各月在产品数量比较均衡的,其差异可全部由完工产品成本负担。月末,将定额成本与各项成本差异在完工产品与月末在产品之间分配后,根据完工产品的定额成本,加减应负担的各种成本差异,即可计算出完工产品的实际成本;根据月末在产品的定额成本,加减应负担的各种成本差异,即可计算出月末在产品的实际成本。

第二节　定额法举例

【例 10-1】　假设某企业的丙产品是由一个封闭式车间生产的,该产品的各项消耗定额比较准确、稳定,成本计算采用定额法。丙产品本月投入 400 件,月初在产品 50 件,本月完工 420 件,月末在产品 30 件,原材料是在开始时一次投入的,月初、月末在产品的完工程度均为 50%。该企业为了简化核算工作,规定该产品的定额变动差异和材料成本差异全部由完工产品成本负担；脱离定额差异按定额成本比例，在完工产品与在产品之间进行分配。其他有关成本计算资料如下所述。

一、本月份丙产品单位定额成本

本月份丙产品单位定额成本计算表，如表 10 - 2 所示。

表 10 - 2　丙产品单位定额成本计算表

产品成本项目	定额耗用量	计 划 单 价	定额成本（元）
直接材料	90 千克	5.00 元/千克	450
直接人工	10 小时	6.00 元/小时	60
制造费用	10 小时	4.00 元/小时	40
合　　计			550

二、月初在产品成本

丙产品月初在产品成本，如表 10 - 3 所示。

表 10 - 3　丙产品月初在产品成本　　　　　　　　单位：元

产品成本项目	定 额 成 本	脱离定额差异
直接材料	25 000	+2 000
直接人工	1 500	+100
制造费用	1 000	+80
合　　计	27 500	+2 180

三、本月实际发生的费用及定额变动资料

本月发生的直接材料 200 000 元，直接人工 26 000 元，制造费用 16 500 元；材料成本差异率为 -1%。该企业由于改进丙产品的设计及工艺过程，决定从本月起将材料定额消耗量由原来的每件 100 千克，修订为 90 千克，其余各项定额不变。

根据上述资料计算丙产品的成本如下所述。

表 10－4　产品成本计算单

产品名称：丙产品　　　　　　　　　　20××年 9 月　　　　　　　　　　产量：420 件

成本项目	月初在产品成本		月初在产品定额变动	本月费用				生产费用合计				差异分配率		产成品成本						月末在产品
	定额成本	脱离定额差异	定额变动差异调整	定额成本	材料成本差异	脱离定额差异	定额变动差异	定额成本	材料成本差异	脱离定额差异	定额变动差异	脱离定额成本	定额变动成本	定额成本	脱离定额差异	材料成本差异	定额变动差异	实际总成本	实际单位成本	脱离定额差异

1. 计算本月投入 400 件丙产品的定额成本

　　直接材料定额成本＝400×450＝180 000(元)

　　直接人工定额成本＝(420＋30×50％－50×50％)×60＝24 600(元)

　　制造费用定额成本＝(420＋30×50％－50×50％)×40＝16 400(元)

2. 计算本月完工 420 件丙产品的定额成本

　　　　　直接材料定额成本＝420×450＝189 000(元)

　　　　　直接人工定额成本＝420×60＝25 200(元)

　　　　　制造费用定额成本＝420×40＝16 800(元)

3. 计算脱离定额差异

　　　　　直接材料定额差异＝200 000－180 000＝20 000(元)

　　　　　直接人工定额差异＝26 000－24 600＝1 400(元)

　　　　　制造费用定额差异＝16 500－16 400＝100(元)

4. 计算材料成本差异

　　　　材料成本差异＝(180 000＋20 000)×(－1％)＝－2 000(元)

5. 计算月初在产品定额变动差异

　　　直接材料项目的定额变动差异＝(100－90)×5×50＝2 500(元)

其他成本项目由于定额未变,所以无差异。

6. 丙产品的成本计算单。

丙产品成本计算单,如表 10－4 所示。

本 章 小 结

1. 产品成本核算的定额法是指为了加强成本控制与成本管理而采用的一种成本计算方法。这种方法的应用与企业的生产类型没有直接联系,只要企业的定额管理制度健全,定额管理基础好,产品生产已定型,各项消耗定额比较准确和稳定,均可采用定额法计算产品成本。

2. 在定额法下,产品的实际成本是在定额成本的基础上,调整有关差异计算出来的。

关 键 术 语

定额法 定额成本 脱离定额差异 定额变动差异

思 考 题

1. 什么是定额法? 它有哪些主要特点? 应用条件如何?
2. 定额变动差异与脱离定额差异有何区别?

练 习 题

一、目的:练习产品成本核算的定额法。

二、资料:

某企业大量大批生产丙产品,该产品的各项消耗定额比较健全、稳定,采用定额法计算产品成本,20××年3月份的成本资料如下所述。

1. 月初在产品15件,成本资料如表10-5所示。

表 10-5 成 本 资 料

成本项目	定额成本	定额差异
直接材料	1 500	-120
直接人工	150	+15
制造费用	60	+5
合 计	1 710	-100

2. 本月投产150件,月末完工155件,在产品10件,产品定额资料,如表10-6所示。

表 10 - 6　产品定额资料

成本项目	定额耗用量	计划单价	定额成本
直接材料	25 千克	4.00	100
直接人工	40 小时	0.50	20
制造费用	40 小时	0.20	8
合　计			128

原材料在生产开始时一次投入,月初、月末在产品的完工程度均为 50％。

3. 该企业由于改进生产工艺过程,决定从本月起将材料消耗定额从每件 30 千克降低为每件 25 千克,其他各项消耗定额未变。

4. 本月份实际发生的有关费用资料为直接材料费用 16 000 元,直接人工 2 825 元,制造费用 1 195 元,材料成本差异率－2％。

三、要求:

1. 根据上述资料用定额法计算丙产品的成本。

2. 定额变动差异和材料成本差异均由完工产品负担。脱离定额差异率取 4 位小数,计算尾差由在产品负担。

四、参考答案:

1. 产成品实际总成本 20 438.95 元,其中:直接材料 16 321.65 元,直接人工 2 896.64 元,制造费用 1 220.66 元。

2. 单位成本 131.87 元,其中:直接材料费用 105.30 元,直接人工 18.69 元,制造费用 7.88 元。

第十一章 其他行业成本核算

内容提要 ||||

　　本章在前面几章详细阐述工业企业产品成本核算程序和方法的基础上,对其他主要行业成本核算的特点进行概括说明,重点讲述了施工企业、交通运输企业、商品流通企业、房地产开发企业、旅游饮食企业和金融保险企业成本核算的主要特点、核算程序和方法。

第一节　施工企业成本核算

　　施工企业的主要生产活动是建设房屋、建筑物与安装设备,其产品一般为不动产。与工业企业相比,施工企业的生产经营具有施工生产周期长、流动程度大和施工生产的单件性等特点。施工企业的成本核算是指施工企业将一定时期内为建筑工程和安装工程施工所发生的生产费用,按照各个成本核算对象和成本项目进行归集,以确定各期已完工和竣工工程的实际成本,是施工企业工程成本管理的一个组成部分。根据施工企业生产经营特点与经济管理的要求,其工程成本核算具有以下特点。

一、成本核算对象与成本计算期

　　施工企业一般应以每一独立编制施工图预算的单位工程作为成本核算对象,因为施工图预算是按照单位工程编制的,以单位工程为成本核算对象来确定它的实际成本,这样便于把计算出来的工程实际成本同预算成本相比较。但是一个建设项目，如果在同一个施工地点、同一结构类型、开工竣工时间相接近的若干个单位工程，可以合并作为一个成本核算对象。为了及时和详细地了解一个单位工程内部各个工程部位的升降情况，便于成本控制，对于个别规模大、工期长的工程，也可以按一定的工程部位划分成本核算对象。

由于施工企业组织施工和成本核算通常是根据按单位工程编号签发的生产任务单或合同号进行的，各项工程开工、竣工时间不同，因此，工程成本计算期就具有不定期的性质，只能在工程竣工时才能计算出完工工程成本。但是，根据施工企业工程价款结算办法和经济管理的要求，一般应按季（或月）核算工程实际成本，根据工程合同确定的工程价款结算办法，按月或按季结算已完工程工程成本。通常，对于当年开、竣工的工程，原则上应实行竣工结算成本的办法，即平时归集生产费用，竣工时才核算其实际成本。对于当年开工当年不能竣工的工程，为了及时核算它的生产成果和生产费用的节约和超支情况，一般按已完分部分项工程量计算各期工程成本，即平时归集生产费用，在工程部分完工进行工程价款结算时，再核算其完工部分的工程实际成本。

二、生产费用的分类及工程成本的构成

施工企业在生产经营活动中所发生的各项生产费用可分为工程成本和期间费用两部分。

（一）工程成本

凡是企业在施工工程生产过程中实际发生的与工程直接有关的各项支出都应计入工程成本，分为直接成本和间接成本。具体成本项目包括以下几方面。

1. 人工费

人工费是指企业从事建筑安装工程施工人员的工资、奖金、职工福利费、工资性质的津贴以及其他各种形式的职工薪酬。

2. 材料费

材料费是指施工过程中耗用的构成工程实体的原材料、辅助材料、外购零配件、半成品的费用和周转材料的摊销费用。

3. 机械使用费

机械使用费是指施工过程中使用自有施工机械所发生的机械使用费和租用外单位施工机械的租赁费，以及施工机械安装、拆卸和进出场费。

4. 其他直接费

其他直接费是指施工过程中发生的材料的二次搬运费、临时设施摊销费、生产工具用具使用费、检验试验费、工程定位复测费、工程点交费和场地清理费等。

上列 1～4 项均是企业在施工过程中耗费的构成工程实体或有助于工程形成的各项支出,故称为直接成本。

5. 间接费用

间接费用是指企业各施工单位为组织和管理工程所发生的全部支出,包括施工单位管理人员工资、奖金、职工福利费等职工薪酬、行政管理用固定资产折旧费及修理费、物料消耗、低值易耗品摊销、取暖费、工程保修费、劳动保护费、排污费及其他费用。

（二）期间费用

施工企业的期间费用包括管理费用和财务费用,这些费用均不能计入工程成本,而是作为期间费用计入当期损益。施工企业管理费用和财务费用核算内容及方法与工业企业基本相同,此处不再赘述。

三、成本核算的方法和程序

根据施工企业生产特点和管理要求,可以比照工业企业产品成本核算的分批法(订单法)进行各项工程成本的核算。为了归集施工过程中所发生的全部费用,应设置"工程施工"、"机械作业"等成本类账户。

"工程施工"账户用来核算施工企业实际发生的合同成本和合同毛利。该账户借方核算施工过程中发生的人工费、材料费、机械使用费、其他直接费以及间接费用和确认合同毛利;贷方核算结转的已完工程、竣工工程的实际成本和确认的合同亏损;其借方余额反映未完工程的建造合同成本和合同毛利。该账户可按建造合同,分别"合同成本"、"间接费用"、"合同毛利"进行明细核算。

（一）人工费的核算

施工人员的计件工资,一般都能分清是为哪个工程所发生的,所以根据工程任务单计算并可直接计入各个成本核算对象的"人工费"项目。计时工资应按实际工时或定额工时进行分配,计入有关成本核算对象。工资性津贴、奖金、职工福利费等职工薪酬,比照计件和计时工资的核算方法,直接计入或分配计入有关的成本核算对象。

（二）材料费的核算

凡领用时能够分清用料对象的,应在领料凭证上填明受益对象的名称,财会部门据以直接计入受益成本核算对象的"材料费"成本项目;由几个成本核算对象共同使用的材料,如砂、石等大堆材料,以及采用集中配料或统一下料的油漆、玻璃、木材等,应确定合理的分配标准(如定额耗用量),在受益的成本核算对象之间进行分配;周转使用的模板、脚手架等自用周转材料,应按各工程成本对象实际领用数量及规定的摊销方法确定各成本核算对象应摊销费用数额。对某些周转材料(如金属脚手架、组合钢模)实行内部租赁或向外部租赁使用的企业,则应按实际支付的租赁费直接计入受益成本核算对象的"材料费"成本项目。采用计划成本进行材料日常核算的企业,在计算工程成本时,必须将耗用材料的计划成本调整为实际成本。

（三）机械使用费的核算

1. 租入机械使用费的核算

租入施工机械支付的租赁费,凡能确定受益成本核算对象的,应直接计入有关成本核算对象。由几个成本核算对象共同受益的,应确定合理的分配标准(如实用台班数、定额台班数),在有关的成本核算对象之间进行分配。

2. 自有机械使用费的核算

施工企业对于使用自有施工机械和运输设备进行机械作业所发生的各项费用,首先应通过"机械作业"账户按成本核算对象(施工机械或运输设备的种类等)和成本项目进行归集,成本项目一般分为人工费、燃料及动力费、折旧及修理费、其他直接费和间接费用(为组织和管理机械作业生产所发生的费用)。月末再根据各工程成本核算对象实际使用的台班数采用台班分配法(或预算分配法、作业量分配法)计算各成本核算对象应分摊的施工机械作业费。期末,"机械作业"账户应无余额。

（四）其他直接费的核算

施工过程中实际发生的其他直接费,能够分清受益对象的,应直接记入受益成本核算对象的"其他直接费"项目;与若干个成本核算对象有关的,应按规定的方法分配计入有关的成本核算对象。

（五）间接费用的核算

间接费用是指企业各施工单位，如工程处、施工队、工区等为组织和管理施工生产活动所发生的支出。从费用性质看，间接费用类似于工业企业产品成本中的"制造费用"，应计入有关工程成本。施工企业应在"工程施工"账户下设置"间接费用"明细账户，用来归集和分配工程处、工区（队）发生的各项间接费用。该账户的借方归集平时发生的各项间接费用；期末，应将间接费用总额采用一定的分配方法分配计入各工程成本，并从该明细账户贷方转出。

四、工程成本的计算及已完工程成本的结转

施工企业必须按照规定的成本计算期计算未完工程、已完工程和竣工工程成本。采用按月结算工程价款办法的工程，应按月结转已完工程成本；采用竣工后一次结算或分段结算工程价款的工程，应按合同规定的工程价款结算期，结转已完工程成本。已完工程成本可根据下列公式计算：

$$\frac{\text{本期已完}}{\text{工程成本}} = \frac{\text{期初未完}}{\text{工程成本}} + \frac{\text{本期工程}}{\text{实际成本}} - \frac{\text{期末未完}}{\text{工程成本}}$$

在上列公式中，等式右边第一、第二个因素反映在"工程施工"账户借方，是已知数，所以只要采用一定的方法计算出期末未完工程成本就可以通过上列公式计算出已完工程成本。

未完工程成本是指期末尚未办理工程价款结算的工程成本。实际工作中通常采用"估量法"计算确定。所谓估量法，又称约当产量法，是根据施工现场盘点确定的未完成预算定额规定的工序的未完实物量，经过估计，将其折合成相当于已完分部分项工程量，再乘以该分部分项工程的预算单价，即可算出其预算成本。其计算公式是：

$$\frac{\text{期末未完工}}{\text{程预算成本}} = \frac{\text{期末未完工程折合成的}}{\text{已完分部分项工程量}} \times \frac{\text{该分部分项}}{\text{工程预算单价}}$$

上述方法实际上是把月末未完工程的预算成本视同实际成本来计算已完工程成本，如果施工企业月末未完工程在当月工程量中所占比重较大时，必然会影响成本计算的正确性。在这种情况下，为了合理分配生产费用，可选择本期已完工程与期末未完工程的预算成本作为标准来分配生产费用，计算本期已完工程和期末未完工程实际成本。

第二节 交通运输企业成本核算

交通运输业是现代生产建设的前提条件。交通运输成本是交通运输企业从事运输、装卸等营运生产活动过程中所发生的各种消耗和支出的货币表现。由于运输企业生产特点与工业企业相比有所不同,管理上也有特殊要求。因此,运输企业的成本核算同工业企业也不相同,其特点主要表现在以下几个方面。

一、成本核算对象与成本计算期

交通运输企业主要是指汽车运输、水运、海河港口、外轮代理等企业(广义上还包括铁路、民航等部门)。由于其运输活动不创造实物产品,只是使旅客和货物发生位移,因此,运输企业的成本核算对象为运送旅客和货物的运输业务,主要分为客货综合运输业务、旅客运输业务和货物运输业务。企业根据管理的需要,还可按照车型,分为客车、货车、大型车组、集装箱车辆、零担运输及其他特种车辆,分别计算其成本;按照船型,分为煤船、油品船、集装箱等运输成本;按照运输种类,分为班轮运输成本、租船运输成本等;按牵引动力类型,分为蒸汽牵引、内燃牵引、电力牵引的成本。对于港口企业,其成本核算对象主要划分为装卸业务、堆存业务、港务管理及其他业务等。所以,运输企业的成本核算对象具有多样性和复杂性的特点。

运输企业的成本计算期一般采取月历制。但对于远洋船舶运输企业,则可计算航线成本,以航次作为成本计算期,通常按照船舶载货(客)单程航次计算运输成本,单程空航时,以往复航次计算运输成本。因此,远洋船舶运输企业的成本计算期是不定期的。

二、生产费用的分类及营运成本的构成

交通运输企业在营运过程中发生的全部耗费可分为营运成本和期间费用两大部分。其中,期间费用又包括管理费用和财务费用,这些费用应直接计入当期损益,不应计入营运成本。

(一)营运成本

凡是企业在营运生产过程中实际发生的与运输、装卸、堆存和其他业务等营

运生产直接有关的各项支出都应计入营运成本。具体成本项目包括以下几方面。

1. 材料费

材料费是指企业在营运生产过程中实际消耗的各种燃料、材料、润料、备品配件、航空高价周转件、垫隔材料、轮胎、专用工器具、动力照明和低值易耗品等支出。

2. 人工费

人工费是指企业直接从事营运生产活动人员的工资、福利费、奖金、津贴和补贴、社会保险费等职工薪酬。

3. 其他费用

其他费用是指企业在营运生产过程中实际发生的固定资产折旧费、修理费、租赁费(不包括融资租赁费)、取暖费、水电费、办公费、季节性修理期间的停工损失、事故损失等支出。除上述费用外,铁路运输企业、公路运输企业、水路运输企业、航空运输企业还应分别包括下述费用:铁路运输企业包括铁路线路灾害防治费、铁路线路绿化费、铁路护路护桥费、乘客紧急救护费等营运性支出。公路运输企业包括车辆检验费、车辆清洗费、车辆冬季预热费、公路养路费、公路运输管理费、过路费、过桥费、过渡费、过隧道费、司机途中宿费、行车杂费等营运性支出。水路运输包括引水费、港务费、拖轮费、停泊费、代理费、理货费、开关舱费、扫舱费、洗舱费、烘舱费、翻舱费、转口费、倒载费等港口使用费、集装箱费用、破冰费、航道养护费、水路运输管理费、船舶检验费、灯塔费、旅客接送费,以及航行国外及港澳地区船舶发生的吨税、过境税、运河费等营运性支出。航空运输企业包括熟练飞行训练费、乘客紧急救护费等支出。

(二)期间费用

交通运输企业的期间费用包括管理费用和财务费用,这些费用均不能计入交通运输企业的营运成本。交通运输企业的管理费用和财务费用核算内容及方法与工业企业基本相同,此处不再赘述。

三、成本计算单位

运输企业的成本计算单位一般为复合单位,如运量和运输距离的复合单位——人千米、吨千米、换算吨千米等。再如,运输工具和运输时间的复合单位——机车小时、列车小时等。对于远洋和沿海船舶运输企业,分为换算吨海里、人海里和吨海里。港口企业的成本计算单位为工作量,分为装卸工作量(吨)、堆存工作量(吨天)。

四、成本核算方法

运输企业通常可采用品种法核算其作业营运成本。由于运输企业在生产经营过程中,不产生实物形态的产品,不存在期初和期末在产品,因此,其成本计算程序以及生产费用的归集和分配就较为简单。例如,从事汽车运输的企业先应以运输作业(客运、货运、装卸)作为成本核算对象,设立营业成本明细分类账,账内按规定的成本项目设置专栏,分别计算成本。对于平时发生的营运费用凡能直接计入各成本核算对象的直接计入。各项作业之间共同发生的费用,应先归集,月终再选择适当的分配方法分配转入各成本核算对象。这样,月终各种作业明细账户所归集的各项营业费用的合计数,就是各种运输作业的总成本,并进一步计算其单位成本。如果运输企业实行承包责任制,则可按承包队或承包单位组织核算。在这种情况下的成本核算具有分批法(订单法)核算成本的特点。再如,从事远洋运输业务的船舶运输企业,根据其生产经营特点和管理的需要,通常按照船舶载货(客)单程航次计算运输成本,单程空航时,以往复航次计算航线运输成本。其成本核算也具有分批法(订单法)的性质和特点。为此,应按各船舶分别开设成本计算单(营业成本明细账),用以归集远洋运输船舶自航次开始至航次结束时止,所应负担的全部营运费用,即该航次的运输成本;各船舶当月(季、年)已完航次的运输成本,即该船舶的月度(季度、年度)运输成本;企业汇总当月(季、年)各运输船舶已完航次的运输成本,即企业该月度(季度、年度)的运输成本。

第三节　商品流通企业成本核算

商品流通企业是国民经济的一个重要领域,包括商业、粮食、物资供销、供销合作社、对外贸易、医药、石油、烟草和图书发行等类企业。这些企业的特点是不直接从事商品生产活动,主要从事商品、物资的经销。因此,商品流通企业一般不存在像工业企业那样复杂的成本核算,但为了正确计算企业各项资产的价值,正确确定各期的损益,仍然要计算商品成本和期间费用,其成本费用的核算特点主要表现在以下几个方面。

一、成本核算对象

商品流通企业是以商品作为成本核算对象的。商品流通企业的主要经营活动包括商品购进和销售，在购进过程中，企业一方面付出货币资金，另一方面取得商品，在资金形态上表现为货币资金向商品资金的转化。在商品销售后，为了正确确定应从销售收入中补偿的成本耗费，仍需要采用一定方法计算结转已销商品成本。因此，商品流通企业的成本核算必须围绕商品采购成本和商品销售成本进行。

二、商品采购成本的构成及其核算方法

（一）商品采购成本的构成

商品流通企业以商品采购成本的确定作为成本核算的内容之一。按照《企业会计准则第1号——存货》规定，商品采购成本包括购买价款、相关税费、运输费、装卸费、保险费以及其他可归属于商品采购成本的费用。

商品流通企业在采购商品过程中发生的运输费、装卸费、保险费以及其他可归属于存货采购成本的费用等进货费用，应当计入存货采购成本，也可以先进行归集，期末根据所购商品的存销情况进行分摊。对于已售商品的进货费用，计入当期损益；对于未售商品的进货费用，计入期末存货成本。企业采购商品的进货费用金额较小的，可以在发生时直接计入当期损益。

（二）商品采购成本的核算方法

商品流通企业的购入商品有两种核算方法：一种是采用进价核算，另一种是采用售价核算。采用进价核算的企业，所购商品验收入库，按商品进价，借记"库存商品"账户，贷记"在途物资"、"银行存款"、"应付账款"等账户。采用售价核算的企业，在商品到达验收入库后，按售价借记"库存商品"账户，按进价，贷记"银行存款"、"在途物资"等账户，按商品售价与进价的差额，贷记"商品进销差价"账户。

三、商品销售成本的计算与结转

商品流通企业在商品销售后，一方面要反映商品销售收入，另一方面要逐笔或定期结转商品销售成本。由于同一种商品在各批次购进的单位成本不同，因而不便于及时结转销售成本，往往要到月末采用一定方法计算结转其原购进的

成本。具体方法可按库存商品核算方法的不同分为以下两种情况：

第一，采用进价核算库存商品的企业，计算已销商品成本可采用先进先出法、加权平均法、移动平均法、个别计价法、毛利率法等方法。前几种方法与工业企业计算发出材料成本的方法相同，不再赘述。兹将毛利率法作一介绍：

毛利率法是指按照商品销售收入和毛利率等资料计算商品销售成本的方法。其计算公式如下：

$$毛利率＝\frac{毛利额}{商品销售净额}×100\%$$

$$毛利额＝商品销售净额×毛利率$$

$$商品销售净额＝商品销售收入－销售退回与折让$$

$$商品销售成本＝商品销售净额－毛利额$$

$$或商品销售成本＝商品销售净额×（1－毛利率）$$

其中应注意：① 毛利率一般可按商品类别分类计算。② 毛利率可采用上季实际毛利率，也可采用本季计划毛利率。一般按上季实际毛利率计算。③ 采用这种方法，由于准确性不高，因此可在每季度的前两个月使用，最后一个月应采用前述的几种方法进行调整。

第二，采用售价核算库存商品的企业，期末应先计算出商品进销差价率，然后计算调整已销商品成本。其计算公式如下：

$$商品进销差价率＝\frac{期末分摊前"商品进销差价"账户余额}{\begin{array}{c}"库存商品"账户期末余额\end{array}＋\begin{array}{c}"委托代销商品"账户期末余额\end{array}＋\begin{array}{c}"发出商品"账户期末余额\end{array}＋\begin{array}{c}本期"主营业务收入"账户贷方发生额\end{array}}×100\%$$

$$本期已销商品应分摊的进销差价＝本期"主营业务收入"账户贷方发生额×商品进销差价率$$

实行进价核算的企业，在计算出已销商品成本后，应借记"主营业务成本"账户，贷记"库存商品"账户。实行售价核算的企业，在计算出已销商品进销差价后，应借记"商品进销差价"账户，贷记"主营业务成本"账户，以便确定销售商品的实际进价成本。

四、期间费用的核算

商品流通企业的期间费用包括销售费用、财务费用和管理费用。这些期间费用不计入商品流通企业商品采购成本,作为期间费用计入当期损益。商品流通企业销售费用、财务费用和管理费用内容及核算方法与工业企业基本相同。

商品流通企业管理费用不多的,可不设置"管理费用"账户,"管理费用"账户核算内容可并入"销售费用"账户核算。

第四节　房地产开发企业成本核算

房地产开发企业是从事房地产开发和经营的经济单位。房地产开发企业的主要业务包括土地开发、房屋开发、配套设施开发和代建工程开发等。房地产开发企业与施工企业相比较,既有相同处,又有不同处。首先,房地产开发企业开发与经营活动的对象虽然都是不动产,但其开发经营的内容更为广泛,主要有建设场地、房屋建设、基础设施、配套设施和市政工程等项目的开发建设,还有商品用房出租或经营业务以及商品房售后服务等业务,可见,房地产开发经营业务具有多样性等特点。其次,在开发过程中,涉及经济往来的结算关系极为复杂,既有委托建房单位、建筑产品购买单位,又有勘测设计单位、施工单位等。最后,房地产开发企业的开发项目生产周期也都较长,一般要跨年度生产,甚至会跨若干年度进行。

一、房地产开发企业成本核算的特点

房地产开发企业产品生产的多样性、个体性和长期性等特点,决定了房地产开发企业采用的成本计算与施工企业所采用的方法有相同处,但也具有其自身的特点。

（一）以单项开发工程为成本计算对象

房地产开发成本计算对象是指房地产开发和经营过程中所耗费用的承担者。一般来说,房地产开发企业应以单项开发工程为成本计算对象,因为开发企业的基础设施、建筑安装等工程具有多样性和固定性的特点,每一工程几乎都有它的独特形式和结构,需要一套单独的设计图纸,并要采用不同的施工方法和施工组织进行建设。工程的这些特点,决定了工程施工具有个体性,因此,基础设施、建筑安装等工程的施工属于单件生产,可采用成本计算分批法计算工程成本。对土地开发、配套设施开发、房屋开发和代建工程开发等业务,均可根据各自特点,以各类业务的单项开发工程作为成本计算对象。结合开发工程的特点和管理要求,房地产开发企业的成本计算对象,各类业务可按下列原则确定:

(1)一般房屋开发项目,以每一独立编制设计概(预)算,或每一独立的施工图预算所列的单项开发工程为成本计算对象;对开发面积不大、开发工期较短的土地,以每一块独立的开发项目为成本计算对象;能有偿转让的配套设施项目,以配套设施项目作为成本计算对象;代建工程应分别土地和房屋开发的实际情况,确定成本计算对象。

(2)对同一施工地点、同一结构类型、开竣工时间接近的各个单项工程,可合并为一个成本计算对象,以简化核算手续。

(3)对开发面积较大、开发工期较长、分区域开发的项目,可以按照一定区域作为开发项目的成本计算对象。

(二)按月定期计算成本

房地产开发企业各类业务中,很多建设项目的生产周期一般都较长,开发项目经常跨年度进行。为了及时反映开发项目的成本发生情况,考核开发经营活动的成果,房地产开发企业应按月定期计算成本。

(三)开发成本需在已完工程和未完工程之间进行分配

房地产企业的土地开发、房屋开发、配套设施开发和代建工程开发等各类业务,由于生产周期一般都较长,开发项目的每个工程又都是一个连续不断的过程,一般不能等到每个工程全部完工后再计算其成本,因此在月末,建设工地既有"已完工程",又有"未完工程"的情况下,按成本计算对象归集的开发成本还必须在两者之间进行分配。

二、房地产开发企业成本的构成内容

房地产开发成本是指房地产开发企业在开发过程中所发生的各项费用。开发成本按其用途,可分为土地开发成本、房屋开发成本、配套设施开发成本和代建工程开发成本四类。为了反映各类开发成本的构成,又可将开发成本进一步划分为若干项目,通常称为产品成本项目。房地产开发企业的产品成本项目,应根据其生产经营特点和成本管理要求设置,一般有以下六个项目。

（一）土地征用及拆迁补偿费

土地征用及拆迁补偿费是指因开发房地产而征用土地所发生的各项费用，包括土地征用费、耕地占用税、劳动力安置费及地上、地下附着物拆迁补偿的净支出、安置动迁用房支出。在采用批租方式取得土地时，还应包括批租地价等。

（二）前期工程费

前期工程费是指土地、房屋开发前发生的各项费用，包括规划、设计、项目可行性研究、水文地质勘查、测绘、"三通一平"等支出。

（三）基础设施费

基础设施费是指土地、房屋开发过程中发生的各项基础设施费用，包括开发小区内道路、供水、供电、供气、排污、排洪、通讯、照明、绿化、环卫等工程发生的支出。

（四）建筑安装工程费

建筑安装工程费是指土地、房屋开发项目在开发过程中发生的各种建筑安装工程费用，包括以出包方式支付给承包单位的建筑安装工程费和以自营方式按工程施工图施工所发生的各项建筑安装工程费和设备费。

（五）公共配套设施费

公共配套设施费是指房地产开发项目在小区内发生的，可计入土地、房屋开发成本的不能有偿转让的公共配套设施费用，包括水塔、车库、锅炉房、消防、公厕、居委会、派出所、幼儿园等设施支出。

（六）开发间接费用

开发间接费用是指房地产开发企业所属直接组织、管理开发项目发生的各项间接费用，包括管理人员的工资、职工福利费等职工薪酬、折旧费、修理费、办公费、水电费、劳动保护费、周转房摊销等。

以上六个项目构成了房地产开发企业产品的开发成本，其中土地征用及拆迁补偿费、前期工程费、基础设施费、建筑安装工程费、公共配套设施费是构成房地产企业开发产品实体或有助于产品形成的直接成本，可直接计入有关开发产品成本。开发过程中发生的间接费用应先进行归集，月末，再按一定分配标准分配计入有关的开发产品成本。

房地产开发企业(公司本部)行政管理部门为组织和管理开发经营活动而发生的管理费用、财务费用,以及为销售、出租、转让开发产品而发生的销售费用,都应作为期间费用计入当期损益。

第五节 旅游、饮食服务企业成本核算

旅游、饮食服务企业是国民经济中第三产业的重要组成部分,包括旅游业、饮食业和服务业。旅游业是凭借旅游资源,以旅游设施为条件,为满足游客食、住、行、游、购、娱乐等生活需求,提供商品和服务的综合性服务的企业。饮食业是以从事出售加工烹制菜肴和食品,并提供客人消费设施、场所和服务为主要业务的企业。服务业是利用具有特殊设施的场所和具有特殊技能的劳动,为满足消费者特殊需要而提供服务的企业。

旅游、饮食服务企业具体包括旅游业、饭店(宾馆、酒店)、度假村、游乐场、歌舞厅、餐馆、酒楼、旅店、修理店、理发美容店、浴池、照相馆、洗染店、影视厅、咨询业等。

旅游、饮食服务企业是集生产、流通、服务三个职能于一体的综合性服务企业,其经营特点表现为以服务为中心,辅之以生产和流通,直接为消费者服务。旅游、饮食服务企业的商品生产和销售,既具有制造企业与商品流通企业的性质,又具有服务企业的性质,但又不完全等同于这三类企业。

一、旅游、饮食服务企业成本核算的特点

旅游、饮食服务企业的成本核算,根据其自身的经营特点,采用不同的成本核算方法,从而形成了不同的核算特点。

(一)采用多种成本核算方法

旅游、饮食服务企业是一个综合性服务业,它们兼有生产、零售和服务三种职能,在成本核算上必须区分不同的经营活动,参照制造企业、商品流通企业的成本核算方法进行核算。例如,餐饮业在业务经营过程中,除以服务为中心外,还应根据消费者的需要,加工烹制各种菜肴和食品,然后将烹制品直接供应给消费者,并为消费者提供消费的场所、设施和时间。这个生产、销售和服务的全过

程,就包含了制造企业、商品流通企业和服务企业三种不同性质。但饮食制品的质量标准和技艺要求较高,而且生产、销售、服务全过程所要求的时间很短,因此,不可能像制造企业那样,按产品逐次逐件进行完整的成本计算,而只能计算餐饮制品所耗原材料的总成本。售货业务则可采用商品流通企业的核算方法。综上所述,旅游、饮食服务企业可根据各类经营业务的不同特点,采用不同的成本计算方法。

（二）分别计算自制商品与外购商品成本

旅游、饮食服务企业的经营活动中,如果既经营外购商品销售业务,又经营自制商品销售业务,则需要分别计算外购商品进价和自制商品的成本,并采用售价金额核算法,准确地计算已销商品的进价成本。

（三）涉外企业需计算汇兑损益和换汇成本

随着我国旅游业的蓬勃发展,国内旅游者出境游览和国外旅游者到国内游览人数逐年增加,旅游企业的接待工作由组织国内旅游者在国内进行游览活动,转向组织国内旅游者出境游览以及组织接待国外旅游者到国内游览。在这些业务活动中,对涉外的旅游、饮食服务企业(主要是指旅游企业和大饭店),应按照国家外汇管理条例和办法,办理外汇业务,并根据《企业会计准则第 19 号——外币折算》规定,正确计算汇兑损益和换汇成本。

二、旅游、饮食服务企业营业成本的构成

旅游、饮食服务企业的营业成本是企业在各项经营业务中发生的各种直接耗费。由于旅游、饮食服务企业各类业务的经营特点各不相同,因而营业成本的构成内容也不相同。综合各行业营业成本的构成内容,主要包括以下五个方面:

（1）企业直接耗用的原材料、调料、配料、辅料、燃料等直接材料,包括饭店餐馆和餐饮部耗用的食品,饮料的原材料、调料、配料成本;餐馆、浴池耗用的燃料成本;饭店洗衣房、洗染店、照相馆、修理店耗用的原材料、辅料成本。

（2）旅行社代付的房费、餐费、交通费、文娱费、行李托运费、票务费、门票费、专业活动费、签证费、陪同费、劳务费、宣传费、保险费、机场费等。

（3）商品采购成本。商品采购成本分为国内购进商品采购成本和国外购进商品采购成本。国内购进商品采购成本是指购进商品的实际成本,包括购买价款、相关税费、运输费、装卸费、保险费以及其他可属于商品采购成本的费用。国

外购进商品采购成本是指商品在购进过程中发生的实际成本,包括进价、进口环节缴纳的税金以及其他可归属于商品采购成本的费用。

（4）汽车成本。汽车成本是指宾馆车辆在服务营运过程中所发生的直接费用,包括汽油费、工资、维修费、养路费等。

（5）其他成本。其他成本是指不能计入以上内容的其他营业项目所支付的直接成本。

旅游、饮食服务企业为管理和组织经营活动所发生的销售费用、管理费用和财务费用应作为期间费用,直接计入当期损益。

第六节　金融企业成本费用核算

金融企业成本费用核算,就是对企业在业务经营过程中发生的与业务经营有关的支出进行核算,以反映金融企业各部门营业成本及其管理费实际发生情况,并据以控制、分析和考核其业务经营和财务成果,促进企业加强内部管理,提高工作效率和经济效益。

一、金融企业成本核算的特点

金融企业是指专门经营货币和信用业务,以促进货币流通和提高货币使用效果来促进国民经济顺利进行、方便人民生活的行业。其经营特点是充当信用中介,把社会各方面闲置的货币资金和居民手中的货币资金汇集起来,有偿提供给他人使用,并赚取货币存贷之间的利息差额。金融企业经营特点决定其成本核算具有与其他行业不同的最大特点是:成本核算对象一般不作细致划分。

从理论上讲,金融企业的成本核算对象就是其经营业务的品种。但是,金融企业在经营过程中发生的一系列费用支出,大多是为取得营业收入而发生的。这些费用支出很难对象化到某一"产品"或经营业务的品种上去,与该"产品"或经营业务收入相配比。因此,金融企业成本核算对象一般不作细致划分。金融企业在经营中发生的支出直接计入当期费用,与当期的营业收入相配比。

二、金融企业的成本费用构成

金融企业的成本费用是指企业在业务经营过程中发生的与业务经营有关的支出,包括利息支出、手续费及佣金支出、业务及管理费等。

（一）利息支出

利息支出是指金融企业发生的各种利息支出，包括吸收的各种存款（单位存款、个人存款、信用卡存款、特种存款、转贷款资金等）、与其他金融机构（中央银行、同业等）之间发生资金往来业务、卖出回购金融资产等产生的利息支出。

（二）手续费及佣金支出

手续费及佣金支出是指金融企业发生的与经营活动相关的各项手续费、佣金等支出。

（三）业务及管理费

根据现行的《企业会计准则》规定，金融企业的期间费用相对于其他行业亦有明显的特点，即金融企业不像一般企业那样将期间费用分为管理费用、营业费用和财务费用，而是设置了一个内容更为宽泛的"业务管理费"。业务管理费是指金融企业在业务经营和管理过程中所发生的各项费用，包括折旧费、业务宣传费、业务招待费、电子设备运转费、钞币运送费、安全防范费、邮电费、劳动保护费、外事费、印刷费、低值易耗品摊销、职工工资及福利费、差旅费、水电费、职工教育经费、工会经费、会议费、诉讼费、公证费、咨询费、无形资产摊销、长期待摊费用摊销、取暖降温费、聘请中介机构费、技术转让费、绿化费、董事会费、财产保险费、劳动保险费、待业保险费、住房公积金、物业管理费、研究费用、提取保险保障基金等。

三、金融企业的成本核算方法

金融企业成本核算的主要内容是利息支出、手续费及佣金支出、业务及管理费。这些费用支出很难与经营业务品种收入直接配比。因此，根据现行《企业会计准则》的内容，金融企业成本核算的方法主要是分清各类费用支出应记入的会计账户，然后再在利润表中进行配比，以取得本期的营业利润。

（一）利息支出的核算

为了全面核算和监督金融企业发生的各种利息支出，企业应设置"利息支出"账户。资产负债表日，企业应按摊余成本和实际利率计算确定的利息费用金额，借记本账户，按合同利率计算确定的应付未付利息，贷记"应付利息"账户，按其差额，借记或贷记"吸收存款——利息调整"等账户。期末，应将本账户余额转入"本年利润"账户,结转后本账户无余额。本账户可按利息支出项目进行明细核算。

(二) 手续费及佣金支出的核算

为了全面核算和监督金融企业发生的与其经营活动相关的各项手续费、佣金等,企业应设置"手续费及佣金支出"账户。企业发生的与其经营活动相关的手续费、佣金等支出,借记本账户,贷记"银行存款"、"存放中央银行款项"、"存放同业"、"库存现金"、"应付手续费及佣金"等账户。期末,应将本账户余额转入"本年利润"账户,结转后本账户无余额。本账户可按支出类别进行明细核算。

(三) 管理费的核算

为了全面核算和监督金融企业在业务经营和管理过程中所发生的各项费用,企业应设置"业务及管理费"账户。企业发生相关费用时,借记本账户,贷记"银行存款"、"应付职工薪酬"、"累计折旧"等账户。期末,应将本账户余额转入"本年利润"账户,结转后本账户无余额。本账户可按其费用项目进行明细核算。

本 章 小 结

1. 商品批发企业一般采用"数量进价金额法"。由于批发企业商品购销量大,采用合理的计价方法计算库存商品和销售商品进价成本非常重要。批发企业常用的方法有分批实际进价法、加权平均单价法、先进先出法和毛利率法等。计算出的已销商品的进价成本结转到"主营业务成本"账户。

2. 零售商业企业一般采用"售价金额核算法"对商品的进、销、存进行核算。其特点是以零售价作为商品购进入库、发出和销货计价的依据,实际进价与销售价格之间的差价通过"商品进销差价"账户进行核算。期末将已经销售的商品应该负担的进销差价从"商品进销差价"账户结转到"主营业务成本"账户,将商品销售成本调整为实际成本。

3. 运输企业经营业务分为运输业务、装卸业务、堆存业务、代理业务、港务管理业务、通用航空业务、机场服务业务及其他业务等,其中运输业务是最主要的业务。运输企业以营运生产的各类业务作为成本计算对象。需要时,还要以营运工具的运行情况和运行航线等作为成本计算对象。

4. 施工企业的流动性、单件性和生产周期长等经营特点决定了施工企业一般按单独的工程项目进行成本计算。对于规模大、工期长的单位工程,可以将工程划分为若干部分,以分部工程作为成本计算对象。同一建设项目包含若干单位工程的,可以合并作为一个成本计算对象。施工企业通过设置"工程施工"、"机械作业"等账户进行工程成本核算。已完工程成本的计算与结转,应根据工程价款的结算方法来决定。

5. 房地产开发企业是从事房地产开发和经营的经济单位,其主要业务包括土地开发、房屋开发、配套设施开发、代建工程开发等。房地产开发企业成本核算的特点主要表现为:以单项开发工程作为成本计算对象;按月定期计算成本;开发成本需要在已完工程和未完工程之间进行分配。

6. 旅游饮食服务企业是国民经济中第三产业的重要组成部分,包括旅游业、饮食业和服务业。其成本核算的特点为:成本核算方法具有多样性;分别计算自制商品与外购商品成本;涉外企业需计算汇兑损益和换汇成本。

7. 金融企业成本费用是指金融企业在业务经营中发生的与业务经营有关的各项支出,包括各项利息支出、手续费及佣金支出、业务及管理费等。其成本核算的特点:成本核算对象一般不作细致划分,企业在经营中发生的支出直接计入当期费用,与当期的营业收入相配比;成本费用的核算主要是分清各类费用支出应记入的会计账户。

关 键 术 语

工程成本　机械使用费　未完工程成本　商品采购成本　商品销售成本
前期工程费　开发间接费用　业务及管理费

思 考 题

1. 商品流通企业成本核算的主要特点是什么?
2. 商品流通企业经营商品的成本应该由哪些内容构成?
3. 批发企业与零售企业成本核算有什么不同?
4. 说明运输企业成本计算对象和成本核算的特点。

5. 结合施工企业的生产经营特点说明施工企业的成本计算对象。

6. 简述旅游饮食服务企业营业成本的构成内容。

7. 房地产开发企业成本核算有哪些特点?

8. 旅游、饮食服务企业成本核算方法为什么具有多样性的特点?

9. 金融企业成本计算的特点有哪些?

第十二章　成　本　报　表

内容提要

　　本章主要介绍了成本报表的概念和特点，编报成本报表的基本要求以及成本报表的种类和编制方法。重点讲述了商品产品成本表、主要产品单位成本表的结构和编制方法。

第一节　成本报表概述

一、成本报表的作用

　　成本报表是根据日常成本核算资料定期编制，用以反映企业在一定时期内成本的构成和成本水平，分析和考核企业成本计划完成情况的内部报告文件。在企业的成本核算中，编制成本报表是最后一个环节。正确、及时地编制成本报表，对于了解企业在报告期内产品成本计划的完成情况，分析产品成本及有关费用的升降原因，考核有关成本指标的变动趋势及其结果等，都具有非常重要的意义。成本报表的作用主要表现为以下几个方面。

　　（一）成本报表对提高企业的成本管理水平具有重要作用

　　在市场经济条件下，在产品适销对路和质量有保证的前提下，产品成本水平的高低，是产品有无竞争力的重要标志，同时也是企业成本管理水平高低的体现。通过编制成本报表，可考核企业本期成本水平和计划的完成情况，同时可为编制下期成本计划提供参考资料。利用和分析成本报表，可发现成本工作中存在的问题,查明产品成本的升降情况,为进一步分析产品成本和挖掘降低成本的潜力提出问题,指明方向,从而在总结经验、消除缺点的基础上,使企业的成本管理水平得到普遍而迅速的提高。

（二）成本报表是企业统筹安排人、财、物的重要依据

成本报表可反映一定时期产品成本的消耗水平,通过成本分析,根据执行情况及影响因素,经综合平衡后,可有计划、合理地使用人力、物力和财力。特别是在成本降低,人、财、物相对节余的情况下,可据市场情况统筹安排,全方位地提高企业和社会的经济效益。

（三）成本报表是企业生产经营决策的重要依据

随着企业步入市场经济,其生产经营活动也愈来愈复杂,不仅要求企业必须提高效率,灵活经营,以适应复杂多变的社会需要,而且要求企业必须通过大力改善经营管理来提高经济效益。这样,经营决策就成为企业领导者的一项重要工作。经营决策包括许多方面,其中生产决策是重要组成部分之一。企业首要的任务,是以尽可能少的消耗,生产出尽可能多的符合社会需要的产品。即一方面,要充分利用资源,以尽量少的投入产出尽量多的产品,来提高企业的经济效益;另一方面,要产销对路,企业生产的产品必须符合社会需要,从而提高社会效益。要做到这两点必须进行生产决策,而生产决策中不论是增产还是减产,或是停产,都离不开成本报表中成本水平高低这个重要的信息资料。

二、成本报表的编制要求

为了充分发挥成本报表在企业经营管理活动中的积极作用,企业在编制成本报表时应该做到:内容完整、数字真实和编报及时。

（一）内容完整

内容完整,就是应编制的成本报表及其指标和文字说明,表内项目和表外补充资料,不论是根据账簿资料直接填列,还是分析计算填列,都应当完整无缺。

（二）数字真实

数字真实,就是报表的指标必须如实反映真情,不能随意估计数字更不能弄虚作假篡改数字。所以,企业编制成本报表时,必须将所有的经济业务登记入

账,划分清应计入产品成本的费用和期间费用的界限;应清查财产物资,做到账实相符;应核对各种账簿之间的记录,做到账账相符。编完报表后,应检查各报表中相关指标的数字是否一致。

(三) 编报及时

编报及时,就是要按照规定的期限编制成本报表。这样才能保证利用准确完整的资料,及时地对企业成本计划的完成情况进行考核和分析,及时从中发现问题,采取措施迅速加以解决,以充分发挥成本报表的应有作用,从而真正提高企业的成本管理水平。

三、成本报表的种类

成本报表是服务于企业内部经营管理而编制的内部报告文件,其格式、项目和编报时间一般应由企业根据本企业的生产特点和管理要求自行确定。工业企业的成本报表主要有以下几种:

(1) 商品产品成本表。

(2) 主要产品单位成本表。

(3) 制造费用明细表。

另外,企业为了考核和分析期间费用的发生数额及预算的执行结果,也可以编制管理费用明细表、销售费用明细表和财务费用明细表等成本类报表。

第二节　商品产品成本表

一、商品产品成本表的作用

商品产品成本表是总括地反映企业在报告期内生产的全部商品产品的总成本以及各种主要商品产品单位成本和总成本的报告文件。利用该表,可以考核全部商品产品成本和各种主要商品产品成本计划的执行结果,对商品产品成本节约或超支情况进行总括评价,以便分析产品成本增减变化的原因,寻找降低产品成本的途径;可以考核可比产品成本降低计划的执行结果,计算各种因素对成本计划的影响程度,分析其中的有利因素与不利因素,从而采取有效措施,挖掘进一步降低产品成本的潜力。

二、商品产品成本表的结构及内容

商品产品成本表一般可分为可比产品、不可比产品和补充资料三部分。可比产品是指企业以前年度正式生产过,并且有成本资料可以比较而现在仍在继续生产的产品;不可比产品是指企业以前年度没有正式生产过,没有成本资料可以比较的产品。这两部分内容主要反映其本月总成本和本年累计总成本等资料。补充资料部分,主要反映可比产品成本的降低额和降低率等资料。商品产品成本表,如表 12 - 1 所示。

三、商品产品成本表的编制方法

商品产品成本表各项目的填列方法如下所述。

（一）实际产量

实际产量又分为两栏,分别反映本月和从年初起至本月末止各种主要商品产品的实际产量,是根据成本计算单或产成品明细账的记录计算填列的。

（二）单位成本

单位成本分为四栏,分别反映主要商品产品的上年实际平均单位成本、本年计划单位成本、本月实际单位成本和本年累计实际平均单位成本。

（1）上年实际平均单位成本。各种可比产品要填列此项内容,应根据上年度本表所列示的各种产品的全年实际平均单位成本填列。

（2）本年计划单位成本。应根据本年度成本计划中的单位成本填列,不论可比还是不可比产品均要填列此项内容。

（3）本月实际单位成本。应根据本表中本月实际总成本除以本月实际产量所得的商填列。

（4）本年累计实际平均单位成本。应根据本表中本年累计实际总成本除以本年累计实际产量所得的商填列。

（三）本月总成本

本月总成本分三栏,分别反映各种主要商品产品本月实际产量的上年实际、本年计划和本月实际的总成本,以便按月考核产品成本计划的完成情况。本月实际的总成本,应根据成本计算单的有关数字填列;按上年实际平均单位成本和

表12-1 商品产品成本表

编制单位：泰川工厂　20××年×月　　　　　　　　　　　　　　　　单位：元

产品名称	规格	计量单位	实际产量		单 位 成 本				本月总成本			本年累计总成本		
			本月	本年累计	上年实际平均	本年计划	本月实际	本年累计实际平均	按上年实际平均单位成本计算	按本年计划单位成本计算	本月实际	按上年实际平均单位成本计算	按本年计划单位成本计算	本年实际
	×	×	1	2	3	4	5=9÷1	6=12÷2	7=1×3	8=1×4	9	10=2×3	11=2×4	12
可比产品合计	×	×	×	×	×	×	×	×	439 200	427 000	425 600	5 230 000	5 085 000	5 070 000
其中1. 甲		台	600	7 000	520	505	508	510	312 000	303 000	304 800	3 640 000	3 535 000	3 570 000
2. 乙		台	400	5 000	318	310	302	300	127 200	124 000	120 800	1 590 000	1 550 000	1 500 000
3.														
不可比产品合计	×	×	×	×	×	×	×	×	×	47 500	48 786	×	503 500	530 000
其中1. 丙		台	50	530	×	950	975.72	1 000	×	47 500	48 786	×	503 500	530 000
2.					×		×		×			×		
全部商品产品制造成本	×	×	×		×		×		×	474 500	474 386	×	5 588 500	5 600 000

补充资料：

1. 可比产品成本降低额：160 000元；2. 可比产品成本降低率：3.06%（本年计划数：2.8%）。

按本年计划单位成本计算的总成本,应根据上年实际平均单位成本和本年计划单位成本,分别乘以本月实际产量所得的积填列。

（四）本年累计总成本

本年累计总成本分三栏,分别反映各主要商品产品本年累计实际产量的上年实际、本年计划和本年累计实际的总成本,借以考核年度内成本计划的执行结果。其填列方法相同。本月各种总成本和各种累计成本都是在实际产量的基础上计算的,这样使各种总成本之间具有可比性,有助于成本的分析。

表12-1中的本年累计实际总成本,应该与产成品成本计算单中的有关指标一致;表中的单位成本,应该与主要产品单位成本表中的有关指标相符。

（五）补充资料

补充资料主要有可比产品成本降低额及降低率,其计算公式如下:

$$\text{可比产品成本降低额} = \text{可比产品按上年实际平均单位成本计算的累计总成本} - \text{可比产品本年累计实际总成本}$$

$$\text{可比产品成本降低率} = \frac{\text{可比产品成本降低额}}{\text{可比产品按上年实际平均单位成本计算的累计总成本}} \times 100\%$$

第三节　主要产品单位成本表

一、主要产品单位成本表的作用

主要产品单位成本表是反映企业在报告期内生产的各种主要产品单位成本构成情况及其有关技术经济指标完成情况的报告文件。它是对商品产品成本表所列主要产品成本的补充说明。编制主要产品单位成本表,可以按照成本项目分析和考核主要产品单位成本计划的执行结果,分析主要产品单位成本升降的具体原因;可以按照成本项目将本月实际和本年累计实际平均单位成本与上年实际平均和历史先进水平进行比较,了解其比上年的升降情况,与历史先进水平是否有差距;通过该表,还可以考核与分析主要产品的主要技术经济指标的执行情况,从技术和经济结合的角度,寻求降低产品成本的途径。

二、主要产品单位成本表的结构和内容

该表分上下两部分,上半部分反映产品本月实际合格品产量、本年累计实际合格品产量、销售单价和按成本项目表示的单位成本;下半部分反映单位产品所耗用的各种主要原材料的数量和生产工人工时等主要技术经济指标。为了便于考核产品成本的变动情况,各成本项目和主要技术经济指标分别列示了本年计划、本月实际和本年累计实际的单位成本和单耗。如果是可比产品,还应列示历史先进水平和上年实际的单位成本和单耗。主要产品单位成本表,如表 12 - 2 所示。

表 12 - 2 主要产品单位成本表
20××年×月

产品名称	甲	本月实际产量	60
规 格		本年累计实际产量	720
计量单位	台	销售价格	

成本项目	历史先进水平(___年)	上年平均实际	本年计划	本月实际	本年累计平均实际
直接材料		56.4	50	54	54
直接人工		13.6	12	9	13
制造费用		8	8	7	7
废品损失		2	×	2	1
制造成本	(略)	80	70	72	75
主要技术经济指标	用量	用量	用量	用量	用量
1. A材料					
2. B材料					
3. 工时					
4.					

三、主要产品单位成本表的编制方法

主要产品单位成本表上半部分历史先进水平栏,是指本企业历史上该种产品成本最低年份的实际平均单位成本,应据该年的成本资料填列;上年平均实际栏,是指上年平均实际单位成本,应据上年本表资料填列;本年计划栏,是指本年计划单位成本,应据年度成本计划填列;本月实际栏,是指本月的实际单位成本,应据本月完工的该种产品的成本计算单填列;本年累计实际平均栏,是指本年年初至本月末止该种产品的平均实际单位成本,应据各月成本计算单,将各月的完工产品成本分成本项目汇总,然后除以本年累计实际产量计算填列。下半部分的产品主要技术经济指标据有关统计资料填列。

各成本项目可据行业的特点和管理的需要适当增减。比如,原材料比重大,可在直接材料下单设原材料项目;反之,可不设。对自制半成品,如进行成本还原的企业可将其按构成项目分别计入产成品的有关成本项目下;如不进行成本还原的企业,则根据耗用比例的大小,可单设自制半成品项目,也可计入原材料项目下。

为了反映不合格品的产量和适应统计上的需要,有不合格品的企业,应将可出售的不合格品占合格品的产量和不合格品的比重,在该表补充资料中填列。

第四节　制造费用明细表

一、制造费用明细表的作用

制造费用明细表是反映企业在报告期内发生的制造费用总额和各项费用明细数额的报告文件。利用该表,可以考核制造费用计划的执行结果;分析各项费用的构成情况和增减变动原因,以便进一步采取措施,压缩开支,降低制造费用。

二、制造费用明细表的结构和内容

该表按费用项目分别反映各该费用的本年计划数,上年同期实际数和本年累计实际数,并在下端反映各该费用的合计数。

制造费用明细表,如表12-3所示。

表 12 - 3　制造费用明细表

编制单位：　　　　　　　　　　　年　月　　　　　　　　　　单位：元

项　　目	行　次	本年计划	上年实际	本年累计实际
1. 职工薪酬				
2. 折旧费				
3. 修理费				
4. 办公费				
5. 水电费				
6. 机物料消耗				
7. 租赁费				
8. 劳动保护费				
9. 差旅费				
10. 保险费				
11. 其他				
制造费用合计				

三、制造费用明细表的编制方法

表中本年计划数，应根据本年制造费用计划填列；上年同期实际数，应根据上年同期本表的累计实际数填列；本年累计实际数，应根据"制造费用"总账账户所属基本生产车间制造费用明细账的本年累计发生额填列。由于辅助生产车间的制造费用，已通过辅助生产费用的分配转入基本生产车间制造费用有关成本项目中，因而，本表的制造费用应根据基本生产车间的制造费用明细账的记录填列，以免重复反映。

第五节　期间费用明细表

一、期间费用明细表的内容及格式

期间费用明细表包括管理费用明细表、销售费用明细表和财务费用明细表，它们分别反映企业在报告期内发生的全部管理费用、销售费用和财务费用及其构成情况，其格式，分别如表 12 - 4 至表 12 - 6 所示。

表 12 - 4　管理费用明细表

年　月　　　　　　　　　　　　　　单位：元

费 用 项 目	本年计划	上年同期实际	本月实际	本年累计实际
职工薪酬				
折旧费				
排污费				
修理费				
租赁费				
保险费				
机物料消耗				
低值易耗品摊销				
办公费				
水电费				
差旅费				
印花税				
业务招待费				
税金				
无形资产摊销				
劳动保险费				
材料、产成品盘亏和毁损				
其他				
合　　计				

表 12 - 5　财务费用明细表

年　月　　　　　　　　　　　　　　单位：元

费 用 项 目	本年计划	上年同期实际	本月实际	本年累计实际
利息支出（减利息收入）				
汇兑损失（减汇兑收益）				
金融机构手续费				

（续表）

费 用 项 目	本年计划	上年同期实际	本月实际	本年累计实际
其他				
合　　计				

表 12 - 6　销售费用明细表

年　月　　　　　　　　　　　　　　　单位：元

费 用 项 目	本年计划	上年同期实际	本月实际	本年累计实际
职工薪酬				
折旧费				
修理费				
租赁费				
保险费				
机物料消耗				
低值易耗品摊销				
办公费				
水电费				
差旅费				
运输费				
广告费				
展览费				
其他				
合　　计				

二、期间费用明细表的编制

管理费用明细表、财务费用明细表和销售费用明细表中的"本年计划"栏各项目,应根据本年计划数填列;"上年同期实际"栏,应填列上年同期实际发生的数额;"本月实际"栏,应根据各自明细账中的实际发生数填列;"本年累计实际"栏,应填列本年初至报告期末止的累计发生数额。

本 章 小 结

1. 成本报表是根据日常成本核算资料定期编制,用以反映企业在一定时期内成本的构成和成本水平,分析和考核企业成本计划完成情况的内部报告文件。成本报表是企业的内部报表,其格式、项目和编报时间一般应由企业自行确定。

2. 为了保证成本报表的有用性,编制报表时应做到:内容完整、数字真实、编报及时。工业企业的成本报表主要包括商品产品成本表、主要产品单位成本表和制造费用明细表等。

3. 商品产品成本表是总括地反映企业在报告期内生产的全部商品产品的总成本及各种主要商品产品单位成本和总成本的报告文件。其结构一般分为可比产品不可比产品和补充资料三部分。

4. 主要产品单位成本表是反映企业在报告期内生产的各种主要产品单位成本构成情况及有关经济技术指标完成情况的报告文件。它是对商品产品成本表所列主要产品成本的补充说明。编报此表可以分析主要产品单位成本升降的具体原因,从而使企业加强成本管理,不断降低产品成本。

5. 制造费用明细表是反映企业在报告期内发生的制造费用总额和各项费用明细数额的报告文件。该表应根据"制造费用"总账账户所属基本生产车间制造费用明细账中的实际发生数填列,该表中不包含辅助生产车间发生的各项制造费用。

关 键 术 语

成本报表　商品产品成本表　主要产品单位成本表　制造费用明细表　管理费用明细表　销售费用明细表　财务费用明细表　可比产品成本降低额　可比产品成本降低率

思 考 题

1. 成本报表的作用具体表现在哪些方面?

2. 工业企业的成本报表一般有哪几种？

3. 成本报表编制的要求有哪些？

4. 商品产品成本表中的"本月总成本"和"本年累计实际总成本"的计算依据是什么？

5. 主要产品单位成本表中的"主要技术经济指标"一般包括哪些内容？

练 习 题

一、目的：练习商品产品成本表和主要产品单位成本表的编制方法。

二、资料：

某企业生产甲、乙、丙三种产品，其中，甲产品、乙产品为可比产品，丙产品为不可比产品。

20××年12月份有关资料如下：

甲产品本月实际产量为400件，本年累计实际产量为4 000件；

乙产品本月实际产量80件，本年累计实际产量为840件；

丙产品本月实际产量为40件，本年累计实际产量为500件；

可比产品成本本年计划降低率为20％。

各种产品成本资料如表12-7所示。

表12-7　产品成本资料明细表

摘　　　　要	直接材料	直接人工	制造费用	合　　计
甲产品上年实际平均单位成本	87	46.2	143	276.2
甲产品本年计划单位成本	86	44	144	274
甲产品本月实际单位成本	87.28	40.94	143.98	272.2
甲产品本年累计实际平均单位成本	88	41.8	142.2	272
甲产品本月实际总成本	34 912	16 376	57 592	108 880
甲产品本年实际总成本	352 000	167 200	568 800	1 088 000
乙产品上年实际平均单位成本				976
乙产品本年计划单位成本				974
乙产品本月实际总成本	12 848	6 618.67	19 466.67	38 933.34

（续表）

摘　　要	直接材料	直接人工	制造费用	合　　计
乙产品本年实际总成本	134 719.2	69 400.8	204 120	408 240
丙产品本年计划单位成本				3 000
丙产品本月实际总成本	19 889.1	10 245.9	30 135	60 270
丙产品本年实际总成本	257 400	132 600	390 000	780 000

三、要求：

根据上述资料，编制商品产品成本表和主要产品单位成本表（甲产品）。未提供资料的项目从略。

四、参考答案：

1. 可比产品按上年实际平均单位成本计算的累计总成本为 1 924 640 元，本年累计总成本为 1 496 240 元。

2. 全部商品产品本年累计总成本为 2 276 240 元。

3. 可比产品成本降低额为 428 400 元，降低率为 22.26%。

4. 甲产品的单位成本表（略）。

第十三章 成本分析

内容提要

　　本章主要介绍了成本分析的概念和内容,成本分析的方法及其应用。对成本分析的方法侧重介绍了因素分析法,对于成本分析方法的应用,主要介绍了商品产品成本的分析、可比产品成本的分析以及主要产品单位成本的分析。

第一节　成本分析概述

一、成本分析的意义

　　成本分析是以成本核算提供的数据为主,结合有关的计划、定额、统计和技术资料,应用一定的方法对影响成本升降的各种因素进行科学分析,以便查明成本变动的原因,充分挖掘增产节约的潜力,促使企业不断降低成本的一项综合性工作。

　　成本分析是成本会计的重要组成部分,成本会计不仅要按时编制既积极又切实可行的成本计划,而且还要组织和监督成本计划的执行,反映和检查成本计划的完成情况。通过成本分析,随时查明脱离成本计划的各种情况,以便及时采取有效措施,促进企业完成和超额完成成本计划;同时,通过查明成本计划完成或没有完成的原因,可以对成本计划本身及其执行情况进行评价,并为正确编制下期的成本计划提供重要的依据。

　　成本分析在企业决策方面具有重要的作用,同时也是现代管理的一项中心课题。正确的决策产生正确的行动,得到良好的结果。反之,错误的决策导致错误的行动,得出不利的结果。所以,正确的决策对各级领导是十分重要的。企业领导和管理人员对有关改进生产、提高质量、促进节约的各种方案要择优选择。而择优选择绝不是主观臆断,它要以客观数据为根据。通过成本分析,对各种备选方案进行经济效益的比较,从中选择最佳的方案,为企业领导和管理人员作决策提供客观依据。所以,成本分析是保证企业决策获得最佳经济效益的重要步骤。

二、影响产品成本的因素

影响产品成本的因素是多方面的,但概括起来主要分为以下两大类。

(一) 宏观方面的因素

宏观方面的因素存在于企业外部,与企业本身的生产经营状况无直接联系,但从整个国民经济的活动范围方面,影响企业成本变动的因素。这具体表现为以下几个方面。

1. 企业地理位置与资源条件

企业地理位置,对产品成本有多方面的影响。例如,由于气候条件不同,就会影响企业固定资产的结构,从而造成企业的费用水平不同。又如,企业地处工业不发达或交通闭塞地区,同其他企业协作有困难,什么都得自己生产,产品成本也就会提高。另外,企业距离原料、燃料供应地点和产品销售市场的远近,不仅造成运费、包装费、在途运输损耗等的不同,而且影响原料、燃料和产品的储备量,从而引起仓库储存成本也会存在差别。对于采掘工业来说,开采有难易之分,矿石有品位高低的差别,这些自然资源的条件不同,也是影响产品成本水平的一个因素。

2. 企业的规模和技术装备水平

企业规模的大小,对产品成本水平有一定影响。一般来说,生产规模大的企业,技术装备比较先进,产量大,消耗低,原材料资源利用充分,产品质量好,劳动生产率高。所以,它的产品成本比规模小的企业要低。比如,一个大型钢铁企业的产品成本比中小型企业要低 20% 以上。另外,企业技术装备水平对产品成本也有一定影响,技术装备水平高,有利于提高劳动生产率和节约物资消耗,从而可以降低产品成本。但是这也并不是说,生产规模越大,技术装备水平越高,产品成本必然越低。企业生产规模要符合社会需要和经济合理,超过实际条件的规模过大或过小都是不经济的;同样,技术装备水平的先进性也是相对的,要考虑其经济效果。有些技术装备虽然先进,但价格昂贵,发挥作用不大,并不经济。这是计划和分析时必须注意的问题。

3. 企业的专业化和协作化水平

企业的专业化和协作化水平,是指在国民经济各部门之间和部门内部组织合理的专业化和协作化的程度,投资少,建设快;能够组织成批生产和大量生产;生产管理方便,能合理利用设备和人力;可以不断改进工具和工艺。因而,能够不断地提高产品质量,节约活劳动和物化劳动的消耗,促进产品成本大幅度降低。反之,如果搞"大而全"、"小而全"的生产,不仅浪费投资,而且不能充分利用设备和人力,企业生产成本必然会增高。

4. 企业的生产任务

在市场经济条件下,企业生产什么、生产多少,都得根据市场的需求来确定。如果产品的方向不定,品种、规格多变,生产任务不足,都会影响企业的产品成本水平。

(二)微观方面的因素

微观方面的因素是指企业内部经营管理等方面的因素,主要有以下几个方面。

1. 劳动生产率水平

劳动生产率的提高,不仅可以减少单位产品工时消耗,而且有可能减少单位产品成本中的工资支出。同时,劳动生产率的提高,一般会引起产量的增长,从而使单位产品成本中固定费用相对有所降低。此外,劳动生产率的提高是同技术进步、工人熟练程度提高和劳动组织改善密切相关的。这样,通常会连带地促进固定资产、原材料、动力利用的改善,从而减少单位产品成本中的物化劳动消耗。所以,提高劳动生产率可以促使单位产品中的各项费用降低,是影响产品成本的一项决定性的因素。

2. 材料和动力利用的效果

材料和动力消耗在成本中所占比重很大,是影响产品成本的重要因素。材料和动力的消耗水平,同产品设计和生产工艺是否合理密切相关。产品设计和生产工艺先进合理,就能以较少的材料和动力的消耗,制造出质量高、效能好的产品,从而就能降低产品成本;反之,如果产品设计不好,生产工艺落后,材料和动力消耗就要增加,这样就会提高产品成本。此外,材料配比、材料使用和综合利用是否经济合理,也是影响产品成本升降的重要原因。

3. 生产设备利用效果

生产设备的利用效果如何,也是影响产品成本升降的一个因素。提高设备单位时间生产效率,就会使同等数量的生产设备生产出较多的产品,从而使单位产品上分摊的折旧费和维修费减少。生产设备利用的改善,对其他成本项目的支出发生影响。例如,生产设备利用效果的提高,有利于提高劳动生产率,增加产量,以及会减少单位产品分摊的工资额。另外,生产设备利用的改善,产量的增加,也会减少单位产品上原材料和动力的消耗等。

4. 产品的质量水平

产品质量的高低,影响着产品成本的升降。在产品不能划分为等级的企业里,产品质量是通过"废品率"、"返修率"等指标来间接反映的。在一定的投产量中,废品少,合格品就多,从而使产品单位成本降低;反之,废品多,合格品就少,则消费在这些废品上的生产费用,就要转摊给同类的合格品成本去负担,因而使产品成本提高。如果废品可以修复,则修复后的废品所发生的加工费用,也要增加到同类合格品的成本中去,会使产品成本提高。在产品可划分等级的企业里,产品质量通常是通过等级系数(折合成一级品产量占各等级产量之和的比率)来表现的。等级系数的提高,意味着折合成一级品产量的增加,那么,产品成本水平也就相应地降低。

5. 企业精神文明和对人的管理状况

企业成本的高低,除受上述因素的影响之外,还受精神文明建设的影响。企业经营管理,最根本的还是对人的管理。如果企业能以人为本,对全体职工进行思想教育,充分调动全体员工的劳动积极性,对降低产品成本、提高企业的经济效益均有重要的作用。

三、成本分析的形式

成本分析根据不同的目的和要求,可分为以下几种形式。

(一)预测分析

成本分析不仅仅是事后总结分析过去,而且要事先预测未来。预测分析改变了以前单纯的事后分析的"马后炮"做法,既及时又有预见性,把成本分析推向新的阶段。预测分析主要包括决策分析和预计分析两种形式。决策分析,是在选择方案过程中对各个方案预期的经济效果进行分析,从中选出最佳方案,以防患于未然。预计分析是对成本计划执行过程中预计完成结果的分析。

（二）日常分析

日常分析是指在成本计划执行过程中的经常性分析,它按日、按周或按旬揭示各种消耗定额、费用预算的执行情况,查明产生差异的原因;随时分析各种技术经济指标对成本计划完成情况的影响,可及时采取措施,促使企业更好地完成各项技术经济指标,以保证成本计划的顺利完成。

（三）定期分析

定期分析是指在月度、季度、年度终了后按时进行的分析。通过分析查明全部商品产品成本计划、可比产品成本降低任务和各种主要产品成本计划的完成情况,揭露影响成本升降的主要矛盾和矛盾的主要方面,并在此基础上,对成本计划的完成情况作出全面的评价。

（四）不定期分析

不定期分析是指不定期地在同类型企业之间,开展厂际产品的单位成本和有关的技术经济指标的对比分析。这种分析可以在更大范围内找差距、查原因、定措施,进一步挖掘降低成本的潜力。

四、成本分析的方法

成本分析的方法是多种多样的,但在实际工作中应用最广泛的主要有对比分析法和因素分析法。

（一）对比分析法

对比分析法又称比较分析法。它是最常用的一种分析方法。成本指标的对比,根据不同需要,可采取以下几种形式:

（1）实际指标与计划指标对比。首先,将实际指标与计划指标进行比较,为进一步分析指明方向。但在对比时,必须检查计划本身的质量,如果计划本身不正确,就失掉了对比的客观标准。

（2）本期实际指标同以前(上年同期或历史最好水平)的实际指标对比。这种比较可以观察企业成本的变化趋势,有助于吸取历史经验,改进今后的工作。另外,有些经济技术指标,在作计划时并不规定它们的计划数,只能同上期指标进行对比。

(3)本期实际指标与同类型企业的指标比较,或者在企业内部展开车间、小组和个人的实际指标对比。在采用对比分析时,一定要注意指标的可比性,即要注意指标的内容、计价基础、时间单位和计算方法等方面的一致性。此外,在成本指标的对比时,除了用绝对数之外,还可以用相对数等进行比较。

(二)因素分析法

为了分析成本指标发生差异的原因,就要用因素分析法。它的基本内容是将成本指标发生差异的原因归纳为几个相互联系的因素,然后用一定的计算方法,从数值上测定各个因素对成本指标差异的影响程度。连环替代法是因素分析法的一种主要形式。这种方法的计算程序是:

(1)根据影响某项成本指标完成情况的因素,按其依存关系,将成本指标的计划数和实际数分解为两个指标体系。

(2)以计划指标体系为基础,把实际体系中的每项因素实际数逐步、顺序地替代计划数,有几项因素就替代几次;每次替换后,应计算出由于该项因素变动所得的结果;然后,把计算的结果和这一因素被替换前的结果进行比较,两者的差额,就是这一因素变化对成本指标差异的影响程度。

(3)将各个因素的影响数值相加,必然和该成本指标实际脱离计划的总差异相等。

现举例说明如下:

【例 13-1】 某企业产品成本的有关数据,如表 13-1 所示。

表 13-1 某企业产品成本的有关数据

项　　　　目	计　划　数	实　际　数
产品产量(件)	80	100
单位产品材料消耗量(千克)	10	9
材料单价(元)	5	6
材料费用(元)	4 000	5 400

　　上列资料指出实际材料费用比计划超过了 1 400 元,造成这一差异的因素有三个:产品产量、单位产品材料消耗和材料单价。用连环替代法,就可以确定各因素变化对差异的影响程度,计算如下:

$$
\left.
\begin{array}{l}
\text{计划指标:} 80 \times 10 \times 5 = 4\,000\ \text{元} \\
\text{第一次替代:} 100 \times 10 \times 5 = 5\,000\ \text{元} \\
\text{第二次替代:} 100 \times 9 \times 5 = 4\,500\ \text{元} \\
\text{第三次替代:} 100 \times 9 \times 6 = 5\,400\ \text{元}
\end{array}
\right\}
\begin{array}{l}
+1\,000\ \text{元由于产量增加} \\
-500\ \text{元由于材料节约} \\
+900\ \text{元由于价格提高}
\end{array}
$$

　　应用连环替代法,必须掌握以下基本要点:

　　(1) 成本指标体系的组成因素,必须是能反映造成该项指标差异的内在原因,否则就是数学游戏了。

　　(2) 分析某一因素变动对成本指标差异数的影响程度,只有暂时假定其他因素不变的情况下才有可能,这样才能舍去其他因素的影响。

　　(3) 各因素对成本指标差异数的影响,必须顺序、连环地逐一进行,不可采用不连环的方法计算。否则,算出诸因素的影响程度之和,也就不等于成本指标的差异数。

　　(4) 确定各因素的影响时,是以以前各因素已经变动,但以后各因素暂时不变为条件的,如果这一条件改变了,也就是说,将各个因素替代的顺序改变了,各个因素的影响差异程度也就不一样了。因此,在分析工作中,必须从可能替代程序中确定比较正确的替代程序。这就必须遵循从诸因素相互依存关系出发,并使分析结果有助于分清责任,可为进一步加强经营管理服务。在分析中,确定替代程序的原则是:数量因素在前,质量因素在后;实物量因素在前,价值量因素在后;前提因素在前,从属因素在后;原始因素在前,派发因素在后;分子因素在前,分母因素在后。这几条原则中第一条是主要的,其他几条要服从于第一条。

　　连环替代法在实际应用中,通常把它简化成差异计算法。如仍用[例 13-1],可以计算如下:

　　(1) 由于产量增加,对材料消耗总额的影响:

$$(100 - 80) \times 10 \times 5 = +1\,000(\text{元})$$

　　(2) 由于材料消耗节约,对材料消耗总额的影响:

$$(9 - 10) \times 100 \times 5 = -500(\text{元})$$

(3) 由于价格提高,对材料消耗总额的影响:

$$\frac{(6-5)\times100\times9=+900(元)}{合\quad计\qquad+1\ 400(元)}$$

运用差异计算法时,各因素影响程度的计算方法可归纳为:将该因素的实际数与计划数的差额,乘以计算公式中该因素前面全部因素的实际数,同时乘以列在该因素后面的全部因素的计划数,这一乘积即是该因素对成本指标差异的影响程度。

差异计算法和连环替代法的计算结果相同,但它比连环替代法简化了。因此,在实际工作中都广泛地采用这种简化的形式。

第二节　全部商品产品成本的分析

全部商品产品成本的分析,主要是将全部商品产品的实际总成本同计划总成本进行对比,以了解全部商品产品实际成本比计划成本是降低还是超支。由于全部商品产品包括可比产品和不可比产品,这两部分成本的超降情况必然引起全部商品产品的实际成本的降低或超支。因此,还要进一步检查可比产品和不可比产品以及每种产品是否都完成了成本计划。在实际工作中,可从以下三个方面进行具体分析。

一、按产品品种总括地分析成本计划的完成情况

按产品品种分析全部商品产品成本的计划完成情况,产品成本等于产量乘以单位成本。全部商品产品总成本的分析,为使计算总成本的产量基础一致,一般是以实际总成本与按实际产量计算的计划总成本相比较。这样,可剔除产量等因素的影响,单纯考察成本水平的升降情况。其计算公式如下:

$$\frac{总成本}{降低额}=\sum\left(\begin{matrix}计划单\\位成本\end{matrix}\times\begin{matrix}实际\\产量\end{matrix}\right)-\sum\left(\begin{matrix}实际单\\位成本\end{matrix}\times\begin{matrix}实际\\产量\end{matrix}\right)$$

$$\frac{总成本}{降低率}=\frac{总成本降低额}{\sum(计划单位成本\times实际产量)}\times100\%$$

假设某企业商品产品成本表,如表 13-2 所示。

表 13-2　商品产品成本表

企业名称：××厂　　　　　　　　　20××年　　　　　　　　　金额单位：元

产品名称	计量单位	本年实际产量	单位成本			总成本		
			上年	计划	实际	按上年	按计划	按实际
可比产品						312 600	288 400	284 000
甲产品	台	720	80	70	75	57 600	50 400	54 000
乙产品	台	500	150	140	130	75 000	70 000	65 000
丙产品	台	600	300	280	275	180 000	168 000	165 000
不可比产品							85 000	80 000
丁产品	件	2 500		34	32		85 000	80 000
全部商品产品							373 400	364 000

根据商品产品成本表可编制全部商品产品总成本计划完成情况分析表,如表 13-3 所示。

表 13-3　商品产品成本计划完成情况分析表

20××年　　　　　　　　　金额单位：元

产品名称	按计划单位成本计算的总成本	按实际单位成本计算的总成本	降低情况	
			降低额	降低率
可比产品	288 400	284 000	+4 400	+1.53
甲产品	50 400	54 000	-3 600	-7.14
乙产品	70 000	65 000	+5 000	+7.14
丙产品	168 000	165 000	+3 000	+1.79
不可比产品	85 000	80 000	+5 000	+5.88
丁产品	85 000	80 000	+5 000	+5.88
全部商品产品	373 400	364 000	+9 400	+2.52

从分析表 13-3 中,我们可以看出:总成本降低额为 9 400 元,降低率为 2.52%。其中,可比产品降低了 4 400 元,降低率为 1.53%;不可比产品比计划降低了 5 000 元,降低率为 5.88%。可比产品和不可比产品都完成了计划,但从各种产品来看,就暴露了矛盾:可比产品虽完成了计划,但甲产品却发生了超支,这说明企业在成本管理中还存在一定问题,应结合其他方面的资料进一步分析甲产品超支的具体原因,如果属于计划定得偏高,应在下年度及时修正计划;如

果属于管理不善等原因引起成本超支,则应加强成本管理。

二、按成本项目分析成本计划的完成情况

通过上述分析,可以看到商品产品总成本的完成情况,还可以看到可比产品、不可比产品以及各种产品成本的计划完成情况。但究竟是哪些成本项目超支,哪些成本项目节约,还需要再根据有关成本计划和各种产品成本的核算资料,分别成本项目进行分析,以便寻找降低产品成本的途径。现根据有关成本核算资料和成本计划,编制商品产品成本项目分析表,如表 13－4 所示。

表 13－4 商品产品成本项目分析表

成本项目	全部商品产品成本		节 约 或 超 支		各项目的降低额占计划成本的百分比(%)
	计划(元)	实际(元)	绝对额(元)	相对数	
直接材料	276 754	271 180	＋5 574	＋2.01	＋1.49
直接人工	53 040	60 540	－7 500	－14.14	－2.00
制造费用	39 872	28 670	＋11 202	＋28.09	＋3.00
废品损失	3 734	3 610	＋124	＋3.32	＋0.03
制造成本	373 400	364 000	＋9 400	＋2.52	＋2.52

从表 13－4 中可以看出:该企业商品产品的总成本比计划降低了 9 400 元,降低率为 2.52%。从总体上看,成本计划完成得不错,取得了较好的成绩。但从产品成本项目的分析来看,该企业商品产品成本比计划降低,主要是由于制造费用的大量节约;其次,是废品损失,而直接人工却超支了 7 500 元,超支率达到14.14%,说明直接人工项目还存在某些问题,应根据其他有关情况再作进一步分析。

三、百元商品产值成本的分析

产品成本是产品价值的重要组成部分。在产品价格不变的条件下,产品成本的高低直接影响企业经营利润的多少。在成本分析中,为了反映企业在生产经营中降低成本所取得的经济效益的大小,还应通过计算百元商品产值成本进行成本分析。其计算公式如下:

$$百元商品产值成本 = \frac{商品产品制造成本}{商品产值} \times 100$$

公式中,商品产值一般用现行价格计算。但在进行动态分析时,为消除价格因素的影响,可按不变价格计算。

百元商品产值成本越小,说明生产消耗所取得的经济效益越大;百元商品产值成本越大,说明生产消耗所取得的经济效益越小。影响百元产值成本指标的因素,归纳起来共有以下三个方面:

(1) 品种结构的变动。由于各种产品的成本和单价不同,当品种结构发生变动时,各种产品的商品产值和商品制造成本,就会发生变动,百元商品产值成本指标会发生相应的变动。

(2) 单位成本的变动。由于商品制造成本是以各该产品的单位制造成本为基础计算出来的,如果单位制造成本的实际数较计划数发生变动,百元商品产值成本指标也会相应发生变动。

(3) 出厂价格的变动。由于商品产值是以各该产品的单位出厂价格为基础计算的,因此,当出厂价格有所变动时,肯定会影响百元商品产值成本发生反方向的变动。

为求得各因素的影响,将公式分解如下:

$$百元商品产值成本 = \frac{商品产品制造成本}{商品产值} \times 100$$

$$= \frac{\sum(产品单位成本 \times 该产品产量)}{\sum(产品单位出厂价 \times 该产品产量)} \times 100$$

根据[例13-1]有关资料编制百元商品产值成本计算表,如表13-5所示。

表13-5　百元商品产值成本计算表　　　　　　　　单位:元

指标＼产品名称	计划				实际			
	甲	乙	丙	丁	甲	乙	丙	丁
商品产量	800	500	400	2 000	720	500	600	2 500
单位成本	70	140	280	34	75	130	275	32
单位出厂价	100	200	400	35.6	100	210	380	33.6
制造成本	56 000	70 000	112 000	68 000	54 000	65 000	165 000	80 000
商品产值	80 000	100 000	160 000	71 200	72 000	105 000	228 000	84 000
百元商品产值成本	$\frac{306\,000}{411\,200} \times 100 = 74.42$				$\frac{364\,000}{489\,000} \times 100 = 74.44$			

根据表中计算的资料可知：百元产值成本实际为 74.44 元，计划为 74.42 元。实际比计划百元产值多耗成本 0.02 元，采用连环替代法进行分析，各因素的影响程度计算如下所述。

（一）品种结构变动的影响

计算结构影响时，要用实际产量替代计划产量，而价格和成本均保持计划数，这样计算的百元产值成本为 74.53 元，与计划指标 74.42 元比较，其差异 +0.11元，即为品种结构变动使其的增加数。即：

实际结构、计划成本、计划价格条件下的百元商品产值成本

$$= \frac{\sum(70 \times 720 + 140 \times 500 + 280 \times 600 + 34 \times 2\,500)}{\sum(100 \times 720 + 200 \times 500 + 400 \times 600 + 35.6 \times 2\,500)} \times 100$$

$$= \frac{373\,400}{501\,000} \times 100 = 74.53(元)$$

$$74.53 - 74.42 = +0.11(元)$$

（二）单位成本变动的影响

计算单位成本的影响时，用实际单位成本替代计划单位成本，在实际结构计划出厂价条件下，百元产值成本为 72.65 元，与实际结构、计划出厂价、计划单位成本条件下的百元产值成本 74.53 元相比，可确定单位成本变动使百元产值成本降低 1.88 元。即：

实际结构、实际成本、计划价格条件下的百元商品产值成本

$$= \frac{\sum(75 \times 720 + 130 \times 500 + 275 \times 600 + 32 \times 2\,500)}{\sum(100 \times 720 + 200 \times 500 + 400 \times 600 + 35.6 \times 2\,500)} \times 100$$

$$= \frac{364\,000}{501\,000} \times 100 = 72.65(元)$$

$$72.65 - 74.53 = -1.88(元)$$

（三）出厂价格变动的影响

在三个因素均为实际的条件下，百元商品产值成本为 74.44 元，与实际结构和实际单位成本、计划出厂价条件下的百元产值成本 72.65 元相比，可确定由于

出厂价的变动使百元产值成本增加了1.79元。即：

$$74.44-72.65=+1.79(元)$$

上述各因素共使百元商品产值成本增加0.02元(+0.11−1.88+1.79),其中单位成本使之降低1.88元,说明是企业的成绩;结构、价格使之增加1.9元,应结合市场和生产情况分析,评价其是否合理。

第三节 可比产品成本的分析

一、可比产品成本降低情况的总括分析

对于产品成本的分析,除了分析全部商品产品成本计划执行情况外,还要分析可比产品成本降低情况。可比产品成本降低情况的分析,是将实际的执行情况与计划的降低任务相比较,分析其实际的降低情况。如果实际成本降低额和降低率等于或大于计划成本降低额和降低率,就算完成或超额完成了可比产品成本降低任务;如果小于计划成本降低额和降低率,就是没有完成可比产品成本降低的任务。

所谓降低任务,是指本年可比产品计划总成本与计划产量、上年成本计算的总成本相比较的降低额和降低率;所谓执行情况,是指本年可比产品实际总成本与按实际产量计算的上年总成本相比较的降低额和降低率。前者是计划降低的数额和降低幅度,后者是实际降低的数额和降低幅度。某企业可比产品成本降低任务和实际执行情况,分别如表13−6和13−7所示。

表 13−6 可比产品成本降低任务明细表

产品名称	计量单位	计划产量	单位成本		总 成 本		降 低 任 务	
			上年	计划	按上年成本计算	按计划成本计算	降低额	降低率(%)
甲	台	8 000	520	505	4 160 000	4 040 000	120 000	2.88
乙	台	4 000	318	310	1 272 000	1 240 000	32 000	2.52
合 计	—	—	—	—	5 432 000	5 280 000	152 000	2.80

表 13 - 7　可比产品成本降低任务执行情况明细表

产品名称	实际产量	单位成本			总　　成　　本			实际执行情况	
		上年	计划	实际	按上年	按计划	按实际	降低额	降低率
甲	7 000	520	505	510	3 640 000	3 535 000	3 570 000	70 000	1.92％
乙	5 000	318	310	300	1 590 000	1 550 000	1 500 000	90 000	5.66％
合计	×	×	×	×	5 230 000	5 085 000	5 070 000	160 000	3.06％

根据表 13 - 6 和表 13 - 7 的资料可编制可比产品成本降低任务的完成情况及分析表,如表 13 - 8 所示。

表 13 - 8　可比产品成本降低情况分析表

产品名称	计量单位	降　　低　　额			降　　低　　率		
		实　际	计　划	实际比计划	实　　际	计　　划	实际比计划
甲	台	70 000	120 000	−50 000	1.92	2.88	−0.96
乙	台	90 000	32 000	＋58 000	5.66	2.52	＋3.14
合计	—	160 000	152 000	＋8 000	3.06	2.80	＋0.26

从表 13 - 8 可以看出,该企业全部可比产品实际成本降低额比计划多降低 8 000 元(160 000 − 152 000),实际成本降低率比计划多降低 0.26％(3.06％ − 2.80％),说明可比产品成本降低任务均已超额完成,总的情况是好的。由于影响可比产品成本升降的因素是比较复杂的,为了全面、正确地评价可比产品成本降低任务的完成情况,必须对影响可比产品成本降低任务完成的各因素作进一步分析。

二、影响可比产品成本降低任务完成情况的因素分析

影响可比产品成本降低任务完成情况的因素包括产品产量、产品品种结构和产品单位成本三个方面。

（一）产品产量变动的影响

由于可比产品成本降低任务是根据各种可比产品计划产量计算的,而实际完成的成本降低额和降低率又是根据各种可比产品的实际产量计算的。因此,在其他因素不变的情况下,产品产量的增减就会引起成本降低额发生同比例的

增减,但不会影响成本降低率的变动。

假如在其他因素不变的条件下,该企业各种产品实际产量分别比计划增长25%,则降低任务完成情况,如表13-9所示。

表13-9 产品产量变动因素分析表

产品名称	计量单位	实际产量	单位成本		总成本		降低任务完成情况	
			上年	计划	按上年成本计算	按计划成本计算	升降额	升降率(%)
甲	台	10 000	520	505	5 200 000	5 050 000	150 000	2.88
乙	台	5 000	318	310	1 590 000	1 550 000	40 000	2.52
合计	—	—	—	—	6 790 000	6 600 000	190 000	2.80

从表13-6和表13-9可以看出,甲、乙两种产品实际产量分别比计划增长了25%,因而使成本降低额相应地从计划152 000元增加到190 000元,增长了 $25\%\left(\dfrac{38\,000}{152\,000}\times100\%\right)$,但成本降低率却仍然是2.8%。由此可见,在其他因素不变的条件下,产品产量的变动只影响产品成本降低额发生变化,而不影响成本降低率。

产品产量变动对成本降低额的影响,可按下列公式计算:

$$产品产量变动对成本降低额的影响=\left[\sum\left(\begin{matrix}实际\\产量\end{matrix}\times\begin{matrix}上年实际\\单位成本\end{matrix}\right)-\sum\left(\begin{matrix}计划\\产量\end{matrix}\times\begin{matrix}上年实际\\单位成本\end{matrix}\right)\right]\times\begin{matrix}计划\\降低率\end{matrix}$$

根据本例资料:可计算产量变动的影响如下:

$$产品产量变动对成本降低额的影响=(5\,230\,000-5\,432\,000)\times2.8\%$$
$$=-5\,656(元)$$

(二)产品品种结构变动的影响

产品品种结构是指各种产品在全部产品中所占的比重。由于各种可比产品成本降低率在一般情况下是不相等的,因而,产品产量不是同比例增长,就会使降低额和降低率同时发生变动。如果实际产量中成本降低率大的产品比重提高,就会使全部可比产品成本降低额和降低率增长;反之,则减小。

产品品种结构变动对成本降低额和降低率的影响,可按下列公式计算:

$$\begin{aligned}\binom{产品品种结构变动对}{成本降低额的影响} &= \left[\sum\binom{实际}{产量}\times\binom{上年实际}{单位成本} - \sum\binom{实际}{产量}\times\binom{计划单}{位成本}\right]\\ &\quad - \left[\sum\binom{实际}{产量}\times\binom{上年实际}{单位成本}\times\binom{计划成本}{降低率}\right]\end{aligned}$$

$$\binom{产品品种结构变动对}{成本降低率的影响} = \frac{品种结构变动对降低额的影响}{\sum(上年实际单位成本\times实际产量)}\times100\%$$

根据本例资料:

$$\binom{产品品种结构变动对}{成本降低额的影响} = (5\,230\,000 - 5\,085\,000) - 5\,230\,000\times2.8\%$$

$$= -1\,344(元)(含计算误差)$$

$$\binom{产品品种结构变动对}{成本降低率的影响} = \frac{-1\,344}{5\,230\,000}\times100\% = -0.03\%$$

(三) 产品单位成本变动的影响

可比产品成本降低任务中所规定的成本降低额和降低率,是以本年计划成本与上年实际成本相比较确定的,而实际降低额和降低率是以本年实际成本与上年实际成本相比较而确定的。因此,当本年实际成本较计划降低或升高时,就会引起可比产品成本降低额和降低率的变动。

产品单位成本变动对成本降低额和降低率的影响,可按下列公式计算:

$$\binom{产品单位成本变动对}{成本降低额的影响} = \sum\binom{实际}{产量}\times\binom{计划单}{位成本} - \sum\binom{实际}{产量}\times\binom{实际单}{位成本}$$

$$\binom{产品单位成本变动对}{成本降低率的影响} = \frac{单位成本变动对降低额的影响}{\sum(实际产量\times上年单位成本)}\times100\%$$

根据本例资料:

$$\binom{产品单位成本变动对}{成本降低额的影响} = 5\,085\,000 - 5\,070\,000 = +15\,000(元)$$

$$\binom{产品单位成本变动对}{成本降低率的影响} = \frac{15\,000}{5\,230\,000}\times100\% = +0.29\%$$

通过上述分析计算过程可以看出,这种方法的计算过程比较复杂,特别是品

种结构等因素变动对成本降低额的影响更是复杂难以理解,为了简化计算过程,可以采用余额计算法分析如下:

首先,计算出由于单位成本变动对成本降低额的影响。如前所述,本例为超计划降低 15 000 元(5 085 000−5 070 000),据此计算出超计划降低率为 0.29%(15 000÷5 230 000×100%)。

其次,由于在其他因素不变的条件下,单纯产量的变动只影响降低额,而不影响降低率。因此,成本降低率超计划完成 0.26%,只受产品品种结构和产品单位成本两个因素变动的影响。由于产品单位成本变动影响成本降低率超额 0.29%完成了降低任务,利用余额计算法便可计算出品种结构变动对成本降低率的影响为成本上升 0.03%(0.26%−0.29%)。据此就可以计算出对成本降低额的影响为成本上升 1 344 元(5 230 000×0.03%,5 230 000×0.03%实际不等于 1 347 元,这是由于降低率计算不精确的影响。)。

最后,利用余额计算法,从实际降低额脱离计划的总差异中减去单位成本和品种结构变动对成本降低额的影响,即为产品产量变动对成本降低额的影响,本例为−5 656 元[8 000−15 000−(−1 344)]。

现将以上计算结果汇总,如表 13-10 所示。

表 13-10 计算结果汇总表

影 响 因 素	影 响 程 度	
	降 低 额	降低率(%)
产品产量变动	−5 656	
产品品种结构变动	−1 344	−0.03
产品单位成本变动	+15 000	+0.29
合 计	+8 000	+0.26

通过各因素分析可以看出,该企业可比产品成本降低任务的超额完成,主要是可比产品单位成本降低的结果。然而,就各种产品来看,甲产品单位成本本年实际虽比上年实际降低 10 元,却比计划提高 5 元。由于甲产品单位成本的超支,使可比产品成本比计划少降低 35 000 元,降低率减少 0.67%,也就是说,单位成本变动使成本超计划降低 15 000 元,主要是乙产品单位成本比计划降低的结果,其中,还掩盖了甲产品没有完成计划的问题,因此,必须进一步分析甲产品成本超支的原因。

产品品种结构的变动,使成本降低额少完成1 344元,降低率减少0.03%。从表面现象看,品种结构的变动对成本降低任务的完成是一个不利因素,但在实际工作中,由于品种结构变动原因的复杂多样性,对品种结构变动的具体评价,应结合企业生产和销售情况的分析来进行。企业产品品种结构的变动,如果是在完成或超额完成各种产品的计划产量,但更多地增产市场适销对路的产品,或虽未完成某种产品的计划,但属购货单位取消或减少订货,或市场需要量减少,企业及时调整产品生产计划的情况下造成的,对以上原因出现的品种结构变动,即使影响到成本降低任务的完成,也应视为合理因素,充分给予肯定。但对那些为了完成成本降低任务,而多生产成本降低幅度大的产品,少生产成本降低幅度小或难度大的产品,随意改变计划品种结构的企业,即使其变动有利于成本降低任务的完成,也不能给予好评。

由于产品产量变动使成本降低额比计划减少5 656元,这是由于甲产品仅完成产量计划的87.5%(7 000÷8 000×100%)所致,应进一步分析其未完成产量计划的具体原因。

第四节　产品单位成本的分析

全部商品产品成本计划完成情况的分析和可比产品成本降低任务完成情况的分析,总括地反映了企业成本计划的执行情况。为了深入分析企业成本升降的原因,应该进一步对各主要产品的单位成本进行分析,这对于揭示成本升降的具体原因,寻求降低成本途径,加强成本管理具有重要意义。

在工业企业里,由于产品的种类繁多,不可能对所有产品的单位成本一一进行分析,通常是选择一种或几种主要产品进行单位成本的分析。所谓主要产品,通常是指在总成本中所占比重较大,或升降幅度较大的产品。这样的分析,可以收到以点带面、事半功倍的效果。

对主要产品单位成本的分析,一般是先从总的方面分析产品单位成本实际比计划、比上年、比历史先进水平等的升降情况;然后,进一步按成本项目对比分析其成本变动的情况,查明造成单位成本升降的原因。主要产品单位成本分析所依据的资料,是企业编制的主要产品单位成本表,以及反映各项定额执行情况的明细核算资料。

对单位成本的分析,是根据车间或班组单位产品成本分析表进行的。现据某厂某车间甲产品的单位产品成本资料,编制车间产品成本分析表如表13-11所示。

表 13-11　车间产品成本分析表

产品名称:甲产品　　　　　　　　　20××年　　　　　　　　　单位:元

成 本 项 目	上年平均实际单位成本	计划单位成本	本年平均实际单位成本	降低(+)或超支(-)	
				同上年比	同计划比
直接材料	56.4	50	54	2.4	-4
直接人工	13.6	12	13	0.6	-1
制造费用	8	8	7	1	1
废品损失	2	—	1	1	-1
制造成本	80	70	75	5	-5

从表13-11中可以看到:甲产品单位成本比上年降低5元,比计划超支了5元,同时还可以看到各成本项目比计划、上年的升降情况。但这些都只是表面现象,要知道真正升降的原因,就需按每个成本项目分析其升降的原因。

一、直接材料项目的分析

直接材料项目变动的分析,首先应将直接材料的实际数与计划数进行对比,确定其变动情况,然后分析其变动的原因。一般来讲,单位产品的直接材料成本受两个因素的影响,即直接材料的消耗量和材料的价格。采用连环替代法,便可分析出各因素的影响数。

需要说明的是,有些企业在此基础上,应进一步查明单耗和单价变动的具体原因,借以研究降低成本的具体途径。

影响直接材料消耗量变动的原因很多,归纳起来主要有:

(1)产品设计的变化。例如,在保证产品性能和质量的前提下,改进产品设计,使产品结构合理,重量减轻,体积变小,就会降低材料耗用量,节约材料成本。

(2)下料和生产工艺方法的改变。例如,采取合理的套裁下料方法,改进生产工艺能提高材料的利用率,使材料消耗量下降。

(3)直接材料质量的变化。耗用材料质量的高低,不仅会影响产品质量的好坏,而且还会影响材料的耗用量。

此外,废料和边角余料综合利用情况的好坏,还有废品数量的增减变化、生产工人的技术和操作水平、加工搬运过程中的损坏等,都会影响材料的消耗量。

上述对消耗量的影响因素,仅局限于会计核算资料是不够的,需深入生产实际,调查研究,才能查明材料消耗量变动的真正原因。

影响材料价格变动的原因也很多,主要有以下因素:

(1)材料买价。该因素的变动一般由外界因素所致,但对企业来讲,应针对市场情况的变化采取相应措施。例如,当材料价格提高幅度较大时,可考虑用别的材料来代替。

(2)运费。该因素变动,可能由于采购地点、运输方式的改变,还可能是运费的调整等引起。分析时,要针对性地分析其变动的原因。

(3)运输途中的损耗。有些材料的损耗是不可避免的,属于合理损耗,但应降低到最低限度。有些是可避免的,应避免其发生。

上述材料价格变动的因素,应分清主、客观因素。对前者要采取措施、改进工作;对后者要努力创造条件,使客观因素消化在企业内部。

二、直接人工项目的分析

直接人工项目的分析,应结合工资制度和工资分配方法来进行。因为在不同工资制度以及生产单一产品和多种产品的情况下,不仅单位产品中直接工资费用的计入方法不同,而且影响单位产品中直接工资费用的因素也不尽相同。

(一)计时工资制下的分析

1. 在计时工资制下对生产单一产品的分析

在生产单一产品的企业中,所发生的工资费用直接计入该种产品成本,单位产品中应分摊的直接工资的计算公式为:

$$单位产品的直接人工 = \frac{工人工资总额}{产品产量}$$

可见,单位产品中直接人工的多少,取决于生产这种产品产量的增减和工资总额的高低。产量的增长速度超过工资增加的幅度,单位产品中的直接人工就相应减少;相反,则增加。对各因素影响的分析,可按上述公式采取连环替代法或差额计算法。

2. 在计时工资制下对生产多种产品的分析

在大多数企业中,生产的产品不止一种,所发生的直接人工不能计入某种产品,而需按一定的标准分配计入各产品的直接人工项下。因此,单位产品中直接人工的多少,就取决于单位产品所消耗的工时和每小时工资的多少两个因素。其计算公式如下:

$$单位产品的直接人工=单位产品的生产工时×小时工资率$$

在确定这两个因素变动的影响时,按上述公式采用连环替代法或差额计算法即可。

单位产品消耗工时数的变动,反映了劳动生产率的变动。劳动生产率提高,单位产品消耗工时就减少,每小时工资率就会下降。在这方面提高劳动生产率是降低成本的根本途径,因为随着经济的发展,生活水平的提高,工资水平是不会下降的。

(二) 计件工资制下的分析

在采用计件工资制时,如果采用无限制的计件工资,则单位产品中的直接人工取决于计价标准(计件单价)。如计价标准不变,则工资总额随产量的变动而变动,但单位产品中的直接人工不变。

如果采用的是有限制的计件工资,当超产到一定限度时,不再支付工资。随着劳动生产率的提高,会使单位产品中的直接人工相应下降。

三、制造费用项目的分析

制造费用项目的内容比较多,通常可按照管理的要求设立明细科目。因此,为了查明费用项目变动的具体原因,要在制造费用的实际数与计划数对比并查明影响因素变动的基础上,再结合明细项目查明变动的具体原因。

在生产单一产品的情况下,制造费用属于直接费用。单位产品中制造费用的多少,受产量高低和制造费用总额增减两个因素的影响,其影响数可按下列公式采用连环替代法或差额计算法求得:

$$单位产品中的制造费用=\frac{制造费用总额}{产品产量}$$

在生产多种产品的情况下,制造费用要按一定的标准分配计入各种产品成本,通常以产品耗用的工时为标准进行分配。这时,单位产品费用的多少,就受单位产品工时消耗量和小时费用率两个因素的影响,其计算公式如下:

单位产品中的制造费用＝单位产品生产工时×制造费用分配率

各因素的影响,可采用连环替代法或差额计算法进行计算。

四、废品损失项目的分析

生产过程中产生的废品,可分为可修复废品和不可修复废品。废品损失是指可修复费用和不可修复废品成本减去废品残值和过失人赔款后的净损失。废品损失应由当月生产的同种产品中的合格品负担。单位产品成本中废品损失计算公式如下:

单位产品成本中的废品损失＝某种产品废品损失总额÷合格品数量

废品数量减少,合格品数量就增加,单位产品中的损失额就减少;反之,则增加。

废品损失项目的分析,同其他项目的分析不同,不是采用连环替代法和差额计算法进行,而是根据有关明细资料和日常核算资料,首先,将本期发生的实际废品损失同上年实际或历史最低水平进行对比,以了解成本管理水平和废品损失的变动趋势,并结合有关责任部门,查明造成废品损失的原因,以便有针对性地采取改进措施,不断地减少和消灭废品。然后,要查明废品损失的结构,从而了解企业的工作质量。例如,有时候废品损失比上年减少,是由于过失人赔款或废品残值增加,就不能说明工作质量较上年提高。

本 章 小 结

1. 成本分析是以成本核算提供的数据为主,结合有关的计划、定额、统计和技术资料,应用一定的方法对影响成本升降的各种因素进行科学的分析,以便查明成本变动的原因,充分挖掘增产节约的潜力,促使工业企业不断降低成本的一项综合性工作。

2. 影响产品成本的因素是多方面的,但概括起来主要有宏观和微观两个方面的因素。宏观方面的因素主要有企业地理位置与资源条件、企业规模的大小和技术装备水平等诸多方面;微观方面的因素主要有劳动生产率水平、材料和动力的利用效果等方面。

3. 成本分析的形式可分为预测分析、日常分析、定期分析、不定期分析等。

分析的方法主要有对比分析法和因素分析法。

4. 全部商品产品成本的分析一般应从以下三个方面进行：一是按产品品种总括地分析成本计划的完成情况；二是按成本项目分析成本计划的完成情况；三是百元商品产值成本的分析。

5. 影响可比产品成本降低任务完成情况的因素包括产品产量、产品品种结构和产品单位成本三个方面。其中，产品纯产量变动只影响可比产品成本降低额，而不影响降低率；而另外两个因素既影响成本降低额，也影响成本降低率。

6. 产品单位成本的分析，主要应从构成单位成本的多个成本项目去分析，从中发现影响成本升降的原因，不断降低产品的实际成本。

关 键 术 语

成本分析　对比分析法　因素分析法　百元商品产值成本　预测分析　日常分析　连环替代法　差异计算法

思 考 题

1. 什么是成本分析？一般采用哪几种分析方法？

2. 影响产品成本宏观方面的因素具体表现在哪些方面？影响产品成本微观方面的因素具体表现在哪些方面？

3. 什么是连环替代法？其计算分析的一般程序是什么？

4. 全部商品产品成本分析主要包括哪几个方面的内容？

5. 为什么纯产量变动只影响可比产品成本的降低额而不影响其降低率？

练 习 题

习 题 一

一、目的：练习百元产值成本的分析方法。

二、资料：

某企业生产甲、乙两种产品，其产值和成本资料，如表13-12所示。

表13-12 产品产量、单位成本和单位售价明细表

指标名称 \ 产品名称	计 划		实 际	
	甲	乙	甲	乙
商品产量(件)	40	60	40	70
单位成本(元)	80	85	75	89
单位售价(元)	120	100	120	130

三、要求：

1. 计算计划与实际的百元产值成本。

2. 分析各因素变动对产值成本的影响数。

四、参考答案：

1. 百元产值成本：计划为 76.85 元，实际为 66.40 元。

2. 各因素变动的影响数：

① 品种结构变动影响为 0.69(不利因素)。

② 单位成本变动影响为 0.68(不利因素)。

③ 单位售价变动影响为 —11.82(有利因素)。

习 题 二

一、目的：练习可比产品成本降低任务完成情况的分析。

二、资料：

某企业生产甲、乙两种产品，有关成本资料，如表13-13所示。

表13-13 产品产量、单位成本明细表

产品名称	计划产量	实际产量	上年实际单位成本	本年计划单位成本	本年实际单位成本
甲	40	45	500	485	480
乙	20	15	1 000	990	989

三、要求：

1. 计算可比产品成本的计划降低额、降低率，实际降低额、降低率。

2. 分析各因素对成本降低情况的影响。

四、参考答案：

1. 计划降低额 800 元、降低率 2%，实际降低额 1 065 元、降低率 2.84%。

2. 各因素对降低额的影响：产量影响－50 元，品种结构影响 75 元，单位成本影响 240 元。

3. 各因素对降低率的影响：品种结构影响 0.2%，单位成本影响 0.64%。

4. 超降额为 265 元，超降率为 0.84%。

第十四章 成本控制

内容提要

本章主要介绍了成本控制的含义、对象、内容和成本控制应遵循的原则。重点讲述了产品设计成本的控制和生产费用要素的控制。

第一节 成本控制概述

一、成本控制的意义

成本控制是指根据事先确定的成本目标,通过对生产耗费的发生数额进行计算、监督和考核,及时发现资金耗费中的不合理现象,予以指导、限制,以实现降低成本要求的一种控制行为。成本控制的目的主要是为了促使企业在生产经营活动中,努力降低各项消耗,节约费用支出,以便更好地降低产品成本,提高企业的经济效益。成本控制的对象是企业的生产经营全过程。成本控制的内容是企业生产经营活动中发生的各项生产耗费。

例如,工业企业为了实现全面的成本控制,首先,应在供应、生产和销售三个环节中,事先确定成本目标,如采购过程的材料计划成本,生产过程的定额成本,销售过程的计划销售费用等。然后,根据不同的目标成本的特点,制定出必要措施,并在实施过程中加以控制,以达到降低耗费,提高企业经济效益的目的。

在现代成本管理中,加强成本控制具有重要意义。

（一）成本控制是现代成本管理的核心

现代成本管理包括成本预测、成本决策、成本计划、成本核算、成本控制、成本分析和成本考核等环节。从管理的时间不同来划分，成本预测、成本决策和成本计划属于事前成本管理；成本核算和成本控制属于事中成本管理；而成本分析和成本考核属于事后成本管理。

从成本管理各环节之间的相互关系来看，成本预测、成本决策和成本计划为成本控制提供依据，成本核算为成本控制提供反馈信息，成本分析和成本考核则反映了成本控制的绩效。正因如此，我们认为，成本控制是实施成本管理的重要环节，是加强现代成本管理的核心内容。

（二）成本控制是降低成本、提高经济效益的手段

成本是劳动耗费的具体表现形式，降低成本是实现经济效益的重要基础。开展成本控制，可以事先确定标准或预算，限制各项费用和消耗的发生，有计划地控制成本的形成，使成本不超过预先制定的标准。如果成本控制不力，成本计划就不能实现，降低成本和提高经济效益就成了一句空话。要降低成本，以最小的劳动耗费实现最大的劳动成果，必须加强成本管理，强化成本控制。

（三）成本控制是加强整个宏观经济控制的基础

成本控制是整个宏观经济控制系统中的一个子系统，它在整个宏观经济控制中起着基础性作用。成本控制的效果在很大程度上影响到宏观经济控制的效果，成本失控势必造成企业损失、浪费日趋严重，成本上升，经济效益下降，投入与产出的比例失调。同时，成本失控会导致物价失控，呈现出"成本上升—物价上涨—成本再度上升"的恶性循环，从而影响整个宏观经济的调控。因此，我们必须清醒地认识到，只有强化成本控制，才能为加强整个宏观经济调控奠定基础。

二、成本控制的原则

成本控制原则是进行成本控制的行为规范，它体现了成本控制的特点。成本控制的一般原则有如下几方面。

（一）全面性原则

成本控制是一个经济控制系统，这个系统要对成本实施有效控制，必须遵循

全面性原则。全面性原则是发动领导、管理人员、工程技术人员和职工群众树立和增强成本控制的主动意识,积极参与成本控制。成本控制既要有纵向和横向控制,又要有总指标和分指标控制;既要对产品设计、制造加以控制,又要对材料采购和销售过程加以控制;既要有前馈控制,又要有反馈控制;既要有控制的组织体系,又要有广泛的群众基础,形成全面成本控制网络体系。

(二)经济性原则

加强成本控制,是为了降低成本,提高经济效益。但提高经济效益,不单纯是靠降低成本的绝对数,更重要的是实现相对的节约,以较少的耗费获得更多的成果。因此,成本控制指标的确定、成本控制方法的选择、成本控制组织体系的建立等,都要以提高经济效益为出发点。对有利于提高经济效益的成本行为都要给予激励、促进和支持,对不利于提高经济效益的成本行为,都应予以调节、约束和限制,从而引导企业精打细算、增产节约、增收节支,提高经济效益。

(三)例外管理原则

例外管理原则是指企业管理人员应将注意力集中在成本实际值脱离成本目标值差异的例外事项上,而不必事无巨细都一一查明原因。所谓"例外事项",是指不符合常规的事项,一般有以下情况:一是成本差异额较大的事项;二是经常出现差异额的事项;三是可避免原因引起的性质严重的事项;四是影响企业决策的事项。为提高成本控制的效率,成本控制人员必须抓住显著的、突出的事项进行控制。例外管理原则有利于将管理人员从繁琐的日常事务中解脱出来,集中力量抓住主要矛盾,其他次要矛盾也就迎刃而解了。

(四)分级控制原则

分级控制是指成本控制应在厂长经理领导下实行归口分级控制。财会部门将企业成本控制目标分解为各项具体目标,分解落实到责任层次,各责任部门(如车间、工段、班组等)根据其业务范围对其承担的成本具体指标实行归口分级管理,从而形成一个总体协调、多级阶梯控制网络,确保成本控制目标的实现。

(五)责权利相结合原则

成本控制是加强经济核算、巩固经济责任制的重要手段,因此,实施成本控制必须遵循责、权、利相结合的原则。成本控制必须首先明确经济责任,并赋予责任者相应的实施成本控制的权力,否则无法履行其责任。同时,只有责任和权力,没有一定的经济利益,责任就会失去控制成本的动力,应将其控制效果的好坏与其经济利益的大小挂钩。因此,成本控制必须明确责、权、利三者的关系,调动各责任者在成本控制中的积极性和主动性。

三、成本控制的分类

按不同的分类标志,可以将成本控制分为不同类型,而不同类型的成本控制,其作用和侧重点也有所不同。

（一）按成本发生的时间先后分类

1. 事前控制

事前控制是指在产品投产前对影响成本的生产经营活动所进行的事前预测、规划、审核和监督。比如,测定产品目标成本控制产品设计成本;对各种工艺方案的成本进行比较,从中选择最优方案;事先制定劳动工时及物耗定额等,作为控制生产费用支出的依据。

2. 事中控制

事中控制是指在实际发生生产成本过程中,按制定的标准控制成本,揭示所产生的差异是节约还是浪费,并及时反馈给责任者,以利于采取纠正措施,保证成本目标的实现。这就需要建立反映成本发生情况的数据记录,做好收集、传递、汇总和整理工作。

3. 事后控制

事后控制是指在产品成本形成之后的综合分析和考核。分析实际成本脱离目标（计划）成本的原因,确定责任归属,以此作为评定和考核责任单位业绩的依据,并提出积极有效的措施,消除不利差异,发展有利差异,促使成本不断降低。

（二）按控制的层次分类

1. 集中控制

集中控制是指企业建立一个成本控制中心,集中对成本信息进行加工处理,对生产经营过程中各项成本开支进行统一控制。集中控制虽可精简机构,权力集中且控制力强,但会挫伤基层单位的积极性而影响控制效率。

2. 分散控制

分散控制是指企业管理当局把成本控制权交由基层单位,主管成本部门只负责汇总和检查。分散控制虽能调动基层单位对成本控制的积极性,且有灵活性,但控制权力分散,会因控制标准不一而发生偏差。

3. 分级控制

分级控制是指控制系统的每一个层次(即高层、中层、基层)都有各自的控制目标,按此目标来执行控制职能,并在行为上和系统的控制目标保持一致的等级控制。分级控制的指令信息是自上而下逐级散发,而反馈信息则是由下而上逐级收敛。

(三)按控制程序分类

1. 程序控制

程序控制是按预先制定的控制程序来实施控制。它适用于对成本的微观控制。例如,标准成本控制就属于典型的程序控制,它是预先设计好控制程序,以受控对象的期望值为标准成本,受控对象的实际值为实际成本,管理者按预定的核算、分析和控制程序,根据实际值与期望值的差异来执行控制职能。当成本差异出现有利和不利时,通过正负反馈来增大和减少差异。

2. 目标控制

目标控制是按预先制定的控制目标来实施控制。它适用于宏观控制。这种控制是以目标的形式从外部输入控制系统,控制系统根据来自目标的控制参数和控制变量,以跟踪方式来确定控制程序,使控制变量不断通过控制目标,确保目标的实现。

(四)按控制数量表现分类

1. 绝对成本控制

绝对成本控制是指对生产经营过程中发生的一切成本支出,按其绝对额进行控制。其着重点在于控制成本的绝对数差异,即减少消耗,节约开支,重在"节流"。这对于减少成本开支的绝对额是有意义的。但不能把成本的降低与产量的增加、销售的扩大与利润的增长互相联系起来全面地考察企业的经济效益。

2. 相对成本控制

相对成本控制是指结合企业产量、销售、利润以及生产经营要素的组合,来进行成本的控制。它不是单纯控制成本的绝对数额。例如,探索产量最高、质量最优、品种结构最合理的最低成本水平等。相对成本控制的着眼点在于通过扩大生产和增加利润来相对降低成本,即重在"开源"。

（五）按成本的内容分类

1. 直接材料的控制

直接材料控制是对产品在生产过程中的材料耗费所进行的控制。我国多数企业直接材料成本在产品成本总额中所占比重较大，因此，对材料消耗量和材料的单位采购成本进行有效控制，是降低成本的重要途径。

2. 直接人工的控制

直接人工的控制是指在产品生产过程中对直接人工的控制。直接人工成本通常是由单位产品工时消耗和小时工资率所决定的。因此，企业如能充分利用工时，提高劳动生产率，监督工资支出不超过工资计划数，就能达到降低产品成本中直接工资的要求；达到直接人工控制的目的。

3. 制造费用的控制

制造费用是由许多费用明细项目组成的，其中小部分属于变动费用，大部分属于固定费用。要控制制造费用，就是要有效地利用生产能力，提高工作效率，降低消耗水平。一般可采用按责任单位进行费用指标分解，控制费用开支。

四、成本控制的方法

成本控制的方法主要是解决怎样控制成本的问题，根据成本控制的不同对象、不同要求和不同目的，成本控制的方法是多种多样的。现介绍以下两种。

（一）目标成本控制法

目标成本控制法是以目标成本作为成本控制的依据。目标成本是根据产品的性能、质量、价格和目标利润确定的企业在一定时期内应达到的成本水平。目标成本是由企业根据顾客所能接受的价格和企业经营目标规定的目标利润来确定的，一般采取倒算的方法进行匡算，即：

目标总成本＝预计销售收入－税金－目标利润

目标单位成本＝预计单价×（1－税率）－预计单位销售量的目标利润

目标成本控制就是根据目标成本来控制成本的活动，企业将目标成本指标作为奋斗目标，提出降低成本的措施，寻求降低成本的方向和途径，使实际成本符合目标成本的要求，并不断地降低成本。

（二）定额成本控制法

定额成本控制法是以定额作为控制成本的依据，从而及时地反映和控制生产费用和产品成本脱离定额的差异,加强定额管理和成本控制而采取的一种方法。定额成本控制法是在生产费用发生的当时,就将符合定额的耗费和发生的差异分别核算,以产品的定额成本为基础,加减定额差异来计算产品的实际成本,通过事前制定定额成本、事中按定额成本进行控制、事后计算定额差异和分析差异责任的过程,来达到成本核算与成本控制相结合、降低成本的目的。

产品的定额成本是以现行消耗定额为根据计算出来的产品成本,是企业现有生产成本和技术水平下所应达到的成本水平。定额成本控制首先,要根据产品的工艺规程,制定产品的直接材料、工时消耗定额,并根据直接材料的计划单价和各项消耗定额、计划工资率或计件工资单价,计算出该产品的直接材料和直接工资成本。其次,制定制造费用预算数,并按一定标准分摊到单位产品而计算出该产品的间接成本。最后,将直接成本和间接成本相加,从而得出该产品的定额成本。

产品定额成本制定以后,要按照各项定额安排生产。定额成本在执行中如果发现差异就应及时把差异揭示出来,并追查产生差异的原因和责任,采取有效措施,消除不利差异的影响。由于第五章已详细讲述,此处不再赘述。

从成本控制的技术方法来看,还有经济采购批量法、经济生产批量法、回归分析法、ABC分析法和差异因素分析法等。除此之外,还有预算控制法、绝对成本控制法和相对成本控制法等等。为了保证成本控制的有效性,应把定量分析方法和定性分析方法结合起来,并注意各种方法的选择运用和结合运用。

第二节 设计成本控制

一、产品设计成本的确定

从产品设计入手,是产品成本控制的理想起点。设计工作关系到产品的体积、重量和用料等诸多方面,因此,产品设计的科学、合理与否,不仅涉及产品的性能、形状,而且直接影响产品投产后的成本水平。加强产品设计成本的控制是成本控制全过程的关键一环。在产品设计阶段,成本控制的首要任务是确定设计成本。产品设计成本确定的方法主要有以下两种。

(一)概略测算法

概略测算法是将产品的设计成本划分为直接材料、直接人工和制造费用三

个项目,计算出各自占单位成本的比重,从而测算出新产品单位成本的测算法。其计算公式为:

$$C=(M+W)\left(1+\frac{F}{100}\right)$$

其中,C 为预测的新产品的设计成本,M 为直接材料成本,W 为直接工资,$\frac{F}{100}$ 为制造费用占材料成本和直接工资成本的百分比。

（二）目标利润法

产品设计成本可根据预测的产品销售价格和目标利润倒扣测算,并结合产品原材料消耗定额、工时定额、各种费用率和原材料计划价格计算求得。其基本公式如下:

$$单位产品设计成本＝预测销售价格×(1－税率)－\frac{目标利润}{目标产量}$$

二、价值工程在产品设计成本控制中的应用

价值工程又称价值分析,是指以功能分析、功能评价为手段,以提高产品价值为目标的一种控制产品设计成本的重要方法。

（一）功能、成本与价值之间的关系

价值工程中的价值,是作为一种评价事物有效程度的尺度提出来的,反映了产品功能与成本之间的相对关系,用公式表示为:

$$V(价值)＝\frac{F(功能)}{C(成本)}$$

从公式中可以看出,价值与功能成正比,与成本成反比,即功能越高,成本越低,价值就越大;反之,功能越低,成本越高,价值就越小。

价值工程中的功能,是指一种产品所担负的职能和所起的作用,即产品的使用价值。例如,手表的功能是用来显示时间,用户购买某种产品,是为了获得它所具有的必要的功能,而并非为了获得该种产品的本身结构。一种产品的功能高低应以用户的实际需要为出发点,功能过低不能满足用户需求,功能过高虽是

好事,但超过用户的基本需求,价格必然提高,消费者却难以接受。因此,功能不足或功能过剩对产品的销售都是不利的。

价值工程中的成本,并不是一般所说的产品制造成本,而是用户为了获取产品功能所愿意支付的在产品寿命周期内的总成本。产品寿命周期成本是指产品从研制、设计、制造、使用直至报废为止的产品寿命周期内所花费的全部成本。具体包括产品的设计、开发、制造等生产成本和产品的应用、维护、保养等使用成本。

(二)提高产品价值的途径

通过价值工程的基本关系式 $V = \dfrac{F}{C}$ 可以看出,提高产品价值的途径有以下五个方面:(1)功能不变,使成本降低。即 $\dfrac{F \rightarrow}{C \downarrow} = V \uparrow$。从消费者购买角度出发,希望产品在具有相同功能时价格越低越好。因此,生产者就应在生产产品的相同功能时,力争降低成本。

(2)产品成本不变,提高产品功能,以提高产品价值。即 $\dfrac{F \uparrow}{C \rightarrow} = V \uparrow$。从消费者角度看,希望在付出一定的费用后能获得较多的功能。因此,生产者就要做到在支付了一定的成本后力争能实现更多的功能。

(3)成本略有提高,使功能大幅度提高。即 $\dfrac{F \uparrow \uparrow}{C \uparrow} = V \uparrow$。从人们消费水平的不断提高来看,消费者越来越喜爱新颖产品和多功能产品。生产者则可以在成本有较小提高的基础上,使产品的功能得到大幅度的增加,这种产品即使售价偏高,因其具有多功能的特点,消费者还是乐意购买。

(4)功能略有下降,使成本大幅度下降。即 $\dfrac{F \downarrow}{C \downarrow \downarrow} = V \uparrow$。针对市场上仍有大量日常生活必需品并不需要高档,而多注重价格低廉的特点,生产者可对某些消费品在不严重影响使用价值的情况下,适当降低产品功能指标,使产品成本大幅度下降。这样的产品对生产者、消费者都是有利的。

(5)既提高产品功能,又降低产品成本,使产品的价值大幅度提高。即 $\dfrac{F \uparrow}{C \downarrow} = V \uparrow \uparrow$。物美价廉的产品最受欢迎,也是消费者与生产者共同利益的最佳结合点,既能获得高功能又使成本降低,对于提高产品价值是最理想的途径。

（三）开展价值工程的步骤和方法

开展价值工程，一般可分为以下步骤。

1. 选择对象

价值工程的目标是提高产品设计的价值，所以，对新设计的产品以及企业中价值低的正在生产的产品都应列为价值工程的对象。但并不是所有产品都要进行价值分析，主要是对那些用户意见大、材料消耗多、成本较高、工序繁多、体积笨重的产品进行重点分析。就某一个产品来讲，也不是对所有的零件进行价值分析，而是应该有所选择，首先选择那些占成本比重大的少数重要零件，而对那些占成本比重不大的非重要零件可暂时不必花费精力去研究。这样就可以使分析的重点突出，切实解决企业产品设计中的关键问题。

2. 收集资料

开展价值工程的对象选定以后，就应根据对象的性质、范围和要求，制定收集资料计划，以便实施功能分析和功能评价。收集资料应从以下四个方面来考虑：

（1）企业的基本情况。例如，经营方针、生产规模、设备能力，产品的品种、产量、质量，工人的人数及工资总额，以及目前存在的主要问题等。

（2）经济资料。本企业和国内外同行业同类产品的成本构成情况，如材料费用、加工费用等。

（3）技术资料。本企业和国内外同行业同类产品的技术资料，如产品的结构、性能、设计、工艺流程等。

（4）用户的意见。国内外用户的要求、使用的目的、使用条件及使用中存在的有关问题等。

3. 功能分析

功能分析是价值工程的核心，其目的在于了解产品各功能之间的关系，以便合理地调整功能结构。功能分析一般包括功能定义、功能整理、功能评价三个环节。

（1）功能定义。功能定义是指对价值工程的对象所具有的各种功能，细致地加以剖析研究，了解它们所起的作用，并用简练的语言准确地表达出来。例如，手表总的功能是显示时间，其内部结构中齿轮的功能是传递旋力。

（2）功能整理。功能整理是将定义了的各种功能加以系统化，明确它们之间的相互关系，以正确体现用户所要求的功能。功能整理的目的是要搞清楚哪些是基本功能，哪些是辅助功能；哪些是使用功能，哪些是艺术功能；哪些功能是用户需要的,哪些是用户不需要的;哪些功能是过剩功能,哪些功能是不足功能,然后确定功能的取舍或删补。

(3) 功能评价。功能评价是指把产品各组成部分的功能与其相应的成本加以比较,计算出各功能的价值系数,以明确需要改进的具体功能范围。功能评价的方法一般是先求出分析对象的功能评价系数和成本系数,然后用两个系数相比求出价值系数,再根据价值系数进行分析,找出改进范围。其具体程序和方法如下:

第一,求功能评价系数。把要分析的对象(零、部件)列表排列,然后按照各自功能的重要程度作一对一比较,重要的得 1 分,次要的得 0 分。每个对象所得分数再除以全体对象总得分,即可求出每个对象的功能评价系数表,如表 14 - 1 所示。

表 14 - 1　功能评价系数表

零件	A	B	C	D	E	功能得分	功能系数	目前成本	成本系数	价值系数
A	×	1	0	1	1	3	0.3	700	0.25	1.20
B	0	×	1	1	0	2	0.2	600	0.21	0.95
C	1	0	×	1	1	3	0.3	800	0.29	1.03
D	0	0	0	×	1	1	0.1	500	0.18	0.56
E	0	1	0	0	×	1	0.1	200	0.07	1.43
合计						10	1.00	2 800	1.00	

第二,求成本系数。各零件的成本系数可用下式计算:

$$某零件成本系数 = \frac{该零件成本}{全部零件成本}$$

第三,求价值系数。即将各零件的功能系数与成本系数相比,计算出零件的价值系数。计算公式如下:

$$某零件价值系数 = \frac{该零件功能系数}{该零件成本系数}$$

第四,根据价值系数进行分析。价值系数的值不外乎三种情况,即 $V=1$; $V>1$; $V<1$。如果价值系数等于 1,说明该零件在功能上所占比重与在成本上所占比重基本上是匹配的,可以不作为重点改进对象。如果价值系数大于 1,说明该

零件在功能上所占比重大于在成本上所占比重,也可以不加考虑。如果价值系数小于1,说明该零件在功能上所占比重小,而在成本上所占比重较大,应当作为降低成本的重点对象。如表14-1中A、C、E的零件价值系数均大于1,均不作为降低成本的重点对象,而B和D的零件价值系数均小于1,应作为降低成本的重点。

4. 制订方案

这是价值工程中非常关键的一环。在这一过程中,要充分发挥集体智慧和每个人的创造才能,通过功能分析,从不同角度提出若干种成本更低而功能不变,甚至成本更低而功能还有提高的可供选择的合理化方案。然后从备选方案中进行比较、分析、评价,最后选出最优方案。

5. 确定目标成本

为了对新设计的产品和改进后的产品成本水平进行事前控制,还需要对选定的最优方案进行目标成本的计算,并将产品的目标成本按功能评价系数分配到各有关的零件上,求出各零件的目标成本,作为该零件的控制指标。这样就可以在产品投产前完全控制了成本,以便杜绝浪费,提高企业的经济效益。

第三节 生产费用要素控制

在企业的生产经营过程中,生产费用要素主要包括劳动对象的耗费(即材料费用)、活劳动的耗费(即工资费用)和劳动资料(即固定资产折旧)等方面的费用。对于不同的要素费用应采用不同的控制方法。

一、材料费用的控制

材料费用的控制,应着重从材料消耗量和材料采购成本两个方面进行。

(一)材料消耗量的控制

材料消耗量的控制应通过材料消耗定额的控制、日常材料收发的控制和材料库存的控制来实现的。

1. 材料消耗定额的控制

材料消耗定额是指在一定生产技术条件下,生产单位产品所需消耗某种材料的数量标准。一般包括直接材料消耗定额和间接材料消耗定额。为了合理确定材料消耗定额,可将其划分为三个部分加以确定。

（1）工艺定额。工艺定额包括材料的有效消耗和合理的工艺消耗。有效消耗是指构成产品实体的净消耗，如构成产品或零部件净重所消耗的材料；工艺消耗是指生产准备和加工过程中由于形状或性能的改变必须产生的损耗，如车、铣、刨、磨过程中产生的切屑等损耗。

（2）生产定额。生产定额是指产品在生产过程中，由于设备技术水平和管理上的原因，不可避免地产生废品损失而形成的材料消耗。

（3）供应定额。供应定额是指材料在运输、保管过程中的合理损耗以及非常原因所引起的材料损耗。

在制订材料消耗定额时，一般只考虑工艺定额，而不考虑非工艺定额。因此，材料消耗定额的计算公式如下：

单位产品材料消耗定额＝单位产品净重＋各种工艺性消耗的重量

2. 材料收发的日常控制

（1）材料采购的控制。材料采购的及时与否以及采购量的多少，直接影响企业生产活动的正常进行。在采购环节，企业应制定合理的供应定额作为控制材料采购量的依据。其计算公式如下：

$$\text{计划期材料采购量} = \text{产品计划产量} \times \text{材料供应定额} + \text{期末正常库存量} - \text{期初库存量}$$

（2）材料发出的控制。企业材料的发出，主要是生产过程中领用材料。为了控制材料费用，企业应建立和健全领发料制度。限额领料制度是我国工业企业普遍采用的一种行之有效的做法。在这种制度下，企业的供应部门应在每月月初根据材料消耗定额和生产计划确定的产品产量，制订各生产车间的领料限额。各车间在领料时，应根据限额领料单中的规定额度，分次领用。超过限额领料时，必须经过严格的审批，从而控制材料费用的超支。

3. 材料库存的控制

材料库存的控制方法主要包括：

（1）核定合理的储备定额。即应合理地核定材料的最低储存量、最高储存量和平均储存量。其计算公式如下：

材料最低储存量＝每日平均耗用量×保险储备日数

$$\text{材料最高储存量} = \text{每日平均耗用量} \times \left(\text{保险储备日数} + \text{整理准备日数} + \text{采购间隔日数} \right)$$

材料平均储存量＝每日平均耗用量×（整理准备日数＋采购间隔日数）

企业在日常管理中,当材料库存量超过最高储存量时,应控制进料;当材料库存量将低于最低储存量时,应及时申请进料,以保证生产的正常进行。

（2）实行 ABC 控制法。即把企业的库存材料按耗用量和金额大小划分 A、B、C 三类,分别采取不同的控制方法。A 类材料一般是指耗用量大,占用资金多,但品种较少的材料;B 类材料是指耗用量和占用资金一般的材料;C 类材料是指耗用量小,占用资金少,但品种、规格繁杂的材料。在 A B C 控制法下,对 A 类材料应实行重点管理,计算每种材料的经济订货量和订货点,并及时登记每次订购、收入、发出和结存数。对 B 类材料实行一般管理。对 C 类材料实行订货量管理,适当增大每次订货量,减少订货次数,以便尽可能节约订货费用。

（二）材料采购成本的控制

材料采购成本的控制应从以下几方面入手:

（1）编制材料计划成本目录,作为考核材料采购业务成果的依据。计划成本是企业控制材料采购的目标成本。企业应根据各种材料价格的历史资料并结合计划期间物价变动的趋势合理确定。

（2）合理选择采购地点和采购时间,尽可能减少运输费用和途中损耗等。

（3）合理选择材料计价方法。企业对材料日常核算的计价方法主要有按实际成本计价和按计划成本计价两种。前者能够真实地反映材料采购的实际成本,但如果企业的材料品种、规格繁多,核算工作量比较大;后者能够有效地确定材料的采购业务成果,有利于控制采购成本,但领用材料的成本计算准确性偏差。

二、工资费用的控制

工资费用的控制应从以下三个方面进行。

（一）劳动定员控制

科学、合理地确定每一生产单位及整个企业的职工人数,对于提高企业的劳动生产率、降低产品成本都具有非常重要的作用。劳动定员控制的方法是按劳动效率,即每个工人平均日产量或每个工人看管机器台数确定工人人数。其计算公式如下:

$$\frac{按产量确定}{工人人数} = \frac{计划期产量}{每人平均日产量\times计划期制度工作日数} \div 出勤率$$

$$\frac{按机器台数}{确定工人人数} = \frac{计划期开动机器台数}{每人看管机器台数\times出勤率} \times 每昼夜工作轮班数$$

这种方法一般只适用于机械化、自动化程度较高的企业。对于一些机械化程度偏低的小型企业,可直接按照合理的定编定员进行工资费用的控制。

（二）劳动定额控制

劳动定额包括工时定额和产量定额两种标准。工时定额是生产单位产品所必须消耗的劳动工时的标准;产量定额是单位时间内必须完成的合格产品产量的标准。在制定工时定额时,必须分析工时消耗。工时消耗又可分为定额时间和非定额时间。定额时间是工人生产产品必需的时间消耗,包括作业时间、布置工作的时间、休息时间和生理需要时间、准备时间和结束整理时间等几部分;非定额时间包括非生产工作时间和停工时间。工时定额只应包括定额时间。其计算方法如下:

（1）在单件生产条件下,工时定额的计算:

$$\frac{工时}{定额} = \frac{作业}{时间} + \frac{布置工}{作时间} + \frac{休息、生理}{需要时间} + \frac{准备与结}{束时间}$$

（2）在成批生产条件下,工时定额的计算:

$$\frac{工时}{定额} = \frac{作业}{时间} \times \left(1 + \frac{布置工作、休息、生理}{时间占作业时间比例}\right) + \frac{准备、结束时间}{批量}$$

（三）工资标准的控制

工资标准即工资率的确定,一方面,取决于企业可发放的工资总额;另一方面,取决于制定的工时定额或产量定额。即在工资总额一定的条件下,工时定额或产量定额越少,单位工时或产量的工资率就提高;反之,则降低。在工时不变的条件下,工资总额增加,工资率就必然会提高;反之,则降低。因此,控制工资率应主要抓工资总额的增长。但在实际工作中,为了充分调动职工的劳动积极性,加之人民生活水平应随着社会的发展不断提高等因素,工资总额的增长是必然的。但应将其增长幅度控制在劳动生产率的增长幅度之下,只有这样,才能有效地控制工资费用,降低产品成本。

三、制造费用的控制

制造费用的大部分内容,如生产管理人员的工资及福利费、生产车间的固定资产折旧费及修理费、生产车间的办公费、劳动保护费等,都是相对固定不变的费用。也有一部分是随着产量变化而相应变化的费用,如生产车间的各项间接材料费用。对制造费用的控制,应根据其与产量变动的关系以及有关费用开支标准,分别采用相对数控制和绝对数控制。

（一）相对数控制

相对数控制又称定率控制,是指按照国家及企业规定的费用开支比例进行的控制。例如,固定资产折旧应按国家统一制定的分类折旧率提取,即房屋类年折旧率为2％,机器设备类年折旧率一般为5％～8％,等等。

（二）绝对数控制

绝对数控制又称定额控制,是指按照国家或企业制定的费用开支标准进行的控制。例如,国家规定出差人员的每日补助费为30元,企业规定的加班加点工资标准,办公费用标准,等等。制造费用中的大部分费用,国家均没有统一的开支标准,企业应根据历史资料,结合目前的实际情况,对各项费用应逐一制定科学、合理的限额,并在实施过程中,严格审核,杜绝超支,最大限度地节约费用。

四、期间费用的控制

期间费用是指企业发生的不计入产品制造成本而直接计入当期损益的各项费用,主要包括管理费用、财务费用和销售费用。对于这些费用,可根据各种费用与产品产销量的关系以及国家规定的比例、标准,分别采用不同的方法进行控制。

在具体控制过程中,应当注意以下几点:

（1）国家财务制度有具体开支标准的费用项目,企业应严格执行。业务招待费可根据全年销售收入的多少,分别采用不同的比例提取等。

（2）固定资产折旧费、无形资产的摊销费等长期资产的摊销费用,应根据国家财务制度的规定分别采用不同的方法进行提取和摊销,不得随意多提、多摊或少提、少摊这些费用,以保证各期间的费用水平具有可比性。

（3）对于企业的财务费用,应严格遵守银行的结算纪律,保证及时归还各种借款的本息,防止因违反有关信贷规定而被银行处以罚款、罚息,增加企业的财务费用。

(4) 对于企业的销售费用、管理费用,应当分别费用项目制定费用定额,并编制费用预算,作为控制目标,在执行中积极采取措施,防止费用的超支和浪费。

(5) 建立费用控制责任制,实行全员控制。为了动员企业全体员工积极参加成本管理活动,企业可根据各项费用的性质及发生地点和责任,将费用分解包干到各职能部门,分别进行责任控制。例如,销售部门应负责各种销售费用的控制;技术部门应负责产品的研制开发费、工艺规程制订费及有关技术转让费;总务部门应负责企业行政管理部门的办公费、水电费;等等。

本 章 小 结

1. 成本控制是指根据事先确定的成本目标,通过对生产耗费的发生额进行计算、监督和考核,及时发现资金耗费中的不合理现象,予以指导、限制,以实现降低成本要求的一种控制行为。成本控制的目的主要是为了节约费用,降低成本,提高企业经济效益。成本控制的对象是企业的生产经营全过程;成本控制的内容是企业生产经营中发生的各项生产耗费。

2. 成本控制应贯彻全面性、经济性、例外管理、分级控制和责权利相结合等原则。

3. 成本控制的方法根据成本控制的不同对象、不同要求和不同目的有所不同。诸如目标成本控制法、定额成本控制法、经济采购批量法、经济生产批量法、回归分析法等。

4. 价值工程是以功能分析、功能评价为手段,以提高产品价值为目标的一种成本控制方法。开展价值工程,一般步骤为选择对象、收集资料、功能分析和制订方案以及确定目标成本五个方面。

5. 对生产费用要素的控制,主要应控制好材料费用、工资费用和制造费用三项内容。其中,材料费用控制应抓好材料的采购和消耗两个环节的工作;工资费用控制应从定员、定额和工资标准三个方面去控制;制造费用应采用相对数控制和绝对数控制。

6. 提高产品价值的途径主要有:功能不变,使成本下降;成本不变,提高产品功能;成本略有提高,使功能大幅度提高;功能略有下降,使成本大幅度下降;

既提高产品功能,又降低产品成本。

关 键 术 语

成本控制　事前控制　事中控制　事后控制　相对成本控制　绝对成本控制　价值工程

思 考 题

1. 什么是成本控制?为什么要进行成本控制?
2. 成本控制应贯彻哪些原则?
3. 成本控制的方法在实际工作中是怎样运用的?
4. 什么是价值工程?提高产品价值的途径主要有哪些?
5. 企业应怎样进行生产费用要素的控制?

第十五章　成本会计专题

内容提要

　　本章主要介绍了各种专项成本的含义、特点,重点介绍了人力资源成本的构成及核算特点;质量成本的构成及控制方法;物流成本的构成及核算特点以及环境成本的含义及分类。

第一节　人力资源成本

一、人力资源与人力资本

　　随着社会和经济的发展,企业对人力资源的研究越来越重视。人力资源是指在一定范围内的人口总体所具有的劳动能力的总和,即能够推动社会和经济发展的具有体力和智力劳动能力的人的总称。从本质上看,人力资源应当包括人的体力和智力,具有劳动能力的人只能是总人口的一部分。人力资源的质量取决于劳动者的素质,人力资源的本质是人的知识、技巧和能力,与人本身是两个不同的概念。就现阶段而言,人力资源更多的是指智力劳动能力,如高新技术、管理人才等能给企业带来超额收益。从这个意义上讲,人力资源是指那些具有较强管理能力、研究能力、创造能力和专门技术能力的人,并非广义而言的劳动力资源。

　　人力资源虽然不能用计量实物资源标准或方法对其进行计量,然而它却与实物资源一样重要,具有熟练技能的有知识的员工比没有经过培训和教育的员工对企业更有价值。作为现代企业训练有素的劳动者集合的人力资源,它是企业资源的重要组成部分,是一种特定的经济资源。与其他的自然资源和物质资源相同,人力资源首先表现为一种资源,然而它除了具有资源的一般特点外,还有其独有的特征。第一,人力资源具有流动性。人力资源是劳动者与管理者通过发挥人的主观能动性,有目的、有计划地创造与开发出来的,是最积极、最活跃的经济资源。第二,人力资源具有时效性。一般情况下,智力成果与技术特长只能在某个阶段发挥出最佳效用。因此,人力资源在形成、开发、使用中都受到时间的限制。第三,人力资源具有再生性。人力资源的再生性是基于人口的再生产和劳动力的再生产而实现的。第四,人力资源具有智力性。人力资源已不再是劳动力的总和,而主要是指其中的智力部分,如通常所谓的管理才能、技术特长和专利成果等。第五,人力资源具有可控性与不可控性的双重特征。可控性是指人力资源不仅可控制企业其他资源,而且能控制其自身。不可控性是指经济规律不以人的意志为转移。由于人力资源本身的特殊性,在进行人力资源会计核算时,必须加以考虑。

人力资本是指人们以某种代价获取并在劳动力市场上具有一定价格的能力或技能。随着教育水平和医疗保健水平的提高,劳动力的质量也在不断地提高,劳动者的工作技能和熟练程度大大改观并带来了生产力的发展,这种对人力资源进行开发性投资所形成的可以带来财富增值的资本形式,即人力资本。

人力资本具有如下特征:第一,人力资本是靠对人的投资形成的资本,它是与物质资本相对应的概念。人力资本体现在劳动力身上,包括质和量两个方面。第二,人力资本投资的作用大于物质资本投资的作用。虽然物质资本与人力资本投资都是发展经济不可缺少的生产性投资,然而,在现代化生产中,人力资本投资的作用往往大于物资资本投资的作用。第三,人力资本增长的速度比一般物质资本增长的速度快。在生产日益现代化的条件下,支撑高效率的主体是人力资本。

人力资本与人力资源之间存在着一定的区别:第一,人力资本是通过投资形成的以一定人力存量在人体中的资本形式。人力资本强调以某种代价所获得的能力或技能的价值。人力资源是经过开发而形成的具有一定体力、智力和技能的生产要素资源形式,强调人力作为生产要素在生产过程中的生产和创造能力。第二,人力资本强调投资付出的代价及其收回,人力资源强调人力资源的形式、开发、使用、配置和管理等多种规律,揭示人力资源在社会经济生活中的作用。第三,人力资本理论揭示由人力投资所形成的资本的再生、增值能力,可进行人力开发的经济分析和人力投入产出研究。人力资源理论不仅包括了对人力投资的效益分析,而且其经济学内容更为广泛和丰富。

二、人力资源会计的意义

随着知识经济时代的到来,人类生活的各个方面将要发生深刻的变化。一般认为,知识经济是指建立在知识和信息的生产、分配和使用之上的经济。知识经济是与农业经济、工业经济相对的人类社会发展的又一经济形态,知识将成为继土地、劳动、资本之后的第四种生产要素,并以其重要性跃居于各生产要素之首。在一些发达国家,知识经济已经开始取代已有上百年历史的工业经济。会计作为为经济管理服务、提供经济决策信息的手段,也必须适应社会经济形态的这一重大变迁。因而,提供有关人力资源投资的增减、人力资源的价值大小和人力资源利用效果等方面信息的人力资源会计理论应成为知识经济时代的会计主流。人力资源构成了大多数企业的最有效的经营资产,为了使会计报表更加完善,对企业管理人员更加有用,会计报表的内容应当包括人力资源。

1964 年,美国会计学家赫曼森(G. Hermanson)在《人力资源会计》一书中首次提出了人力资源会计的概念。人力资源会计是指对企业的人力资源成本与价值进行计量和报告的一种会计程序和方法,是会计学科发展的一个新领域,是在运用经济学、组织行为学原理的基础上,由人力资源管理学与传统会计学相互结合、相互渗透所形成的一种专门会计。

进入 20 世纪 80 年代,全球范围内的新技术革命推动了人类社会从工业经济时代迈向知识经济时代,从而,全球范围内的竞争从原来的自然资源和资本竞争转向人力资源的竞争。随着一些大型企业和金融机构,如美国电话电报公司、通用电气公司和加拿大林菲尔德航空工业公司等采用人力资源会计,人力资源会计进入了广泛应用和发展的新阶段。

我国人力资源会计的研究始于 20 世纪 80 年代。1980 年,著名会计学家潘序伦先生率先在我国提出了人力资源研究问题,他在上海《文汇报》发表文章,提出我国必须开展人力资源会计的研究。多年来,我国会计界,一方面,介绍国外人力资源会计的研究成果;另一方面,针对如何建立具有中国特色的人力资源会计进行了长期的探讨。90 年代后期,与世界经济环境相适应,我国会计学界再度掀起人力资源会计研究的热潮。

人力资源会计已经历了人力资源成本会计和人力资源价值会计两种模式的演进,并在对这两大模式扬弃的基础上开拓性地形成了劳动者权益会计这一最新发展。人力资源会计是经济管理的重要组成部分,它产生于特定的历史条件和社会环境,并为经济管理目标服务。

人力资源会计的目的在于用人力资源的创造能力来反映企业现有人力资源的质量状况,为企业管理当局和外部利害关系集团提供完整有用的决策信息。从核算范围上看,人力资源会计不但要对企业用于招聘、选拔、录用、培训及开发自己的人力资源所耗费的成本进行计量,而且还要计量自己所雇员工对本企业的经济价值。人力资源会计通过对企业的人力资源进行计量和核算,提供成本与价值方面的财务信息和货币信息,不仅能够满足财务信息使用者的需要,而且能够满足企业内部管理的需要。通过人力资源会计所提供的信息,企业经营管理者可以选择、录用素质好的劳动者,以最少的耗费取得最大的收益。人力资源会计还能够满足国家宏观调控管理的需要,使政府借以了解整个社会的人力资源维护与开发情况,以保持社会经济发展的后劲。

三、人力资源的确认

人力资源能否作为企业的一项资产,是人力资源会计能否成立的前提。我国2006年2月最新发布的《企业会计准则》规定:"资产是企业过去的交易或事项形成的、由企业拥有或控制的、预期会为企业带来经济利益的资源。"由此可见,作为资产主要的标准是未来经济利益,即单独地或与其他资产结合在一起时具有直接或间接地为未来现金流入作出贡献的能力。人力资源完全符合资产的定义。第一,当劳动者与企业建立雇佣与被雇佣关系时,企业通过支付工资、报酬,也就获得了对该劳动力资源的控制权,即企业取得或控制了该劳动力资源的使用权。第二,人力资源是可以计量的。人力资源在取得、开发、维持过程中发生的成本和取得的收益,都是可以计量的,这体现在人力资源成本的可计量性以及人力资源价值的可计量性上。第三,人力资源一般能为企业带来未来的经济利益。所以,人力资源是能够为企业所控制,可以计量,并且能够为企业带来经济利益的资源,是企业会计意义上的资产——人力资产。

人力资产不同于物质资产,它是一项特殊的资产。第一,人力资产不具备实物形态,企业员工虽具有实物形态,但人力资产是指员工的服务潜力,有别于企业员工这一人力资产的载体。第二,人力资产是能用于生产商品、提供劳务、出租或用于行政管理的资产,人力资产能带来未来经济利益,但由于其带来的利益很难估计,且收益因人才的流动性也很难确定,因而人力资产所提供的经济效益具有极大的不确定性。第三,人力资产的受益期通常是一个会计期间以上,服务期低于一个会计期间的员工的工资支出一般直接计入当期损益,而不予以资本化。因而,人力资产是企业的一项无形资产。

四、人力资源会计的内容

从会计处理方法上讲,人力资源会计是对人力资源的成本或价值予以确认、计量和记录,并将其结果报告给有关各方的一种会计管理方法。它利用会计学的概念方法,对企业及其各类组织用于招聘、挑选、录用及其开发自己的人力资产所花费的成本进行计量,同时就自己所雇员工对本组织的经济价值进行计量。人力资源会计突破了传统会计只研究物尽其用的局限,将会计研究延伸到如何使企业人尽其才、为企业优化价值链提供有关人力资源的信息领域。人力资源会计把人力资源投资作为资产列入资产负债表中,日后逐步摊销计入期间成本。人力资源会计既包括用于计量人力上的投资及其重置成本的会计,也包括用于计量人对一个企业的经济价值的会计,即人力资源会计可分为人力资源成本会计和人力资源价值会计。

(一) 人力资源成本会计

人力资源成本会计主要对人力资源的取得、开发和重置等成本进行确认、计量和报告。人力资源成本会计反映人力资源占用或耗费的其他经济资源,即人力资源的投入值。人力资源成本会计的内容是如何确认、计量取得和开发人力资源方面的投资及其重置成本。依照不同的计量基础,人力资源成本会计又可分为人力资源历史成本会计和人力资源重置成本会计。人力资源成本会计研究的成本类型包括:第一,与取得和开发人力资源有关的人事管理职能的成本,即招聘、选拔、雇佣、安排和培训等人事管理活动的成本。这类成本是取得和开发人力资源的成本要素,称为人事管理成本会计。第二,人力资源本身的成本,即计量不同等级人员的取得和开发的成本,称为人力资产会计。

人力资源成本会计的特点是通过单独计量人力资源的选拔、招聘、培训等成本,将有关人力资源取得和开发的成本进行资本化形成人力资产,然后按受益期摊销计入各期费用之中。人力资源成本会计的优点是,能够提供有关人力资源支出及摊销状况的会计信息,促使管理当局及其他财务报告使用者全面考核投资回报率的实现情况,避免把用在人力资源上的支出仅看作是一种耗费而不是一种投资,从而提高了人们对人力资产收益功能的认识。人力资源成本会计的缺点是,没有对人的能力和产出价值进行计量,从而也就不能体现出人力资源的真实经济价值,同时没有明确人力资源的产权归属,并不能从根本上调动劳动者内在的积极性。

(二) 人力资源价值会计

人力资源价值会计是指对人力资源可创造的价值进行预测、确认、计量与报告，是以产出价值对人力资源的经济价值进行计量和报告的程序。人力资源价值会计反映人力资源在其整个经济效益期间所作出的贡献，即人力资源的产出值。人力资源价值会计的核心是如何计量人力资源的价值，即人力资源的产出值。人力资源价值会计是人力资源会计研究的难点。

人力资源价值会计能够满足人力资源价值管理的需要，能够满足投资者对企业总资产包括人力资产情况的了解的需要，同时能够满足计算生产者或劳动者对企业投资的需要。

人力资源价值会计的目的在于用人力资源的创利能力来反映企业现有的人力资源的质量状况，为企业管理当局和外部利害关系集团提供完整的决策信息。人力资源的价值既可以是人力资源过去创造的价值，也可以是人力资源将来能够创造的价值。人力资源价值会计通过对这种价值进行计量，将企业拥有或控制的人力资源的潜在价值数量化、信息化，促使全面衡量企业的资产价值，也促使管理当局重视对人力资源的投资和开发，使其潜在的个人价值和组织价值变成最大的现实产出。但是，人力资源价值会计仍然没有解决人力资源的产权归属问题，即使它能够反映人力资源的真实经济价值，但由于不能从根本上明确劳动者在企业中的地位，因而同样不能从根本上调动劳动者内在的积极性；另外，由于计量基础有悖于传统的历史成本原则，且对人力资源价值进行计量的仍不是完全价值，并不能充分反映人力资源的全面效能。

五、人力资源成本会计的模式

人力资源成本会计是应用传统会计理论和方法，特别是有关成本和资产的理论和方法，把企业用于人力资源上的投资，即人力资源成本，按其具有提供未来服务或经济效益潜力的性质，确认为资产，并进行确认、计量和报告的过程。人力资源成本的确认和计量是人力资源成本会计的核心内容。

(一) 人力资源成本的构成

人力资产是指企业所拥有的、预期能给企业未来带来经济利益的人力资源，它包含了能直接或间接增加企业现金或其他经济利益的潜力。由于人在进入企业之前所花费的投资额是企业无法控制的，因此，从财务管理的角度来看，人力资产投资一般是指企业投资在人力资产上的各种支出，即为了取得、开发和维持人力资源所发生的全部支出，主要包括取得人力资源的支出、开发人力资源的支出和维护人力资源的支出等。

根据权责发生制会计处理基础的要求，企业在人力资源投资上的支出，其受益期超过 1 年的，应先予以资本化，然后在各受益期内进行摊销；其受益期不超过 1 年的，则不用资本化，而应予以费用化处理。因此，企业用于人力资源的各种支出，不全都属于人力资产投资，而应当分为两大类：第一类，为取得和开发人力资源而发生的可予以资本化的支出，应归属于人力资产投资；第二类，为取得和开发人力资源而发生的应予以费用化的支出，以及为维持人力资源原有潜力而发生的支出，此类支出应作为人力资源费用处理。

人力资源成本是指企业为了取得或重置人力资源，包括企业家的决策能力、管理者的管理能力、技术人员的技术开发能力和工人的劳动技能等而发生的成本。人力资源成本应包括以下内容：

（1）原始成本。即用人单位为获得人力资源而发生的费用，包括招聘费和调入费等。

（2）追加成本。即各种正规的培训费，包括新进员工上岗前的培训费和为了使劳动者获得工作技能和知识更新而发生的教育培训费用等。

（3）使用成本。即人力资源使用过程中所发生的直接或间接费用，包括工资、奖金、福利费和与人力资源使用相关的各种费用。

（4）安置费用。即职工内部调动过程中发生的各种费用和退职、退休后发生的各种费用，包括按收益费用配比要求和权责发生制会计处理基础而预提的各种费用。

（5）流动成本。即职工因辞职、解聘而发生的各种费用，包括企业支付的解聘费用或职工跳槽过程中所发生的劳动争议诉讼费等。

（6）机会成本。即职工在调动期间因耽误工作而导致的损失，或者在选择工作岗位时，放弃某种机会而造成的损失等。

（7）沉没成本。即已经投入的人力资源成本，因某种原因没有有效地使用而闲置起来所造成的损失等，又称旁置成本。

（8）重置成本。即职工调动后，要重新物色合适的人顶替而发生的各种费用。

上述各项支出，不能全部计入人力资源成本予以资本化，只有那些受益期超过 1 年的费用才能予以资本化。一般说来，我们通常将人力资源取得支出和开发支出予以资本化，而维护支出则按照传统财务会计的做法计入当期损益。

（二）人力资源成本的计量模式

1. 原始成本计量模式

企业为拥有或控制一项资产一般会付出相应的代价。人力资源原始成本是指企业为了取得和开发人力资源所付出的代价，通常包括选拔、招聘、培训和辞退等一系列过程中所发生的费用，这些费用的资本化即为人力资源的历史成本。人力资源的原始成本包括人力资源的取得成本和开发成本。人力资源原始成本的大小取决于招募方式、选拔范围和选中率、被选中人员的状况以及是否需要培训等因素。

（1）人力资源取得成本。人力资源取得成本是指企业为了满足现在的和未来的人力资源需要，在人力资源取得过程中所支付的费用。人力资源的取得成本包括招募成本、选拔成本、雇佣和就职成本等。招募成本是指确定某个企业内外的人力资源的可能来源而发生的费用；选拔成本是指对应聘候选人进行鉴别选拔时支付的费用；雇佣和就职成本是指安置被录用人员上岗时发生的费用。

（2）人力资源开发成本。人力资源开发成本是指为提高企业员工的素质和劳动技能而发生的各种费用。开发成本在管理成本中起着统驭作用，随着企业产品科技含量的不断提高和智力开发力度的不断加大，开发成本会逐渐成为人力资源成本的主体部分。开发成本包括定向成本、脱产培训成本和在职培训成本等。定向成本是指为了使职工具备完成特定工作所需要的技能，适应定向工作岗位的要求而发生的各项支出，如见习费用、培训费用等。脱产培训成本是指为提高员工素质，使之能适应新工作的要求，对员工进行培训过程中所发生的成本。在职培训成本是指职工达到熟练程度之前所发生的各项支出，即在工作岗位上培训员工所发生的各项成本。

2. 重置成本计量模式

重置成本是指在当前物价水平下，假设对目前企业人员重新取得、开发、培训及辞退所发生的代价。如果员工个人离开企业，就会发生由于必须补充人员而导致的招聘、选拔和培训等重置成本。重置成本一般包括由于员工离去而发生的成本，以及获取并开发其替代者所发生的成本。采用重置成本计量模式不但要计算重置人员的实际支出，而且要计算由此发生的机会成本。

人力资源重置成本包括个人重置成本和职务重置成本。个人重置成本是指在目前情况下，重新配置一名与原有员工各种能力基本相同的或相似的员工所发生的成本；职务重置成本是指用一位能够在某既定职位上提供同等服务的人来代替目前正在该职位工作的员工所必须付出的代价。一般而言，企业更关注的是职务重置成本。人力资源职务重置成本包括取得成本、开发成本和遣散成本。取得成本和开发成本与前述原始成本计量模式相同。遣散成本是指原离任者离开其岗位所产生的成本，包括遣散补偿成本、遣散前业绩差别和空职差别。遣散成本在人力资源成本管理中处于从属地位。

重置成本计量模式反映了人力资源的现实价值，不仅有助于管理决策，而且有利于人力资源的价值保全。但重置成本在一定程度上脱离了传统会计模式，而且重置成本估价的难度和工作量大，不可避免地带有一定的主观性。

会计计量主要解决计量尺度和计量属性两方面的问题。传统会计以货币为主要计量尺度，但由于人力资源的许多特性是货币所无法表现的，所以人力资源会计除要用货币计量之外，还必须合理地用非货币尺度来计量反映。这种非货币信息可在会计报表的附注中列示或以其他方式揭示。

六、人力资源成本的核算和报告

随着人力资源投资的比重日益加大，企业必须重视人力资源成本的核算和报告，以便使会计信息使用者通过分析企业人力资源投资情况，了解企业经营管理当局对人力资源开发、利用和管理的重视程度，以及人力资源的优劣情况，评估企业发展后劲，预测企业的未来发展前景等。人力资源成本核算的意义在于它引进了经济学的人力资本理论，将人力资源投资资本化为人力资产，揭示和报告人力资源成本信息，从而拓宽了会计信息的经济含义。

（一）账户设置

人力资源成本会计的核算主要涉及人力投资成本的确定、人力资源成本的汇集分配、人力资产的摊销和人力资产损失的确认等。企业可根据人力资源成本的性质和功能，设置"人力资源取得成本"、"人力资源开发成本"、"人力资产"和"人力资产累计摊销"等基本账户，用以归集、结转和摊销人力资源成本。

1."人力资源取得成本"和"人力资源开发成本"账户

这两个账户是成本计算性质的过渡账户，用以分类、归集企业在人力资产上的资本性支出。其借方反映投资支出的实际数额;贷方反映转入"人力资产"账户的金额;期末余额在借方,表示对尚处于取得和培训阶段的职工的投资。

2. "人力资产"账户

该账户用来反映人力资产的增减变化情况。其借方反映人力资产的增加;贷方反映人力资产的减少;余额一般在借方,反映现有人力资产的原始成本或重置成本。由于劳动有简单劳动和复杂劳动、体力劳动和脑力劳动之分,为了反映人力资产的质量,该账户还应按劳动的等级设置明细账户。

3. "人力资产累计摊销"账户

该账户是"人力资产"账户的备抵账户。其贷方反映按一定的摊销率计算的人力资产的摊销额;借方反映因退休、离职等原因退出企业的职工之累计摊销额的转出额;期末余额表示现有人力资产的累计摊销额。该账户应按照对应的人力资产明细账户设置相应的明细账户。

4. "人力资产费用"账户

该账户属于期间费用类账户,用来归集劳动力受雇后其成本直接费用化的支出。其借方反映对人力资源的投资成本应费用化的部分及人力投资(资本化部分)的每期摊销额;贷方反映期末结转到"本年利润"账户借方的数额。

(二)人力资源成本核算的方法

人力资源成本会计的主要账务处理如下:

(1)发生应予以资本化的人力资源取得和开发等费用时,应编制的会计分录为:

借:人力资源取得成本　　　　　　　　　　　　　　×××
　　人力资源开发成本　　　　　　　　　　　　　　×××
　贷:库存现金　　　　　　　　　　　　　　　　　　×××
　　　原材料　　　　　　　　　　　　　　　　　　　×××
　　　应付职工薪酬等　　　　　　　　　　　　　　　×××

(2)雇员正式交付有关部门使用时,结转人力资源取得和开发成本时,应编制的会计分录为:

借:人力资产　　　　　　　　　　　　　　　　　　×××
　贷:人力资源取得成本　　　　　　　　　　　　　×××
　　　人力资源开发成本　　　　　　　　　　　　　×××

(3)发生应予以费用化的人力资源费用时,应编制的会计分录为:

借：人力资产费用　　　　　　　　　　　　　　　　　　×××
　　贷：库存现金　　　　　　　　　　　　　　　　　　×××
　　　　原材料　　　　　　　　　　　　　　　　　　×××
　　　　应付职工薪酬等　　　　　　　　　　　　　　×××

（4）按期进行人力资产摊销时，应编制的会计分录为：

借：人力资产费用　　　　　　　　　　　　　　　　　　×××
　　贷：人力资产累计摊销　　　　　　　　　　　　　×××

（5）员工离开企业时，应编制的会计分录为：

借：人力资产累计摊销　　　　　　　　　　　　　　　　×××
　　人力资产费用　　　　　　　　　　　　　　　　　×××
　　贷：人力资产　　　　　　　　　　　　　　　　　×××

（6）期末，结转人力费用时，应编制的会计分录为：

借：本年利润　　　　　　　　　　　　　　　　　　　　×××
　　贷：人力资产费用　　　　　　　　　　　　　　　×××

（三）人力资源成本报告

人力资源成本报告所要解决的问题是企业如何把有关人力资源的信息传递给信息使用者。传统财务报告既不反映人力资产的价值，也不反映人力资本，将人力资源成本作为期间费用处理，而未将它们按照资产的性质资本化为相应的人力资产，从而低估了企业资产总额，忽视了劳动者对企业的经济贡献。传统财务报告把为取得、开发人力资源而发生的费用全部计入当期损益的做法，扭曲了企业的财务状况和经营成果，所以有必要对传统的财务报告进行适当的调整，把人力资产及其有关的权益和费用，在财务报告中予以充分揭示和披露。

人力资源成本报告可以分为对外报告、对内报告和单独报告等。

1. 对外报告

为了披露人力资源的会计信息，应对传统的会计报表指标项目进行适当的调整。

在资产负债表中，一方面，应在无形资产项下单独列示人力资产有关情况，反映人力资源信息的有关内容，包括人力资产原值、摊销值、净值等数据。这样，资产负债表中体现的会计等式为：

人力资产＋物质资产＝负债＋人力资源权益＋所有者权益。

另一方面,应在报表附注中,从动态和静态两个方面详细揭示人力资源的状况。动态方面包括报告期内追加的人力资源投资总额、投资方向、占本期总投资的比重等数据;静态方面包括人力资源占企业总资产的比率,企业员工的学历构成、职称等情况。

在利润表上,可增设"人力资产费用"项目,用以反映企业为使用人力资源而发生的不能资本化的费用和人力资产的摊销,同时对原"管理费用"等账户反映的内容作必要的调整。

在现金流量表上,应在投资活动产生的现金流量下单独反映为招募、选拔、开发、培训人力资源而发生的现金流出和企业人力资源创造价值所带来的现金流入。

与物质资源相比,人力资源有其自身的独特性,对它进行确认、计量和报告,要比物质资源复杂得多。因此,仅仅靠财务报表揭示人力资源信息,难以满足信息使用者的需要。人力资源成本报告,除了将有关信息在财务报表中列示以外,还应当包括一些附加报告,如人力资源投资报告、人力资源流动报告和人力资源效益报告等,以提供一些不能或不便于用货币精确度量的信息。

2. 对内报告

对内报告的内容应分两部分:一部分是非货币信息,主要反映目前企业的人力资源组成、分配和利用情况,对一些高成本引进的重要人才,应予以重点揭示。例如,编制职工技能一览表,将劳动者按职能部门分类,列出各类职工的相关指标,主要包括各职能部门人数、平均年龄、知识水平分布、业务能力情况、工作业绩、平均已工作年限、健康状况等,从而反映企业职工的盈利能力。另一部分是货币信息,主要包括企业各责任中心人力资源的现值、人力资源投入产出比等,对于一些高成本引入的重要人才,应单独分析其成本与创造的效益,以确定其投资收益率。

3. 单独报告

随着科学技术的进步,知识经济的兴起,科学地确认、计量和报告企业的人力资源,确立劳动者在企业中的地位,从而促使各部门有效地利用人力资源,合理开发人力资源,适应知识经济发展的需要,具有十分重要的意义。考虑到人力资源会计尚未形成一套完整的理论体系和严密而科学的处理方法、计量过于复杂等因素,我国现阶段应鼓励企业将人力资源会计信息先在内部报告中揭示,待条件成熟后,再将它纳入对外公布的会计报告中,并且颁布人力资源成本会计准则,逐步完善我国会计信息的披露机制。单独的人力资源会计报告包括人力资源计量表和人力资源信息表等。

第二节 质 量 成 本

一、质量与质量成本

（一）质量的意义

质量问题是关系到企业能否生存和发展的根本性、决定性的问题，也是关系到社会主义市场经济建设的重大经济战略问题。企业生产的目的就是不断提高经济效益，用尽可能少的耗费，生产出尽可能多的价廉物美、优质低耗的产品。质量是企业生存和发展的第一要素。质量是指产品或服务满足消费者的程度，包括设计质量和一致质量两个基本方面。设计质量是指产品或服务的功能符合顾客需求的程度。一致质量是指根据设计和生产规格来生产产品或提供服务的程度。世界上许多成功的公司，如美国的福特汽车公司、日本丰田公司等都把全面质量管理（Total Quality Management，TQM）作为它们在 20 世纪 90 年代取得巨大成功的最主要因素。

质量管理发展的历史表明，产品质量的经济性是产品质量特性要素的基础。产品质量只有在用户使用时才能得到实现，只有通过产品的整个寿命周期才能得到验证。只有实现产品质量的经济性，才能体现企业经济效益和社会效益的统一。质量的经济性不仅有重要的理论意义，还有重大的现实意义。

产品质量的经济性一般用产品的实物质量指标、产品的工作质量指标和质量效益等指标加以反映和考核。产品的实物质量指标是反映产品本身质量的指标，反映产品的性能能否满足社会及消费者个人的一定需要，及其满足的程度。产品的工作质量指标是各项工作质量的综合反映，是企业全体职工通过各个环节的一系列活动所形成的。质量效益指标强调考虑市场的需求，以及企业主客观条件，必须综合考核反映产品质量经济效益的指标。除此之外，质量的经济性还表现在消费者与企业在利益、成本、风险等三个方面的关系上。随着对企业环境保护责任要求的增加，许多企业开始重视环境质量，并着手处理空气污染、废水、石油和化学品的泄漏、有害废品等方面的问题。因此，质量的经济性还体现在企业经济效益与社会效益的统一上。

（二）质量成本概念的产生和发展

随着社会经济和科学技术的发展，高精度、高可靠性工业的兴起，产品质量的竞争日趋激烈。企业为了保证和提高产品质量而进行的设备更新、新材料开发、工艺方法的改善及管理技术培训等方面的支出大幅度增加，形成了为数可观的质量费用，因此，企业纷纷探索最适宜质量成本的途径。20世纪50年代初，美国通用电气公司质量管理专家菲根鲍姆（A. V. Feigenbaum）主张把质量预防费用与产品不符合要求所造成的厂内损失和厂外损失一起加以考虑，首先明确提出质量成本的概念。之后，菲根鲍姆又提出把质量成本划分为预防成本、检验成本、厂内损失和厂外损失四大类，并且将质量成本的范围扩大到产品的整个寿命周期，将生产、销售、使用等各个阶段所发生的质量投入、质量损失、涉及产品的寿命周期，都包含在质量成本之中。可见，全面质量管理是从实践中逐步发展起来的由企业全体职工参加，建立起从市场调查、生产方案、产品设计、技术标准、物质供应、生产制造、质量检验、产品销售到产品使用全过程的严密的管理制度、手段和方法，以及质量保证体系。全面质量管理的内容是全面的，它不仅要求企业管好产品质量，而且还要重视和管理好产品质量赖以形成的工作质量。讲求质量经济性，探求成本最低、经济效益最高的经济性质量水平，是全面质量管理的目的。

尽管很多著名学者和质量管理专家对质量成本的表述在形式上有所差异，对其内涵尚有不同的理解，但对质量成本管理是全面质量管理的重要组成部分已达成共识。质量成本管理是编制质量计划、确定质量方针、进行质量决策的重要依据。通过质量成本信息，可以揭示产品质量与经济效益的统一。质量成本具有广泛性、动态性、多样性和收益性的特征。广泛性是指质量成本具有广泛的内涵，它要求功能、成本、服务、环境和心理等诸多方面都能满足用户需要，它既适用于有形的产品，也适用于无形的劳务，如服务质量、工作质量、管理质量等。质量成本不仅反映物质生产部门的质量成本状况，而且还要覆盖非物质生产部门质量管理的效益状况，除了反映现实的内容外，还应研究反映潜在的和隐含的质量成本支出。动态性是指质量成本是个相对的、变化的、发展的概念，它随着地域、时期、使用对象、社会环境、市场竞争的变化而赋予不同的内容和要求，而且随着社会的进步及知识的更新，其内涵与要求也在不断地更新和丰富。因此，质量成本作为服务于质量经营和体现产品质量适用性的专项成本，必须始终保持自身的动态性，随着产品质量适用性的变化而变化。多样性是指由于不同的质量成本主体所要达到的目的各不相同，质量成本的考核方法有多种多样。收益性是指质量成本不仅能及时、有效地反映企业的质量成本支出,而且还能反映质量收益,进行质量成本的经济效益核算和决策,以便企业在市场竞争、顾客的需求和企业生存、获利之间进行权衡。

(三) 质量成本的内容及其分类

1. 质量成本的内容

质量成本是指企业为确保规定的产品质量水平和实施全面质量管理而支出的费用,以及因为未达到规定的质量标准而发生的损失的总和。尽管很多著名质量管理专家和国际组织对质量成本内涵的表述在形式上有所差异,在内容上有所侧重,但在本质上都是一致的。一般认为,质量成本由预防成本、检验成本、内部缺陷成本、外部缺陷成本以及外部质量保证成本等部分组成。

(1) 预防成本。预防成本是为了防止产生不合格品与质量故障,以及降低其他质量成本而发生的各项费用,主要包括新产品鉴定费、质量工作费用、产品评审费用、质量培训费用、质量奖励费用、质量改进措施费用、质量管理专职人员工资及福利费用、搜集和分析质量费用等。

(2) 检验成本。检验成本是为了检查和评定产品质量、工作质量、工序质量、管理质量是否满足规定要求和标准所需的费用,主要包括进货检测试制费、设备检验费、现场产品制造和加工检测及产品测试费用等。

(3) 内部缺陷成本。内部缺陷成本是指产品交用户前由于自身的缺陷而造成的损失,及处理故障所支出的费用之和,主要包括不可修复的废品损失、可修复废品的返修损失、返工后或矫正后的产品重复检测和试验的复验费用、由于产品质量事故引起的停工损失及产品降级损失等。

(4) 外部缺陷成本。外部缺陷成本是指在产品交付用户后,因产品质量缺陷引起的一切损失费用,主要包括由于质量缺陷而支付的诉讼费用、索赔费用、退换货损失、保修费用和降价损失等。

(5) 外部质量保证成本。外部质量保证成本是指为用户提供的客观证据所支付的费用,包括特殊和附加的质量保证措施费用、产品质量验证费、质量评定费等。

此外,对于低质量所发生的机会成本,如由于低质量而导致的销售下降、低价降价而放弃的收益等,通常并不在会计系统中进行计量,因此,又称为隐含成本。但是,机会成本有可能数额较大,并且是重要的成本动因,因此,在分析时应加以考虑。

2. 质量成本的分类

(1)质量成本就其发生的性质可以划分为三类:第一,企业为确保产品质量而发生的预防成本、检验成本和外部质量保证成本;第二,由产品质量和生产工作质量造成企业实际支付的厂内缺陷成本和厂外缺陷成本;第三,由产品质量和生产工作质量造成企业不必支付而应计算的厂内缺陷成本和厂外缺陷成本。

(2)质量成本按其表现形式,可以划分为两类:第一,显性成本,又称直接质量不良成本,是企业在生产经营过程中实际发生的有形损失,它直接造成对企业的损失;第二,隐含成本,又称间接质量不良成本,是企业实际发生但并未支付的无形损失,主要是由不良质量而形成的机会成本,它间接地对企业造成损失,这些机会成本往往不列示在会计记录中。

(3)质量成本按责任单位进行分类。为了明确经济责任,考核各单位、部门质量成本的支出情况,企业应按质量成本具体发生的地点进行分类,以便考核其质量成本指标的完成情况。为此,可将质量成本分为生产部门、销售部门、检验部门和全面质量管理部门等部门的质量成本。对于发生的质量成本按上述责任单位进行归集,责任明确,费用归集方便,能更好贯彻经济责任制的要求。

二、质量成本的核算

质量成本核算是按产品形成的全过程,对发生的预防成本、检验成本、内部缺陷成本、外部缺陷成本和外部质量保证成本等质量成本以货币计量并进行核算。

(一)质量成本核算的要求

质量成本存在于企业生产经营活动的各项耗费和损失之中。在传统会计核算方式下,质量成本往往被其他耗费和损失所掩盖,所以没有以独立的成本形态反映出来。随着企业转换经营机制,内部责任成本及责任会计制度的建立和发展,必然要求在提供产品成本信息的同时,提供质量成本的信息,以便加强全面质量管理,改进和提高产品和工作质量,提高企业的竞争能力。

质量成本核算就是按产品形成的过程,从投产前的技术准备过程、生产制造过程到产品销售过程的质量成本核算。质量成本核算,既能满足企业实施全面质量管理的需要,又能遵循现行财务会计法规的规定,是实施全面质量管理的中心环节。进行质量成本核算,必须划清以下几个费用界限:

（1）划清显性成本与隐含成本的界限。由于显性成本，如预防成本、检验成本、厂外缺陷成本、厂内缺陷成本和厂外质量保证成本必须在会计核算中加以反映，而隐含成本即机会成本往往不列示在会计记录中，因此，必须划清两者的界限。

（2）划清应计入产品成本和不应计入产品成本的界限。质量成本同产品成本既有联系也有区别，产品成本包括企业在产品生产过程中所发生的直接费用和间接费用；而质量成本的大部分费用都包括在产品成本中，只是质量成本还包括销售费用的一部分。质量成本中有些费用应计入产品成本，如厂内缺陷成本中的不可修复废品的报废损失、可修复废品的修复费等，有些费用则不应计入产品成本，如预防成本中的产品评审费用、质量培训费用等，因此，必须划清两者的界限。

（3）划清各种产品之间的质量成本界限，以及完工产品和月末在产品之间的质量成本界限。若在产品数额较小，应计入产品成本的质量成本可全部由当月完工产品成本负担，月末在产品成本可不负担质量成本。

（二）质量成本项目的设置

建立适合我国国情的质量成本项目，是进行质量成本核算，实施全面质量管理的一个重要前提。由于企业的性质、规模、产品类型不同，以及会计核算的管理体制不同，质量成本项目有所不同。从我国实际情况出发，借鉴国外质量成本管理的经验，根据设置质量会计项目的原则，质量成本项目大体可设置五大类。其具体内容如下。

1. 预防成本类

预防成本类一般包括的项目有：第一，质量工作费用；第二，产品评审费用；第三，质量培训费用；第四，质量奖励费用；第五，质量改进措施费用；第六，质量管理专职人员工资及福利费用。

2. 检验成本类

检验成本类一般包括的项目有：第一，检测试验费；第二，工资及福利费，指对材料、零部件、产成品的质量进行检验的专职人员的工资及福利费；第三，检验试验办公费；第四，检验测试设备及房屋折旧费用。

3. 内部缺陷成本类

内部缺陷成本类一般包括的项目有：第一，废品损失；第二，返修损失；第三，停工损失；第四，事故分析处理费用；第五，产品降级损失。

4. 外部缺陷成本类

外部缺陷成本类一般包括的项目有：第一,诉讼费用;第二,索赔费用;第三,退货损失;第四,保修费用;第五,产品降价损失。

5. 外部质量保证成本类

外部质量保证成本类一般包括的项目有：第一,质量保证措施费;第二,产品质量证实试验和评定费;第三,质量体系认定费。

（三）质量成本核算的会计处理

1. 质量成本的核算程序

（1）宣传准备。宣传核算质量成本对于提高产品质量、降低产品成本、提高经济效益具有重要作用,并对有关的会计人员进行培训。

（2）组织落实。凡是与核算产品质量成本有关的部门,都应指定专门的或兼职的成本核算人员,负责收集、整理、登记有关质量成本的开支,使全厂形成一个质量成本核算体系。

（3）编制质量成本计划。应本着先进合理的原则,制定质量成本计划,使各部门能在质量成本计划的指导下,不断降低质量成本。

（4）制定各部门质量成本的具体组成内容。在进行质量成本核算前,哪些费用属于质量成本的内容,应由哪个部门负责,应作一个统一的规定。

（5）日常会计核算。日常会计核算时,应对现行成本核算的账表格式进行必要的修改,就可以对各职能科室发生的质量成本进行核算。

（6）质量成本报告。月末时,为了总括反映质量成本的情况,各部门应编制质量成本报告表,以便详细反映各部门质量成本的情况。

2. 账户设置

质量成本核算作为会计核算的一个组成部分,也要按照会计核算的基本方法进行会计处理。为了适应质量成本核算的要求,企业应设置"产品质量费用"总账账户,用以归集属于质量管理的各项费用和损失,从而核算产品质量成本,并考虑将现行会计制度规定的"生产成本"账户下设置的"废品损失"成本项目改为"质量成本"成本项目。

"产品质量费用"账户用来核算实际发生的显性成本。"产品质量费用"总账账户下应设置"预防费用"、"检验费用"、"厂内缺陷成本"、"厂外缺陷成本"和"外部质量保证成本"等二级账户,分别核算属于各账户的有关费用和损失。

"产品质量费用"二级账户下应设置若干明细账户和费用项目专栏,对于发生的直接费用,按产品分别进行明细核算,直接记入有关明细账的相关专栏;对于发生的间接费用应先按一定的分配标准在各产品之间进行分配,然后记入有关明细账的相关专栏。月末,将归集的产品质量费用中应由产品成本负担的部分结转至"生产成本"总账下的"质量成本"项目,其余部分按其发生的原因分别结转至"管理费用"和"销售费用"等账户。总之,凡属于成本项目或费用项目的质量成本,按有关项目设专栏进行核算;不属于质量成本的一般成本,仍在有关"生产费用"账户中进行核算。

3. 原始数据来源及资料的归集

显性质量成本是可以计量的,应按实际发生额进行核算。其质量成本核算所依据的原始凭证,主要包括工时单、材料单、检查报告、废品单和修理单等。质量成本数据的归集,可按质量成本项目、按时间顺序、按品种或工序等进行。汇总时,一般期初应编制目标质量成本预算表,内容包括摘要、本期目标成本、增减额、增减率、备注等项目。

隐含质量成本是不可计量的,可采用适当的方法作相应的估计,以满足分析决策之需。估计隐含成本比较常用的方法有乘数法和市场研究法。乘数法是简单地假定全部损失成本是已计量损失成本的某一倍数。乘数法有助于管理当局更准确地确定用于防止和评估质量作业所耗资源的水平。市场研究法常用于判断产品质量不良对销售和市场份额的影响。通过顾客调查和与公司销售员工的面谈,可以对公司隐含成本的放大效应提供重要参考依据。市场研究的结果可用于预计未来不良质量所带来的利润流失数。

4. 质量成本报告

质量成本报告是根据企业质量管理的需要,按照质量成本项目核算企业实际发生的质量成本,用以反映、分析和考核一定时期内质量成本预算执行情况的内部成本报表。

质量成本报表根据质量成本的日常核算资料编制而成,这就要求进行质量成本核算时,必须搞好统计工作,及时统计因产生废品而发生的材料、工时等。质量成本报表编制的主要依据包括:质量成本实际数的原始凭证和原始记录,计划年度企业制定的质量成本预算控制数等。因此,可以讲,质量成本核算是以会计核算为主,统计核算为辅,相互配合,全面、正确、及时地反映企业质量成本的。

车间(部门)质量成本报告表和质量成本汇总表,分别如表 15-1 和表 15-2 所示。

表 15 - 1 车间(部门)质量成本报告表

年 月 日

项目	预防成本		鉴定成本		内部缺陷成本			外部缺陷成本			外部质量保证成本			合计
		小计		小计			小计			小计			小计	
合计														

表 15 - 2 质量成本汇总表

年 月 日

部门	预防成本	鉴定成本	内部缺陷成本	外部缺陷成本	外部质量保证成本	合计
合计						

三、质量成本管理

（一）质量成本目标的确定

在市场经济条件下,任何一个企业的生产和经营都是以市场为导向的。一般而言,每个企业都有自己的市场定位和相对的顾客消费群体,而不同的消费群体对产品或服务的质量需求标准是不一样的,由此产生了质量标准理解和使用上的差异。当然,如果不考虑顾客的经济能力和企业的质量成本,对质量的要求几乎是没有上限的。所以,为了达到客户有现实支付能力的质量标准要求,企业必须进行最低限度的质量成本投入。为了争取市场,企业还要进行竞争性的产品质量成本投入,即获取竞争优势,其中首选的手段之一是使自己的产品质量超过竞争对手。这种质量竞争手段既符合社会进步的要求,又能满足企业的长远利益。因此,解决质量和质量成本问题,包括两个方面的内容:第一,产品质量和工作质量要提高到满足相对顾客有支付能力的需要标准;第二,要为高质量产品付出相应的质量成本。企业解决好质量和质量成本问题,可以增加自身的效益;反之,则会降低企业的效益,甚至危及企业的生存。

质量成本有其自身的特点,所以在确定质量成本目标时,既要考虑节约开支,降低质量成本,又要处理好质量成本与质量、功能等方面的关系,通过质量成本效益分析,结合企业的具体条件,寻求质量成本的最佳值。产品质量与产品成本存在着怎样的依存关系,以及它们之间的因果关系如何,是研究质量成本问题的关键。

(二) 质量成本的控制

企业的质量成本涉及面广,包括产品的设计、开发、生产、供应、销售、财会和质检等各个部门。为了有效地对质量成本进行控制,必须建立、健全质量成本的组织体系,实行归口分级控制。我国许多大中型企业都设置了全面质量管理中心,由厂长、总工程师、总经济师、总会计师共同负责,这从组织上保证了质量成本控制工作的顺利进行。进行质量成本控制,应对产品生产的整个寿命周期进行全过程的控制。由于产品质量贯穿于设计、制造和使用的整个过程,因此,对质量成本的控制必须同时重视设计阶段、制造阶段和使用阶段,对产品整个寿命周期进行全方位的控制。

(三) 质量成本的考核

为了明确经济责任,使企业内部的质量成本中心在行使权力的同时,能够取得相应的经济业绩,必须进行质量业绩的考核。这是因为,即使产品或服务是无缺陷的,并完全满足了一致质量的要求,也并不意味着它一定能够销售出去或是有效的。只有产品或服务同时满足了设计质量的时候才是如此,也就是说,能够满足客户的需要才能够销售出去或是有效的。因此,质量业绩考核应从客户满意度和企业内部绩效衡量两个方面进行。

考核质量的指标通常兼用财务指标和非财务指标。财务指标和非财务指标各有不同的作用。财务指标的主要作用是：作为权衡预防成本和缺陷成本的通用标准，简要、总括性地反映企业质量状况。非财务指标的主要作用是：容易量化，便于理解；直接反映物质生产过程的状况，并有助于将注意力集中在需要改进的问题领域。

1. 常用的财务指标

（1）目标成本节约额。以绝对数形式反映目标质量成本的最终完成情况。其计算公式为：

$$目标成本节约额＝质量成本预算数－质量成本实际完成数$$

（2）目标成本节约率。以相对数形式反映目标质量成本的完成情况。其计算公式为：

$$目标成本完成率＝\frac{目标成本节约额}{质量成本预算数}×100\％$$

2. 常用的非财务指标

常用的非财务指标有客户满意度和反映企业内部绩效的非财务指标。客户满意度的非财务指标主要有销售给客户的不良产品数量占销售产品总数量的百分比，客户投诉次数，约定交货日与顾客要求交货日之间的时差和准时交货的比例等。反映企业内部绩效的非财务指标主要有每条生产线的不良产品数量，合格产品占总产品的比例，产品的制造周期和雇员的离职率等。

（四）质量成本分析

质量成本分析一般是指事后分析。质量成本分析是利用质量成本报告，结合有关资料，发现企业质量管理存在的主要问题，以便提出改进措施，加强企业的全面质量管理。

质量成本分析的内容主要包括：第一，目标成本质量分析，即实际质量成本完成预算的情况；第二，质量成本构成分析，即各质量成本要素占总质量成本的比例；第三，质量成本相关比率分析，即各质量成本要素占销售成本或销售收入的比率；第四，质量成本变化趋势分析，即一定时期内质量成本的变化趋势；第五，最低质量成本分析，即产品在最适宜的质量水平下的质量成本。

质量分析的目的不同，分析的方法就有所不同。常用的方法有因果分析法等。

（五）质量业绩报告

质量成本报告是衡量企业在某特定期间质量成本分布情况的报表,是用来反映一个企业在质量改进项目上的进展程度的书面文件。质量成本报告并没有统一的格式,常随着编制目的的不同而有多种不同的类型。不论企业采用何种方式编制质量成本报告,其内容不外乎强调各成本要素的比例关系(如预防成本与检验成本占质量成本的比例),以及其衡量基础(如质量成本占销售收入或销售成本的比例)。衡量基础的选择,需视企业所处的竞争环境而定。当价格是主要的竞争因素时,为了帮助管理人员判断质量相关支出的合理性,可列示质量成本占销售收入的比率,或列示质量成本占销售成本的比率。在以质量为竞争手段时,列示外部缺陷成本占销售收入的比率,或列示质量成本占销售成本的比率,而列示外部缺陷成本占销售收入的比率更具有现实意义。

第三节　物　流　成　本

一、物流与物流成本

（一）物流与物流管理

1. 物流

物流是指物资实物形态的流动,即物资借助于人力、物力和信息在空间上的实体运动,是一种广泛存在的综合性很强的系统运动。也可以讲,物流是企业为满足消费者需求而进行的对原料、中间库存、产品及相关信息从起始地点到消费地点的有效流动与储存的计划、实施和控制的整个过程。其主要特点如下:

（1）物流是一种广泛存在的经济活动。物流广泛存在于企业之间和企业内部。从企业之间来看,企业作为社会经济的构成细胞,其生产过程同时也是消费过程,物流就成为连接众多企业生产和消费的桥梁和纽带。从企业内部来看,企业的生产经营要不断地进行,就必须按照生产需要的数量、品种、时间不间断地供给原材料、工具、设备等生产资料,必须保证各种物资材料等进入企业,经过一定工序加工成零部件,进而组装成产品,自始至终都离不开物资的流动。

（2）物流是一种综合性很强的系统活动。物流活动是通过运输、保管、装卸、包装、流通加工等具体的活动而实现物资在实物形态上的空间转移和时间保存的一种系统活动。

（3）企业物流一般包括供应、生产、销售、废弃和退货等基本内容。供应物流是指企业为进行生产、组织采购生产资料或商品而产生的物流，是一种外部物流。生产物流是指生产企业从生产开始到最终确定向用户销售为止而产生的物流，是一种内部物流。销售物流是指企业从确定用户销售开始到最终将商品送到用户为止而产生的物流。废弃物流是指企业由于处理废旧物资、边角废料和垃圾物等所产生的物流。退货物流是指因退货而发生的并由销售企业承担责任的物流。

2. 物流管理

物流管理源自第二次世界大战中军用物资管理的创新模式。第二次世界大战中，美国海军出自军事上的考虑，对筹备的军用物资实行了现代化的物流管理，运用了一定的物流方法、系统分析和应用数学，不久这种物流管理便被用到了产业界，而且在解决复杂的物流问题过程中得到了发展，形成了一门新兴的综合管理技术——物流管理。于是，在美国兴起了物流管理学。到了 20 世纪 60 年代中期，人们常用"第三利润源泉"、"降低成本的最后边界"等形容物流管理的作用。

（1）物流管理是社会化大生产的必然要求。在大规模、高度专业化和自动化的现代化大生产中，物流不仅时间长、范围宽，而且数量大、成本高。在美国，20世纪 80 年代，企业支付的平均物流费用超过总销售收入的 25％，物流所占用的资产也超过企业总资产的 40％。在我国，物流费用也是仅次于原材料本身的价值而在产品成本中占第二位，一般占产品成本的 15％，有些产品，如水泥、砂石、钢材等，其物流费用更高。分散管理不能适应现代化大生产对物流提出的要求，对现代化大生产来说，必须进行物流管理。

（2）物流管理是企业的后起管理活动领域，是降低成本、创造利润、提高经济效益的新途径。长期以来，我们对物流这种广泛存在的综合性很强的系统活动以及物流与经济效益的关系了解不够，物流活动中的不合理现象比较普遍，每年给国家造成上百亿的损失。因此，在我国物流活动中蕴藏着降低物流成本的巨大潜力。

（二）物流成本

物流成本是伴随着企业各项物流活动而发生的各种费用，是物流活动中所消耗的物化劳动和活劳动的货币表现。企业发生的物流劳动同其他生产劳动一样，也创造价值，但并不增加产品使用价值总量；相反，产品总量往往在物流过程中因损坏、丢失而减少,为进行物流活动,企业还要投入大量的人力、物力和财力。因此,企业物流成本是使商品变贵而不追加商品使用价值的费用。科学地管理物流成本,应成为现代企业提高经济效益的重要途径。

物流成本具有如下特征:第一,物流成本具有隐含性。在传统上,物流成本的计算总是被分解得支离破碎、难辨虚实。由于物流成本没有被列入企业的会计处理范畴,制造企业习惯将物流费用计入产品成本;流通企业则将物流费用包括在商品流通费用中。因此,无论是制造企业还是流通企业,不仅难以按照物流成本的内涵完整地计算出物流成本,而且连已经被生产领域或流通领域分割开来的物流成本,也不能单独、真实地计算并反映出来。任何人都无法看到物流成本真实的全貌,了解其可观的支出。第二,物流成本具有削减的乘法效应。物流成本类似于物理学中的杠杆原理,物流成本的下降通过一定的支点,可以使销售额获得成倍的增长。而其上升一点,也可使销售额成倍地削减。因此,物流成本的下降会产生极大的效益。第三,物流成本具有效益背反性。"背反"现象常称为"交替损益"现象,即改变系统中任何一个要素,会影响其他要素的改变。要使系统中任何一个要素增加,必将对系统中其他要素产生减损的作用。通常,人们希望物流数量最大,希望物流时间最短,希望服务质量最好,希望物流成本最低。显然,要满足上述所有要求是很难办到的。例如,在储存子系统中,站在保证供应、方便生产的角度,人们会提出储存物资的大数量、多品种问题;而站在加速资金周转、减少资金占用的角度,人们则会提出减少库存。

物流成本从核算对象上来划分,可以分为宏观物流成本和微观物流成本。宏观物流成本是核算一个国家在一定时期内发生的物流总成本,是不同性质企业微观物流成本的总和。微观物流成本根据发生物流费用企业的性质,可以分为货主企业发生的物流费用和第三方物流费用。微观物流成本的内容和分类如下所述。

1. 按物流过程划分

(1)供应物流成本。即原材料(包括容器、包装材料)采购这一物流过程中所发生的费用。

(2)企业内物流成本。即从产成品运输、包装开始到最终确定向顾客销售这一物流过程中所发生的费用。

(3)销售物流成本。即从确定向顾客销售到向顾客交货这一物流过程所发生的费用。

(4)退货物流成本。即随售出产品的退货而发生的物流活动过程中所发生的费用。

（5）废弃物流成本。即由于产品、包装或运输容器材料等的废弃而产生的物流活动过程中所发生的费用。

（6）生产物流成本。因生产物流成本包含在制造成本中,很难单独计算。

2. **按支付形式划分**

这是按照财务会计中的费用分类方法进行计算的物流成本,大体可划分为委托物流费(如运费、包装费、保管费、出入库装卸费、手续费等仓库保管费)等向企业外部支付的费用和人工费、材料费等企业内部物流活动的费用。

3. **按物流功能划分**

这是按照运输、储存、包装等物流功能进行分类,大体上分为物资流通费、情报流通费和物流管理费三类。也有人主张把物资流通费细分为包装费、输送费、保管费、装卸费、流通加工费、情报流通费和物流管理费共七类。

二、物流成本的核算模式

（一）建立物流成本核算模式的意义

物流成本核算模式是按物流管理目标对流通耗费进行确认、计量和报告的制度。建立企业物流成本核算模式,具有十分重要的意义。

1. **提高人们对物流成本重要性的认识**

按照我国现行会计制度规定进行的成本核算,物流成本被分散在许多费用成本项目之中,人们无法知道耗用于企业的物流成本是多少。另外,与物流有关的利息、税金、租金和物资在运输、保管、装卸、包装、流通、加工过程中的耗损、物资储备过多的资金积压损失、物资供应不及时的停工待料损失等都分散于许多成本费用项目中。通过物流成本核算,能够全面揭示物流活动的全部耗费,提高人们对物流成本重要性的认识。

2. **为制订物流价格提供信息**

物流成本是企业制订物流价格的主要依据。企业物流部门对内外提供各种物流服务时,要求按一定价格进行核算,物流成本成为企业制订物流价格的重要依据。只有建立了物流成本核算制度,才能发挥物流价格的杠杆作用,为制订物流价格提供精确的依据。

3. **促进企业物流管理水平的提高**

物流成本是反映企业物流活动的综合性价值指标,通过物流成本核算,可以揭示出企业物流成本的全貌,发现企业物流管理中的问题,并能为编制物流成本预算、制订标准物流成本提供依据,从而达到改善企业物流管理,降低物流成本的目的。

(二)物流成本的核算方法

近年来,随着我国经济的强劲增长,物流市场规模不断扩大,物流法规政策加速细化与完善,由理论探讨走向实际操作;国内物流巨头改革重组开始;国外物流公司加速抢占中国物流市场等等。伴随着物流实践与相关研究的快速发展,物流成本的核算问题日益受到重视。然而,虽然现代物流管理的理念引入我国已有 20 余年,但我们对物流成本的测算、分析和研究,无论是总量,还是企业实际支出,都没有统一标准,得到的也都是模糊数据。可是,如果没有对物流成本,尤其是其结构的把握,就很难去讨论企业物流管理的改善,更不要说去研究企业的核心竞争力了。西方发达国家已将物流产业视为继制造业和商业之后的第三利润源泉,作为一个专门的产业加以开发。随着科学技术的飞速发展和企业内部管理的加强,制造业在可控的生产领域降低成本的空间越来越小,而在物流环节却大有潜力。现代物流产业必将成为我国的重要产业和新的经济增长点。因此,建立、健全我国物流成本核算就显得更为迫切。

1. 会计方式的物流成本核算

会计方式的物流成本核算,就是通过凭证、账户、报表对物流耗费予以连续、系统、全面地记录、计算和报告的方法。具体包括两种形式:第一,双轨制,即把物流成本核算与其他成本核算截然分开,单独建立物流成本核算的凭证、账户、报表体系。在单独核算的形式下,物流成本的内容在传统成本核算和物流成本核算中得到双重反映。第二,单轨制,即物流成本核算与企业现行的其他成本核算,如产品成本核算、责任成本核算和变动成本核算等等结合进行,建立一套能提供多种产品成本信息的共同的凭证、账户、报表核算体系。在这种情况下,要对现有的凭证、账户、报表体系进行较大的改革,需要对某些凭证、账户、报表的内容进行调整,同时还需要增加一些凭证、账户和报表。

会计方式物流成本核算的优点是,提供的物流成本信息比较全面、系统、连续,且准确、真实。但这种方法比较复杂,或者需要设计新的凭证、账户、报表核算体系,或者需要对现有的体系进行较大的甚至是彻底的调整。从发展的观点来说,在企业具备一定条件时,采用单轨制方式是一个较好的选择。

2. 统计方式的物流成本核算

统计方式的物流成本核算不要求设置完整的凭证、账户、报表体系,而主要是通过对企业现行成本核算资料的解剖分析,从中抽出物流消耗部分,即物流成本的主体,再加上一部分现行成本核算没有包括进去的但要归入物流成本的费用,如利息、外企业支付的物流费等,然后再按物流管理要求对上述费用进行重新归类、分配、汇总,加工成物流管理所需要的成本信息。

其具体做法如下:第一,通过对"材料采购"、"管理费用"账户的分析,抽出供应物流成本信息部分,并按功能别、形态别进行分类。第二,从"基本生产成本"、"制造费用"、"辅助生产成本"和"管理费用"等账户中抽出生产物流成本,并按功能别、形态别进行分类核算。第三,从"销售费用"账户中抽出销售物流成本部分,包括销售过程中发生的运输、包装、保管和流通加工等费用,委托物流费按直接发生额计算。第四,外企业支付的物流费部分,现有成本核算资料没有反映。其中,供应外企业支付的物流费可根据在本企业交货的采购数量,每次以估计单位物流费率进行计算;销售外企业支付的物流费根据在本企业交货的销售数量乘以估计单位物流费率进行计算。第五,物流利息的确定可按企业物流资产占用额乘以内部利率计算。第六,从"管理费用"账户中抽出退货物流成本。第七,废弃物流成本,对企业来说数额较小,可不单独计算,而是并入其他物流费用中。委托物流费的计算比较简单,它等于企业对外支付的物流费用。而企业内部物流耗费及外企业支付物流费用的计算比较复杂,总的原则是单独计算。为物流活动所耗费的部分直接计入;间接为物流活动所耗费的部分,以及物流活动与其他非物流活动共同耗费的部分,则按一定标准或比例分配计算。

与会计方式的物流成本核算方式相比较,由于统计方式的物流成本核算没有对物流耗费进行连续、全面、系统的跟踪,所以,据此得来的信息,其准确程度受到很大影响,但正由于它不需要对物流耗费进行全面、系统、连续的反映,所以运用起来比较简便。在财会人员素质较低、物流管理意识淡薄、会计电算化尚未普及的情况下,可以运用此种方法。

3. 统计方式与会计方式相结合的物流成本核算

统计方式与会计方式相结合,即物流耗费的一部分内容通过统计方式予以核算,另一部分内容通过会计方式予以核算。运用这种方法,需要设置一些物流成本账户,但不像第一种方式那么全面、系统,而且,这种物流成本账户不纳入现行成本核算的账户体系,对现行成本核算来说,是一种账外核算,具有辅助账户记录的性质。其具体做法如下:

(1)辅助账户的设置。一般来说,企业应设置"物流成本"总账,核算企业发生的全部物流成本。同时,按物流过程设置供应、生产、销售、退货、废弃物流成本二级账户,在各二级账户下,按费用支付形态设置专栏。

(2)对于现行成本核算已经反映,但分散于各科目的物流费用,如计入管理费用中的对外支付的材料市内运杂费、物流固定资产折旧等,在按照会计制度要求编制凭证、登记账户、进行正常的成本核算的同时,据此凭证登记相关的物流成本辅助账户,进行账外的物流成本核算。

4. 采用 ABC 成本法核算物流成本

以作业为基础的成本计算法(Activity Based Costing,简称 ABC)是确定和控制物流费用最有前途的方法。ABC 是现代管理会计的发展趋势,与传统成本法的不同之处在于间接费用的分配,使得成本核算更加精确化。

ABC 是以作业为基础,把企业消耗的资源按资源动因分配到作业,以及把作业收集的作业成本按作业动因分配到成本对象的核算方法。其理论基础是:生产导致作业的发生,作业消耗资源并导致成本的发生,产品消耗作业,因此,作业成本法下成本计算程序就是把各种资源库成本分配给各作业,再将各作业成本库的成本分配给最终产品或劳务。

以作业为中心,不仅能提供相对准确的成本信息,还能提供改善作业的非财务信息。以作业为纽带,能把成本信息和非财务信息很好地结合起来,即以作业为基础分配成本,同时以作业为基础进行成本分析和管理。

应用作业成本法核算企业物流成本并进行管理的步骤为:

(1)界定企业物流系统中涉及的各个作业。作业是工作的各个单位,作业的类型和数量会随着企业的不同而不同。例如,在一个顾客服务部门,作业包括处理顾客订单、解决产品问题以及提供顾客报告三项作业。

(2)确认企业物流系统中涉及的资源。资源是成本的源泉,一个企业的资源包括直接人工、直接材料、生产维持成本(如采购人员的工资成本)、间接制造费用以及生产过程以外的成本(如广告费用)。资源的界定是在作业界定的基础上进行的,每项作业以涉及相关的资源为基础进行确认,与作业无关的资源应从物流核算中剔除。

(3)确认资源动因,将资源分配到作业。作业决定着资源的耗用量,这种关系称作资源动因。资源动因联系着资源和作业,它把总分类账上的资源成本分配到作业。

(4)确认成本动因,将作业成本分配到产品或服务中。作业动因反映了成本对象对作业消耗的逻辑关系。例如,问题最多的产品产生的顾客服务电话最多,故按照电话数的多少(此处的作业动因)把解决顾客问题的作业成本分配到相应的产品中去。

第四节　环　境　成　本

一、环境会计

环境是人类赖以生存和发展的基础。随着对经济可持续发展战略重要性认识的深入,人们开始对环境问题予以关注,期望能在实现发展经济目标的同时,维持和保护周围的生态环境。出于要求对环境污染进行控制的原因,在传统会计的基础上,产生了一种新的会计方法,即环境会计。环境会计是会计学的一门新兴学科,尽管其产生和发展的历史仅有数十年,但已经成为国际会计界最热门的而且最具有光明前景的话题之一。由于环境会计的发展正处于探索阶段,无论理论方面还是实践方面都还不完善,特别是环境会计的确认和计量还未取得突破性进展。因此,环境会计目前还没有一个能被广泛接受的定义。一般来讲,环境会计是在可持续发展的前提下,用会计手段来核算和监督企业生产经营过程中所涉及的环境要素及其结果,并提供可用于企业内部和外部的决策有用信息的环境信息控制系统。

环境会计的主要目的是为企业内部利益相关者(如管理人员、生产人员)进行环境管理活动,同时也为外部信息使用者(如投资者、债权人和政府相关部门)进行投资决策和监督提供企业环境活动相关的成本信息。而服务于企业内部利益相关者的环境会计的主要信息来源是环境成本会计,环境成本会计的主要内容是对环境成本进行追踪、归集、分配、计算以及对环境投资进行评估等。

就我国而言,改革开放以来,我们在经济上取得了长足的进步和发展,但同时由于资源的开发力度过大,以及对环境保护问题的忽视,导致了一系列的环境问题,这严重影响了社会经济的可持续发展,与构建和谐社会的宏伟目标背道而驰,必须加以重视。因此,制定相应的环境政策,开发环境会计制度,以最终消除环境问题,是我们所面临的一项重大任务。

二、环境成本会计

(一) 环境成本的含义

正确进行会计确认是会计核算的一项基础,环境会计确认是对环境资产、环境负债、环境收入和费用的确认,其中最重要的是对环境成本的确认。环境成本是企业从事与环境有关的活动而发生的支出,应该在其首次可识别期间予以确认。环境成本主要包括因经营活动而产生污染导致的污染治理成本、罚款等费用支出。根据联合国国际会计和报告标准政府间专家工作组第 15 次会议的文件——《环境会计和财务报告的立场公告》的定义,环境成本是指本着对环境负责的原则,为管理企业活动对环境造成的影响而采取或被要求采取的措施的成本,以及企业因执行环境目标和要求所付出的其他成本。环境成本有别于传统会计成本,具有强制性、突发性、一体性和增长性等特点。

环境成本的含义可从以下两方面理解:

(1) 环境资源是有价值的。随着环境污染的加剧,人们的环保意识不断增强,原本认为取之不尽的环境资源会随着人类不断的开采使用而逐渐枯竭。因此,为了保持人类社会经济的可持续发展,就需要进行投入,以保护有限的自然资源,这就涉及计价问题,有学者认为,环境资源就是环境资产,也有一定的道理。

(2) 政府和企业均有保护环境资产和使其再生的责任。环境资产的使用和损耗,必须由相关企业支付相应的费用,企业对环境资源保护和再生的支出,构成了其环境成本的一部分。从长远来看,企业环境资源保护和再生的支出会改善环境,形成良好的环境资源,原来累计的支出形成了企业的环境资产,可以为企业带来收益。

(二) 环境成本的分类

环境成本的分类方法有很多,远未取得一致的看法,一般可按下列标准分类。

1. 按照环境成本的不同功能分类

根据环境成本支出的不同功能,环境成本可分为:

(1) 弥补已发生的环境损失的环境成本。这类环境成本所弥补的可能是以前期间的环境破坏后果,也可能是当期的环境破坏后果。其特点是,环境损失已经发生,如三废排放、重大事故、资源消耗失控等造成的环境污染与破坏的损失。

(2) 维护环境现状的环境成本。维护环境现状的环境成本和不良环境影响是同步发生的,用以维持环境现状而不至于恶化。从会计处理来看,应当认识到以下两点:第一,维护环境现状的环境成本虽然不会形成企业的生产能力增量,但是会形成其他资产增量或收入增量。第二,当环境成本支出是针对环境保护或治理设施时,会计当期应当承担的仅仅是全部支出的一部分。这也是环境成本会计处理中的费用化与资本化的问题。

(3)预防将来可能出现的不利环境的环境成本。预防将来可能出现的不利环境的环境成本发生在环境损失出现之前,属于主动性支出而不是专门用于弥补性的项目。会计处理中需要考虑到以下几点:第一,预防将来可能出现的不利环境的环境成本不但会形成资产增量或收入增量,而且可能会增加或改善生产能力。第二,对于形成的物质资产增量的会计处理,显然会有分期摊销或折旧计提,这时会与环境法规或会计法规有关。第三,预防将来可能出现的不利环境的环境成本,总体上更像是一种投资行为,只是其目标具有特殊性,既不属于生产能力投资,又不属于非生产性设施投资。

2.按照环境成本是否由企业负担分类

按照环境成本是否由企业负担分类,环境成本可分为:

(1)内部环境成本。内部环境成本是指应当由本企业承担的环境成本,如排污费、赔偿费、环境治理投资等。当前可以确定的环境成本一般都属于内部环境成本的范畴。

(2)外部环境成本。外部环境成本是指由本企业经济活动所导致的但还不能明确计量,并由于各种原因而未由本企业承担的不良环境后果。由于这些不良环境后果尚未能作出货币计量,所以尽管已经被确认,却不能追加于行为人,因而还不能称为会计意义上的成本。

3.按照环境成本驱动因素分类

按照环境成本驱动因素分类,环境成本可分为:

(1)为达到环境保护法规所强制实施的环境标准所发生的费用。我国的环境标准包括环保质量标准、环保基础标准和环保方法标准等,企业要达到这些要求,必然要增加有关费用支出。

(2)政府实施经济手段保护环境时,企业所发生的费用。国家实施的环境税、环保基金的征收和对超标准排污企业征收的排污费等,均属于这种情况。

(三)环境成本的确认

环境成本与传统成本相比,具有不确定性,但仍能根据相关法规进行推定。按照权责发生制会计处理基础,环境成本的确认需满足两个条件。

1.导致环境成本的事项已经发生

确定环境成本事项的发生,关键是看此项支出是否与环境相关,并且此项支出能够导致企业的资产减少或负债的增加,最终导致所有者权益的减少。

2. 环境成本的金额能可靠地计量或合理地估计

环境成本的内容比较广泛,其中,有些支出在发生时能够确认并可靠计量,但有些与环境相关的成本一时不能确切地予以计量,但可以合理地予以估计。

(四) 环境成本的归集和分配

环境成本只有正确地纳入企业会计核算体系,才能提供对决策有用的会计信息。因此,环境成本会计核算体系应根据环境成本的不同情况,进行不同的会计处理,分清影响环境的责任和应承担的费用,以合理、真实、准确地计算环境成本和生产成本。环境成本会计处理方法的争议主要集中在两个方面:一是以上所说的会计期间引出的环境成本资本化与费用化的划分;二是将要涉及的由配比性引出的直接费用与间接费用的划分。

1. 传统会计对环境成本的处理

按照传统会计的成本分配方法,常常把环境成本全部归入一般性制造费用,然后在期末把环境成本在所有产品上进行分摊。这种方法的优点是操作比较简便。其缺点是,在人们环保意识日益加强的情况下,无法适应环境成本的特点,如对环境成本采取一刀切的做法,会在产品成本核算方面产生很大的偏差,因为无污染的产品承担了一部分本应由污染产品所承担的费用。这不仅不利于实施正确的产品战略,而且对于企业市场开拓和长期经营也是不利的。

2. 作业成本法

作业成本法是指以作业为核算对象,通过成本动因来确认和计量作业量,进而以作业量为基础分配间接费用的成本计算方法。与传统方法相比,作业成本法采取了多种标准分配间接费用,对不同的作业中心采用不同的作业动因来分配制造费用;从成本管理的角度看,作业成本管理把着眼点放在成本发生的前因后果上,通过对所有作业活动进行跟踪动态反映,可以更好地发挥决策、计划和控制的作用,以促进作业管理的不断提高。因此,作业成本法可以有效地追索环境成本,计算的成本信息比较客观、真实、准确。

3. 环境成本的会计处理

为了强化权益的环境意识,可对环境成本的发生和结转进行必要的会计处理。例如,可增设"环境成本"账户,并按环境成本的内容设置明细账户。其借方登记当期发生的环境成本支出以及分配计入本期的环境成本,贷方登记期末转入"本年利润"账户的数额。当企业发生环境成本支出时,借记"环境成本"账户,贷记"银行存款""原材料"等账户。期末结转损益时,借记"本年利润"账户,贷记"环境成本"账户。

本 章 小 结

1. 人力资源会计是对作为企业组织资源的人的成本和价值进行记录、计量和报告的专业会计。人力资源成本会计和人力资源价值会计构成了人力资源会计核算的两大内容。

2. 环境会计把企业的环境活动和经济活动相结合,使得会计信息的披露更为完整和更有相关性,环境成本的确认和计量是环境会计的主要内容。

3. 质量成本是企业为确保规定的产品质量水平和实施全面质量管理而支出的费用。质量成本核算就是按产品形成的全过程,从投产前的技术准备过程、生产制造过程到产品销售过程的质量成本核算,正确实施质量成本核算,是实施全面质量管理的核心环节。

4. 物流成本是企业为实现物流实体的流动而耗费的经济代价,是一种使商品变贵而不追加商品使用价值的费用。物流成本核算是企业按照物流管理目标对物流耗费进行确认、计量和报告的过程,物流成本核算有利于提高人们对物流重要性的认识,开辟降低成本、增加利润的第三源泉。

关 键 术 语

人力资源　质量成本　物流成本　环境成本　人力资本　全面质量管理
人力资源成本会计　人力资源价值会计　作业成本法　物流管理

思 考 题

1. 什么是人力资源会计?如何确认人力资源成本?
2. 人力资源成本会计与人力资源价值会计各有什么特点?
3. 如何进行人力资源成本的核算?

4. 试述现代质量成本的特征。

5. 什么是质量成本？它一般由哪几个部分构成？如何进行质量成本的核算？

6. 物流成本核算体系的基本内容有哪些？其核算方法有哪几种？

7. 什么是环境成本？如何对其进行分类？

参 考 文 献

1. 于富生,王俊生,黎文珠. 成本会计学[M]. 3 版. 北京：中国人民大学出版社,2003.
2. 胡玉明,潘敏红. 成本会计[M]. 厦门：厦门大学出版社,2005.
3. 贾宗武,张晓军,陈爱玲. 成本会计学[M]. 2 版. 西安：陕西人民出版社,2006.
4. 罗飞. 成本会计[M]. 北京：高等教育出版社,2000.
5. 鲁亮升. 成本会计[M]. 大连：东北财经大学出版社,2004.
6. 丁元霖. 成本会计[M]. 上海：立信会计出版社,2002.
7. 财政部会计资格评价中心. 初级会计实务[M]. 北京：经济科学出版社,2006.
8. 中华人民共和国财政部. 企业会计准则[M]. 北京：经济科学出版社,2006.
9. 乐艳芬. 成本会计[M]. 1 版. 上海：上海财经大学出版社,2002.
10. 万寿义,任月君. 成本会计[M]. 大连：东北财经大学出版社,2007.
11. 陈守文. 成本会计[M]. 沈阳：辽宁人民出版社,2009.
12. 王振华,王生交. 成本会计学[M]. 成都：西南财经大学出版社,2008.

教学课件索取单

敬爱的老师：

感谢您使用我们出版社的教材。为了方便您的教学，本书配有相关的教学课件。如果您需要，请您填写下面表格中的相关信息，并以电子邮件的形式发到我社，我们在核对您的信息后，会免费向您提供教学课件。

我社网站上提供电子版的课件索取单以及所有课件清单。

我们的联系方式：

地址：上海市中山西路 2230 号　　　　　　邮编：200235

　　　立信会计出版社　　　　　　　　　　电话：(021)64411217

电子邮件：zql1307@163.com　　　　　　　网站：www.lixinaph.com

教材名称				作者姓名	
教师姓名		性别	身份证号		
学　校		院系		教 研 室	
学校地址				邮　编	
职　务		职称		办公电话	
E-mail		手机		宅　电	
通信地址				邮　编	
教材用量	册	委托订购单位			

您对本教材的意见和建议是：